广东省教育科学规划课题
"新型城镇化进程中农村语文课程资源整合发展研究"（2018ZQJK056）成果

XISHUO YUWEN J

林烨峰 ◎ 著

广东高等教育出版社
Guangdong Higher Education Press

·广州·

图书在版编目（CIP）数据

　　细说语文教学/林烨峰著. —广州：广东高等教育出版社，2020.9
　　ISBN 978-7-5361-6813-8

　　Ⅰ. ①细… Ⅱ. ①林… Ⅲ. ①中学语文课－教学研究 Ⅳ. ①G633.302

　　中国版本图书馆 CIP 数据核字（2020）第 129471 号

出版发行	广东高等教育出版社
	地址：广州市天河区林和西横路
	邮政编码：510500　电话：（020）87554153
	http://www.gdgjs.com.cn
印　刷	广东信源彩色印务有限公司
开　本	787 毫米 × 1 092 毫米　1/16
印　张	15
字　数	269 千
版　次	2020 年 9 月第 1 版　2020 年 9 月第 1 次印刷
定　价	38.00 元

深耕乡村教育　用心教书育人

——序林烨峰《细说语文教学》

我在韩山师范学院潮州师范分院"乡土文化教学高级研修班"上课期间，遇到一位来自揭阳市渔湖的语文教师，他交给我一本《细说语文教学》书稿，想请我为该书写一篇序言。我翻了翻书稿，大致是由教学日志、教学心得和教改论文组成，且是广东省教育科研"十三五"规划重点课题"新型城镇化进程中农村语文课程资源整合发展研究"的成果，大部分文章与乡土文化教学教育有关，这恰好是我感兴趣的课题，于是就痛快地答应了。

我抽空详细阅读了林烨峰老师的这本《细说语文教学》，按文章的内容，涉及阅读教学、写作教学、情感教育和乡土教育四个方面。这是作者在2018—2019年担任七年级的语文教学工作时，结合自己主持的省级重点课题"新型城镇化进程中农村语文课程资源整合发展研究"，把平时所教、所学、所看、所思记录下来的一个总辑。我觉得，这些文章虽然都不长，也不是什么大题目，但是一个深爱教育事业、深爱学生的语文老师的教学心得和思考成果，于微观处可以看见宏观的价值。通过这些文章，我总结了如下几方面的优点。

一、善于思考，勤于学习

林烨峰任教于一所乡村中学，他是一个热爱教育事业、热爱学生、热爱家乡的好老师。为了更好地上好语文课，更好地当好班主任，他随时随地对教育行为和课堂教学活动进行思考。大至教育的理念与原则、教育过程的嬗变，小至课题实验的推进、师生教与学的活动。从文章中，还可以知道他阅读过不少关于语文教学和乡土文化教学理论的著作和论文，并加以吸收和引用，使其思考和写作都具有一定的理论水平，而不仅仅是记录一般的流水

账，如《让学生感受诗歌之美》《〈论语〉十二章〉教学反思点滴》《眼见不一定为实》诸篇。相信，同是语文教师者，读之都会受到启发而获益。

二、勇于创新，搞活课堂

林烨峰老师勤于思考，也敢于进行教学创新。他把教师和学生平时的应景课堂活动、生活资源、成长历程巧妙地整合发展为语文教育教学资源，并融合到阅读和写作之中，以践行立德树人为宗旨去激活语文课堂。这样的课当然生动有趣、风生水起，深受学生的欢迎，因而也收到了很好的教学效果。林老师形成了自己与众不同的语文教学风格，逐步成长为一名揭阳市优秀教师、南粤优秀教师和全国优秀教师、广东省中学特级教师。书中的《集体接龙创作小说〈渔湖花开〉》《师生学写文言文》《借着月光觅文化》等具有课堂特色的教学样本，都有较强的可操作性，方法也不难仿效，具有应用价值和推广价值。

三、热爱乡土，激活资源

我是搞潮汕方言与文化研究的，对林烨峰老师有关乡土文化教学的这部分文章最感兴趣。针对时下城市里方言与乡土文化式微的社会现象，我和韩山师范学院潮州师范分院的部分老师正在努力贯彻广东省人民政府的指示"加强广府、潮汕、客家等岭南优秀传统文化和非物质文化遗产传承发展，推动优秀传统文化进校园、进课堂"，争取把潮汕方言与乡土文化教学推进学校，也希望老师们能结合地方乡土历史文化，整合发展中小学的语文和其他辅助课程。林烨峰老师在这方面做了很有参考价值的探索，他将自己对地方乡土文化与语文教学的观察、实践、感悟，真实、亲切、自然地表述出来，充分体现了语文教学与地域文化的融合，展现出潮汕文化厚重而独特的文化魅力，也实践了《全日制义务教育语文课程标准（2011年版）》的课程理念："各地区都蕴含着自然、社会、人文等多种语文课程资源。要有强烈的资源意识，去努力开发，积极利用。"

四、热爱教育，勤于积累

我阅读完了书稿之后想到，林烨峰老师写成这本书也不过就一个学年多一点的时间。对于不少老师来说，教学之余，更多的关注可能是放在班里学生的考试成绩上；而林烨峰老师不同，他勤于记录和积累，日积月累，集腋成裘。哪怕是关于教学、教育的一闪念，无论是经验、教训，还是疑问，他都会记录下来作为日志。我想，大致事业成功者首先必是热爱事业者，只有对教育事业、对学生深深热爱的人，才会费心尽力，甚至可以说是呕心沥血地把自己的心血都应用于斯。这也许是林烨峰老师书里没有写到、而我却从字里行间的缝隙里读出来的体会。

　　我相信，林烨峰老师和我一样都牢记和践行着韩愈《进学解》里的那段名言："业，精于勤荒于嬉；行，成于思毁于随。"林烨峰老师是精勤成思者，所以，我愿意向同行们推介他和他的著作，希望有更多的乐于深耕于乡村教育的优秀教师涌现。

　　是为序。

林伦伦
己亥冬至于广州南村

前　　言

　　大凡事情，皆有宏观、微观之分，教育教学也如是。基于理论和实践上的浅薄，我是无法从整体、大的方面去研究把握教育教学的。我更侧重于从小的、局部方面去思考和探索，把握我从事的工作。

　　教育部《关于全面深化课程改革落实立德树人根本任务的意见》中指出："教师育人意识和能力有待加强，课程资源开发利用不足，支撑保障课程改革的机制不健全。这些困难和问题直接影响着立德树人的效果，必须引起高度重视，全面深化课程改革，切实加以解决"。《全日制义务教育语文课程标准（2011年版）》明确为语文学科性质定位："语文是最重要的交际工具，是人类文化的重要组成部分。工具性与人文性的统一，是语文课程的基本特点。"与其他课程相比较，语文教学过程蕴含着和生成着更丰富的课程资源。由于语文课程与人类历史、当代社会、学生生活的天然联系，由于学生是在母语的环境中学习母语，由于语文课程与人（其中当然包括教师和学生）的思想、情感、态度和价值观念的水乳交融，因而，语文学科的教学过程也就与学生的生活具有了天然的亲和力，与学生人格的全面发展紧密地交织在一起。学生在阅读中，不可能只学习文本的语言，而不接触他们所承载的思想和感情；学生也不可能只学习文本传承的义理和态度，而不触摸到承载这些义理与态度的言语形式。学生在说写表达中，也绝没有脱离了语言形式而存在的光秃秃的思想和情感。因此，语文课程与教学是一个语言和精神同构共生的过程、作者与编者广袤的理智和情感世界、教师与学生无边无垠的心理空间，就是青少年一代语言和精神两者得以同构共生的丰富的课程资源。在这样的教学过程中，处处充满了知识的、技能的、理智的、情感的、行为的多方面可供选择、利用和发展的课程资源。

　　语文课程与教学的特点，注定了语文课程资源"无处不在，无时不有"。

教师和学生已有的和不断发展的生活经历和体验，就是一个巨大的、取之不尽、用之不竭的课程资源。因而，语文教师要具有更为自觉和强烈的整合发展课程资源的意识，把自身视为重要的课程资源的生命载体，充分发挥开发和利用语文课程资源的潜力，打造独具特色和活力的语文课程与教学。

语文课程可以设想得十分完美，可是语文课却不可能也不必要都追求完美。因为教语文，本来就是传授思想语言的交谈、沟通、整合、究诘、驳难，互为补充、生发和提升的过程。在这种思想传授和学习的交会过程中，难免有冗余、有空缺、有失误，语文课的常态，应该是在追求本真至善中呈现出自然而适度的美。

在新型城镇化进程中，开展农村语文课程资源整合发展研究，将促进本地农村、本校学生与教师的发展。一是使教学回归社会生活，回归学生生活。这种教学要求学生积极主动地参与，鼓励学生自我思考、自我解读，尊重学生的个人感受和独特见解。他们作为一种活生生的力量，带着自己已有的知识，感受身边新型城镇化建设所带来的变化，这成为课堂教学活动不可分割的一部分。这样的课堂教学必然充满了生命的活力，每一堂课都是不可重复的、由激情与智慧综合生成的过程，语文课堂必将成为学生全面、个性化发展的园地。二是使教师创造了新的教学内容和形式、创造了新的教学环境和氛围。同时，也给教师表达自己独到的教育理念和展现自己的才干提供了最大的可能性。

在日常的语文教育教学工作中，卑微如我，却也常常有些想法从脑海里一闪而过，但由于杂务多，疏于动笔，总不能静下心来记录自己的感受。2018年6月，我开展了广东省教育科研"十三五"规划重点课题"新型城镇化进程中农村语文课程资源整合发展研究"的研究。借助课题研究的推动，我在教育教学上有了更多的想法。2018—2019年，我担任七年（1）班的语文教学工作，结合课题实验和平时所教、所学、所看、所思，坚持每周写几篇教学日志。一个学年下来，倒也形成一些不成器的文章，皆是对相关语文话题做微观思考和剖析。如今形成《细说语文教学》一书，分为"阅读教学辑录、写作教学辑录、情感教育辑录、乡土教育辑录"四部分。这些，既是平时的教学笔记，也算是课题研究的一点小小成果吧。愿能得到读者的指点与同行的批评，尤其期望得到行家的斧正。

林烨峰

2020年1月

阅读教学辑录

开学第一天 …………………………………………………………… 3
披文入情 ……………………………………………………………… 5
让学生感受诗歌之美 ………………………………………………… 7
记点古诗词的意象 …………………………………………………… 9
公开课 ………………………………………………………………… 10
国庆作业"大礼" ……………………………………………………… 12
愤慨 …………………………………………………………………… 14
文言文断句和划分朗读节奏的技巧 ………………………………… 15
我表演,我快乐 ……………………………………………………… 18
想考高分,从写好字开始 …………………………………………… 20
中学生如何进行课外阅读 …………………………………………… 22
美化心灵　启迪智慧 ………………………………………………… 25
从《孙权劝学》谈文言文的翻译 …………………………………… 29
借着月光觅文化 ……………………………………………………… 32
关于古诗文的背诵 …………………………………………………… 41
来谈单元起始课 ……………………………………………………… 48
语文教学应融于优秀传统文化的传承之中 ………………………… 54

实现梦想，从改变坐姿开始 …………………………… 57
　　在灯火阑珊处信步 …………………………………… 62
　　浅谈中华优秀传统文化与语文课程资源整合发展 …… 65
　　花香拂面沁人心 ……………………………………… 72
　　并非每节课都需要PPT ……………………………… 75
　　少点"山珍海味"，多些"家常便饭" ………………… 78
　　满足 …………………………………………………… 81

写作教学辑录

　　学生作文套路深 ……………………………………… 91
　　集体接龙创作小说《渔湖花开》 …………………… 94
　　让学生评改习作 ……………………………………… 98
　　征文比赛 ……………………………………………… 100
　　师生学写文言文 ……………………………………… 102
　　主动为《渔湖花开》设计封面 ……………………… 111
　　写出人物的精神 ……………………………………… 112
　　把家乡文化入文 ……………………………………… 115
　　学生想把家乡文化入文 ……………………………… 119
　　想把《渔湖花开》改名 ……………………………… 120
　　把小小说融入中学作文教学之我见 ………………… 122
　　农村课程资源在作文教学中的运用 ………………… 126

情感教育辑录

　　希望不会错 …………………………………………… 133
　　致力激发学生的情感 ………………………………… 135
　　区别 …………………………………………………… 138
　　从日本人重视《论语》说开去 ……………………… 139
　　《〈论语〉十二章》教学反思点滴 …………………… 141
　　笑傲江湖有斯人 ……………………………………… 145
　　谈个性 ………………………………………………… 147
　　眼见不一定为实 ……………………………………… 149
　　不让学生偏离正确的轨道 …………………………… 152

心中有美，一切皆美	155
用社会主义核心价值观引领学校德育建设	157
那一个普通的年份	162
懂得感恩　与爱同行	165
让孩子们成长得更好	166

乡土教育辑录

老舍和潮汕的情缘	169
郭沫若和潮汕的情缘	172
潮汕女婿杨振宁	174
鲁迅：潮汕的半个女婿	176
周敦颐曾到潮汕	178
杨万里情寄潮汕	180
从济南扯到渔湖	183
走近家乡名人	185
从用潮汕方言教读文言文谈起	187
再用潮汕话读文言文	192
从"双兔傍地走"走近潮汕话	193
方言的春天来了	196
元宵晚会闻潮音	198
传承乡土文化教育	201
新型城镇化须构筑历史之美	212
你知道揭阳有多少文物保护单位吗	214
建设美丽家园	217
整合乡土历史文化　发展语文课程资源	219

后记　226

阅读教学辑录

开学第一天

2018 年 9 月 3 日　星期一

今天是开学的第一天,我的课是下午第二、三节,七年级的语文课每周比八年级、九年级的多了 1 节课,挺不错的,以后可以多安排一些时间让学生阅读经典作品。

第一节课,师生彼此第一次见面,很多老师都不急着立刻上课,我也不例外,把第一节课上成了教育课。我向学生宣布了我的教育理念:先育人,再教书。我希望我的学生能做个好人,做个堂堂正正的好人!懂得做人的道理,培养读书学习的好习惯,掌握学习规律,不读"死书",但也要会"考试",融会贯通,学以致用。我特别告诉他们,既要会学习,也要会玩耍!我将努力让他们学得更快、更好、更舒心。

唠叨了大半节课,我突然问学生:"读了六年小学,知道什么叫语文吗?"学生一下子都蒙了。随便点了几位同学回答。来自京南小学的孙炯博第一个被我请上来。"语言的运用,文学的传承。"这小子看来功底不错,把"语文"拆开来造句,并且一开口就不俗。来自仁辉小学的林灏回答:"语文是中国传统文化,是中国人的智慧。"这见解还挺深刻的。小学毕业于广美小学的黄哲楠则"羞答答"地说:"语文是一个让人流连忘返的乐园。"跟我玩起修辞来。三位同学的回答让人印象深刻,让我惊喜,合我的口味,看来水平都不错,孺子可教也。

我问语文是什么。他们回答我什么是语文。一开口证明小学阶段是打下了扎实基础的,希望其他同学的水平也棒棒的。

语文是什么?我告诉同学们,有关读书、做人、学习、生活等方面的内容全部都构成语文!

从做语文教师的那一天起,我就认为语文应该是一门可以给人灵魂的学科。我坚持让学生懂得语文课本只代表了语文极少的一部分,在某种程度上，语文课本浓缩了语文的精华，展示人性、呈现人道、传递人情、弘扬人文、倡导人本、尊重人权。真正的语文来源于生活，真正的语文课堂在社会，这需要领会与品味，绝不是语文教师在课堂上喋喋不休所能传达的。

语文，是"大漠孤烟直，长河落日圆"中的苍黄沙漠，是"小桥流水人家，古道西风瘦马"中凹凸不平的古道和枯藤老树昏鸦，也可以是潮汕平原乡间田垄上的暮霭与潮汕老屋上的潮州木雕；是"九天阊阖开宫殿，万国衣冠拜冕旒"的盛况和"俱怀逸兴壮思飞，欲上青天揽明月"的震人心魄，是"有一位老人在中国的南海边画了一个圈，神话般地崛起座座城"的奇迹，也可以是中国新型城镇化进程中农村的蜕变。这些，都需要积累与想象，需要感悟与反思。诸子百家、西汉鸿文、唐诗宋词、演义话本、荷马但丁、巴尔扎克、托尔斯泰、莎士比亚，不管是悲剧还是喜剧，不管是浪漫还是现实，不管是被物欲浸染而失去生命本来面目的众生，还是因理想追求而涤尽尘垢的自由灵魂，所有这些，都是语文。

我喜欢语文，因为它最富有灵性。我希望能和学生在每一堂课上，穿梭在课本的字里行间，穿梭在诗文阅读的缕缕情怀中，鱼水相融地交流思想，品味人类社会文明的醇香。我总是告诉学生，语文是一种思想、一种文化、一种精神。

我只是一名很普通的乡村中学语文教师，我所能实践的"人文"教育也谈不上深刻，我想自己应该做的，是承担我作为一个语文教师的良知与责任，让学生呼吸着中华优秀传统文化酿成的滋养心灵的空气，让他们敞开胸怀，练就敏锐眼力，察看世界，读懂爱、尊重和包容，兼收与并蓄，在中西文化的高炉里锻造感谢生活、热爱生命的情怀，完善欣赏他人的胸襟。

我深知，语文教学纵有千般迷茫万般无奈，仍要不忘鼓励学生读千卷书行万里路，不忘给自己的课堂一份激情、一份洒脱、一份独树一帜的灵气、一份陈言务去的锐气、一份冲破框架的勇敢、一份积极面对的反思。可能，我的课堂因为缺少模式而少有章法，因为彰显文化而忽视考试，幽默有余而严肃不足，轻松过分而深思缺席，但我知道，"从心所欲不逾矩"仍是我教学的追求。这种追求，让我保存了"乘物以游心"的自然，让我探求"知其性，则知天矣"的奥妙。① 我清楚地知道，我所做的既超出了语文本身——真正的语文课是不可以这么宽泛的，又少于语文本身——有利于学生成长的何止这样的语文。但我坚守着一点：有利于学生知识拓展、能力提高、精神成长、灵魂丰满、人格健全的语文就是好语文。

---

① 项香女. 高中语文传统文化教育初探：走向本真的语文教学案例［M］. 杭州：浙江大学出版社，2015：7.

披 文 入 情

2018 年 9 月 5 日　星期三

今天是早上第一、二节课，我 7：40 就来到了教室门口，班主任陈老师在训话。

第一节上课，提请三位男同学背诵《春》，背得都挺流利的，有点惊喜。毕竟才两天，这么一篇文章就能背下来，证明孩子们是很听话的，学习认真，值得表扬。

既然这样，就干脆让全班一起背，听着听着有点不是滋味，怎么把美文煮成了白开水，一点味道都没有，这怎么行？接下来整节课上成了朗读课——如何有感情地朗读课文。

我告诉学生，朗读最重要的，一是要咬准字音，即所谓字正腔圆。二是要读得流利。三是要在理解会意的基础上读，尽量能够读出作者的意思。这个其实并不难，从词语的本意读出来就可以了。比如"开心""高兴"之类的词，就读欢快、放松的声调；又如"痛苦""沉重"之类，自然就要读得缓慢、深沉了。诸如此类，很容易就能掌握一些朗读技巧。四是速度要讲究。首先是语调上要把控，字、词、句要结合文意念长、短、高、低、轻、重的音，如重点字词就要重音，激动之处当然声调要高，充满感悟的地方当然音节要重又拖长。如："'吹面不寒杨柳风'（重读，摇头晃脑状），不错的，像母亲的手抚摸着你。"（这句就要拖长音了，"母亲的手"和"抚摸"要重音，语重则情深，令人倍感温情）总之，重点词语既要稍作停顿又要加重音，就能引人共鸣了。读得抑扬顿挫，自然能传情达意，生动感人。例如（加点为重音）：

山朗润起来了，水涨起来了，太阳的脸红起来了。
树叶儿却绿得发亮，小草儿也青得逼你的眼。
春天像小姑娘，花枝招展的，笑着，走着。

其次是注意停连，即朗读的停顿和连接，特别要与文章思想感情发展变化的要求相适应。例如：

坐着，(停顿)躺着，(停顿)打两个滚，(连接)踢几脚球，(连接)赛几趟跑，(连接)捉几回迷藏。

风(停顿)轻悄悄的，草(停顿)软绵绵的。

讲了这些，让学生重新朗读课文，好些了。再示例强调，再读，好些了。继续，该注意的再重复讲。再读，感觉好多了。

希望以后孩子们能够融会贯通，真正有感情地朗读课文，领悟文意。

我期望，人文素养从朗读开始。

原本没打算把本节课上成朗读课，确实是听同学们读得"惨不忍听"，忍不住就教起朗读起来了。这倒也是本课、本单元的学习要点之一。

听、说、读、写是语文学习能力的四个方面。语文课当然要从语言文字入手，才有可能深入理解、体会作者的思想感情。《全日制义务教育语文课程标准（2011年版）》指出：课文朗读应"正确、流利、有感情"。老师自当要做榜样，范读，然后教之。

南宋理学家朱熹《读书之要》中说："大抵观书先须熟读，使其言皆若出于吾之口。继以精思，使其意皆若出于吾之心然后可以有得尔。"

南朝文学理论家刘勰在《文心雕龙·知音》中云："夫缀文者情动而辞发，观文者披文以入情，沿波讨源，虽幽必显。"

披文入情，其情融融，美哉！

让学生感受诗歌之美

2018年9月14日　星期五

今天上新课——《古代诗歌四首》

之前已经布置学生先背诵。上课伊始，就提请了四位同学来背诵，大家全都能流利地背诵出来，我很是高兴。让全班一起背诵，观察到大家都是能背诵的，很好。只是在语调上听不出丰富的感情，不得已，只能再示范朗诵诗歌了。

也许是瞧我投入的样子，很多学生都在下面偷笑。见多了就习以为常了。不但如此，还要你们也有样学样，更要比我强。

简单给学生介绍了古体诗与近体诗的基本常识，然后和他们一起边朗读、边引着他们想象诗中的画面，感悟诗歌所寄寓的情感，并初步体会诗歌情景交融的特点，感受诗歌之美。《全日制义务教育语文课程标准（2011年版）》指出："诵读儿歌、儿童诗和浅近的古诗，展开想象，获得初步的情感体验，感受语言的优美……诵读优秀诗文，注意通过语调、韵律、节奏等品味作品的内容和情感。"

学生对古代诗歌并不陌生，小学已经学了不少，主要是以朗读和背诵为主。初中阶段则要使学生对诗的意境有所体认，对诗的思想情感内容有所感悟，对艺术手法有所领悟。小学读诗重在感受和体验，初中读诗既感受体验，也需理解辨析；小学学诗以启发形象思维为主，初中学诗则兼顾形象思维和抽象思维。只是这个鉴赏诗歌的度是要把握好的，面对这些才走进初中校园的孩子，我只是力求让他们初步理解诗意和艺术手法，不讲太深、太细。毕竟，要真正地理解乃至鉴赏古体诗，没有一定的文学功底是做不了的。

课后反思：

语文教学是持之以恒的，诗歌的熏陶和经典的诵读都是极其必要的。教师没有激情搞不好教学，但仅仅有激情还不够，还需要智慧。对诗歌、对课文进行美的解读，扩展课文内容，引导学生在进行文学赏析的同时，也要注意与"应试"接轨，以求取得实效。在"人文素养"和"卷面分数"相遇时，必然有一个长期规划和近期规划的制定问题，在如何处理这两者关系上，可显出一个语文教师的智慧和责任心。

提高人文素养和提高卷面成绩并不矛盾，完全可以寻找中间路线，汲取两者的长处。既注重选题、讲题、做题，促进学生成绩的提高，激励师生教与学的积极性；又放眼未来，源源不断厚积学生的文学素养，提高其综合素质，为其成绩的最终提升提供源源不断的动力。

文学是人学。诗歌的语言、诗人的境界乃至文学作品的人物形象、意象意境、手法技巧、思想内容、写作特色等，放在青少年的视野中来解读，别有一番风味。他们活跃的思维会在似懂非懂中跳跃，不停地质疑，教师没有必要用理论的教条去束缚。要将这种活跃的思维当作资源，引导学生主动寻找对文本最前沿的分析，并且去争论，这种方式往往会收到很好的解读效果，从而让教与学都变得深刻而且有价值。

我们每一位语文教师都有责任在教世界上最美的语言文字的同时，把对祖国语言文字的爱，对中华优秀传统文化的爱，传承下去。只有这样，才能让我们的孩子对祖国的语言文字产生浓厚的兴趣，爱上祖国的文化，并为此而自豪。

记点古诗词的意象

2018 年 9 月 18 日　星期二

昨天台风"山竹"访问广东,全省停课一天。

阳光总在风雨后,今天天气特别好。上午第一节课,继续学习《古代诗歌四首》,孩子们都精神抖擞,如初升的太阳,气氛热烈,我也深受感染。

诗以言情,歌以咏志。"凡景语,皆情语",在才情横溢的诗人们眼里,万物皆有情,万物皆含理。作者选取的景物往往寄寓了某方面的思想感情。刘勰《文心雕龙·物色》里说:"是以诗人感物,联类不穷。流连万象之际,沉吟视听之区。"诗人面对着景物,深有感触,这种景物互相连接着是无穷的,故称为万象。只要在视听的范围里新接触到的,附上感情色彩,产生诗意,均可构成创作。王国维《人间词话》说:"境非独谓景物也,喜怒哀乐,亦人心中之一境界。故能写真景物、真感情者,谓之有境界。"如《观沧海》中的"沧海""洪波""日月""星汉";又如《闻王昌龄左迁龙标遥有此寄》中的"杨花""子规""明月";再如《天净沙·秋思》中的"枯藤""老树""昏鸦""小桥""流水""人家""古道""西风""瘦马"……处处皆景,字字是情。我耐心地向学生讲解这些意境,孩子们虽然知识局限,阅历不足,但丝毫不影响他们高度的想象力,他们兴致极高,显出了一种别样的审美情操。

课文后面的六道习题,有四道是围绕"意象"来设计的,在此基础上,我向学生介绍了一些常见的古代诗词意象:月、菊花、梅花、松、梧桐、杜鹃花、秋蝉、鸿雁、柳、芳草、芭蕉、羌笛、乌鸦等,并要求他们"死记硬背"下来,这些对于他们以后学习古诗词是很有用的,对于考试答题也是很实用的。

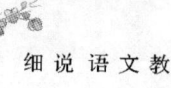

公 开 课

2018 年 9 月 28 日　星期五

一

上午第一节同科组的林老师在七年（2）班举行教育组名著导读课例研究课；第二节我在七年（1）班举行《散步》公开课。

林老师在两周前接到教育组关于名著导读课例竞赛的任务后，就积极认真地投入到准备工作中，语文教研组组长林老师去年曾举行过"《西游记》导读"的公开课，经验丰富，这一次她非常认真地给予了指导和帮助。上周我和教导处陈主任、语文组长林老师三人一起听了林老师的试讲，总体感觉不错，也分别给予了鼓励和建议。

针对平时各级举办的说课、课例、公开课等竞赛活动，个人一直都对举办的形式不敢苟同。能够承担比赛任务的，自然都是学校一线的优秀教师，这是毫无疑问的。问题是，待到真正参赛时，已失却了许多味道，变成了集体的智慧和结晶，无法完全呈现参赛者本人的真实实力，使这类活动往往变成了作秀场。

以一个选拔到省一级参赛的公开课为例，先在学校同科组或教研组试讲，然后学校教导处会组织再听课，镇教育组、县（区）市教育局教研部门再逐级把关，每一场下来，都会对教学内容和过程进行点评修改，多次修改之后，到最后除了口语是自己的，其他都是别人的教学经验了。不要说教师自己，连参加上课的学生都对比感到厌烦了。此时此刻，承担任务的教师和学生都成了道具。

我一直都很纳闷，既然是要展现、检验教师的综合素质，为什么就不能采用现场抽取一篇课文或文章，让教师现场在规定的时间内短暂备课，然后上课呢？我认为这样的话，更能体现一名教师的知识储备、教师教学能力、课程资源应用能力、临场应变能力等综合素养，而不是一个人综合着多个人的教学思想去比赛。

二

对于上午自己的公开课，我是不大满意的，虽然不至于紧张，但觉得太过于四平八稳了。大凡举行公开课，老师们都有共识，就是上完公开课后都自个儿感觉比平时差，除了紧张，主要是不敢与平时一样放开手脚发挥，怕落入跑题之嫌，导致面面俱到，反而不够出彩。

本节课我设计了好几个教学要点，上完之后，我觉得只有一处勉强算得上满意吧。即让学生找出课文中写景的语句，品味这些景物描写的作用。主要意图是引导学生在阅读、欣赏叙事散文时，能够品味出散文的诗意和情致，而不仅仅只是弄清写了什么人、什么事。在这里，我做了拓展和延伸，明确向学生指出景物描写的作用是中考现代文阅读的一大考点。

学习是要讲究方法的，答题当然也有技法。我给学生归纳了景物描写的主要形式和常见的考查方式，希望他们以后碰到此类题目时，可以从哪些方面入手，结合文本的具体内容来作答。

自然景物本无感情，但当写者将特定景物纳入特定的审美意境中，它们便被赋予了特定的思想色彩，与人的思想感情融为一体了。为了加深学生的印象和强化理解运用能力，我又让学生翻回到前面的《古代诗歌四首》，让他们对照上面的"套路"，回放四首古诗中写景的妙处，以及呈现出来的作用。经过这么一对照，学生对景物描写的作用就比较清晰了。

课后听课的老师们在评课时，也都对这一教学环节给予了高度肯定。但说实话，这方面的"应试"之嫌很大。

本来自认为还有一处可能成为亮点的，就是我设计了一道题：联系你自己的实际，回忆一下你有没有经常和你的爸爸妈妈陪着你的爷爷奶奶一起散步？或者一起去旅游？学习了这篇课文之后，你有没有什么启迪、收获？你觉得你要怎么做比较好？

只可惜因为时间关系，没能让学生很好地讨论回答，各抒己见，有点遗憾。

国庆作业"大礼"

2018 年 9 月 30 日　星期日

明天就是国庆长假了，当然要布置作业了。对应 7 天长假，我开出了 7 天作业大单。

当我献上这份"国庆大礼"时，下面的孩子们极不领情，一下子就炸开了锅，"杀"我的眼神都有了。我轻叹了口气，默默地在心底说 Sorry，难为你们了。嘴上说如果你们要外出旅游，就自己统筹安排吧。

善哉！

我也明白，学生的学习任务确实繁重！又不止语文这一科，真是繁重！真的繁重！

减负减负，老师、学生、家长，谁都没有感到真正减负。学生负担重，老师负担重。

我的一位教师好友，他去年也教七年级，我向他取经，他毫不吝啬地搬了去年自己购买的资料给我：《教材解读》《鼎尖教案》《中学奇迹课堂》《特高级教师点拨》《中学教材全解》《全程突破》《海淀单元测试 AB 卷》等，加上学校统一分发的《教师用书》及几种课辅，一下子就让我傻眼了。他告诉我，他的备课教案就是从以上每一本教辅资料择优而取之。我大为佩服，我毕业后的前几年也是这样备课的，现在倒没有这个干劲了。然后他还发给我课件和一些练习、复习资料。我翻开他的课本，密密麻麻地注满着教学重难点，翻开上面的各种教辅，都做了标注。我无法估算他教一节课要花多长时间、多大精力。

我服了！

其实，有许许多多的老师，不正是这样默默地耕耘着吗？

我虽然不优秀，也谈不上很努力，但像我上面布置的这些作业，我这个老师都要检查批阅的，有些还要在课堂上讲解。要讲解，就要自己先做一遍，时间大把大把地花费；我还要备课，时间大把大把地花费；我还要参加学习和继续教育，时间大把大把地花费；我还要回家陪爸爸妈妈、陪老婆孩子呢！

哦，时间都去哪儿了呢……

最不被理解的一句话：你们当老师的真好，每天一两节课，平均算下来，一节课很多钱的。

谁再这样说，我考虑绝交！

愤 慨

2018 年 10 月 9 日　星期二

国庆后的周记，学生纷纷吐槽。

王漫瑶：当我在写这篇周记的时候，我的心情是激动的，因为我终于写完了国庆的作业——13 张试卷，9 本辅导书以及各种抄写。但写完了作业也不代表着可以轻松的，国庆后还要迎接月考。哎，做学生真累……

孙立：好不容易，又盼来了一年一度的国庆长假。可惜呀，这次只有作业陪我了，我只好苦中作乐。作业有：糖醋十三香——不过就是 13 张试卷；龙啸九天——也就是 9 本辅导；双蛋黄乐队——2 份要抄下来的东西；七国之乱——7 科要月考；双刃战士——两篇作文；背水一战——话不多说，该写作业了……

好多同学都在周记里对国庆作业表示了极大的愤慨和无奈，纷纷向我这个语文老师讨伐和诉苦。我只引用这上面两位同学的感想，略作代表。

一个孩子就是一个小世界，就是一个复杂的、多变的个体。要完整、全面地评价一个孩子的得与失，不是一件容易的事儿。有的时候，在我们成人眼中的"得"，未必就是孩子实际生活中的"得"，而成人眼中的"失"也未必就是孩子成长过程中的"失"。我是老师，我爱着我的学生。但我与很多老师一样，我们即便清楚育才的本质，依然往往屈从于现实。我们只好一次次地将学生拉入浩渺的题海，向他们施加压力，监督他们作业，鞭策他们做题。要不然，学校不答应，家长也不答应啊。

求不得，是佛家七苦之一，眼见着希望晃在眼前，伸出手，却怎样也抓不住。如果说这个国庆我对学生有什么伤害的话，那就是让他们体会到了"求不得"之苦了。作业我布置得"冠冕堂皇"，却是置自己于"不义"之中，让学生陷入应试的轮回中。

文言文断句和划分朗读节奏的技巧

2018年12月12日　星期三

　　期中考试时,课外文言文阅读是《越人遇狗》,要求给文中的句子"尔饮食之得兽其轭尽啖将奚以狗为"画线断句,学生大都一筹莫展,全班没有一个断得完全正确的。

　　前面在学习《狼》一课时,虽然让学生做了预习,但让他们朗读时,读得并不顺畅。最明显莫过于:"少时,一狼径去,其一犬坐于前"这一句了,异口同声朗读成"其一犬/坐于前",谬误即现。

　　文言文断句与划分朗读节奏,是中考常见的一种题型,结合之前学月考与期中考的考试情况,教点断句和划分朗读的知识是必要的。

　　什么是断句?

　　对尚未注疏整理、没有标点符号的文言文原文,能理解它的结构和节奏,并加以标点,这就是断句。断句要求学生应该具有一定的古代汉语知识、古代文化知识和阅读浅易文言文的能力。

　　一般来说,要完成断句,有以下这些步骤:

　　(1) 通读全文,把握主要内容。

　　(2) 在了解全文大意的基础上,先断开能断的句子。

　　(3) 对不易断开之处,仔细研究前后部分的语义,分析难断处与上下文的联系,做猜读试断、试译。

　　(4) 大体把握了全文大意,便从头往后断句,逐步完善。

　　(5) 通读、检查。如果标点能使词义落实,使语法结构显豁,使语气连贯,使全文内容表达出来,则断句完成。

　　断句也是有一定的方法技巧的:

　　(1) 抓名词帮助断句。一般来说,时间名词,如处在文段的开头,大体是记时间的,往往能断一个非主谓句形式。其他名词(人名、地名、事物名、朝代名、国名、身份等名词）常在句中作主语或宾语，结合认定谓语，可帮助我们认识到当处的什么人，办什么事，采用什么方式，取得什么结果，从而认定结构，进而断句。

（2）抓动词帮助断句。一般来说，多数句子以动词作谓语，而谓语又往往是该句的核心，确定一个动词往往可以帮助我们认定一个句子。比如，如果确定了有"曰""云""吾"等对话性标志动词的话，则可断为如下形式：……曰："……。"

（3）根据文言文句式断句。例如：用了"……者，……也"判断句格式的，该处即可断得一句。句中有停顿，可赋逗号，句末用分号或句号。

（4）利用古人为文的笔意、语言形式断句。古人写文章常追求语言整饬，文章里的排比句、对偶句很多，我们抓了上句，下句自然能断停当。

（5）利用虚词断句。有一首《断句口诀》道：常用虚词与标点，有其规律供参看，"盖""夫"经常列句首，"矣""耳"之后加圆圈；诸子曰后用冒号，"于""而"只在句中间；句末"耶""乎"表疑问，"哉"字随后感叹连；判断句中见"者""也"，前逗后句因意添。我们可以运用常见文言虚词知识，结合这个口诀断句。

至于划分文言句子的节奏，其实与断句的方法、技巧是共通的，两者可以相互应用，只是划分句子的节奏在整句中也要再"断"而已。一般来说，有以下几种方法。

（1）根据文言句子的语法结构确定朗读节奏。一般而言，文言句子的语法结构与现代汉语大体相同。一个完整的句子是由主语、谓语、宾语组成的。文言句子的朗读停顿往往在主谓之间或动宾之间，这样划分符合句子意思的完整表达。如："一屠/晚归"、"屠/大窘"，"一屠""屠"是主语，"晚归""窘"是谓语。又如"屠/自后/断/其股"一句，"屠"是主语，"断"是动词谓语，"其"是宾语，所以在"屠"后停顿是主谓间停顿，"断"后停顿是动宾间停顿，"自后"停顿是状语与中心语间停顿。

（2）根据句首的语气词来确定朗读节奏。有些文言句子句首含语气词（发语词），表示将发表议论，提示原因，如"盖"、"夫"（读 fú），往往在发语词后停顿。

（3）在现代汉语中是一个双音节词，但在古代汉语中是两个单音节词，两个词要分开读，如"妻子"，应该断为"妻""子"。

（4）根据句首的连词或总结性的词语确定朗读节奏。若句首出现表示假设、转折等的连词，如"若""而""然则"等，或总结性的词语，如"故""是故"等，往往在这些词语的后面加以停顿。如"而/两狼之并驱如故"。

（5）根据文句内在的逻辑意义确定节奏。如前面所提到的"其一犬坐于前"一句中对"犬"的理解最为关键，不能理解为"狗"，而是"像狗似的"，"犬"是名词作状语。这句话的意思是：其中的一只狼像狗似的蹲坐在前面。根据对文句意思的理解，这句话应在"其一"的后面停顿，即"其一/犬坐于前"。

实际上，划分文言句子朗读节奏的方法并不是孤立使用的，正确划分朗读节奏，最根本的是要准确理解文句的意思，把握其内在的逻辑意义。

把这些教给学生，希望学生以后在这方面能得心应手些。当然，毕竟只是刚从小学升上初中的"小人儿"，古汉语知识少得可怜，不能透彻看清和理解文言文，是可以原谅的。所以，只期望他们"且学且进步"了！

我表演，我快乐

2018 年 12 月 18 日　星期二

今天上《皇帝的新装》第三部分的内容。

文中皇帝想凭借衣服来辨别臣民是聪明还是愚蠢和是否称职，因此决定先派一位"诚实"的、"很有理智的"，同时又是最"称职"的大臣去看布料。

为了让学生能更好地理解课文内容，同时也调动一下课堂气氛，我决定请学生现场来扮演骗子和大臣，表演大臣被皇帝派去看布料的情景。

陈钟玮和孙培楠同学自告奋勇，在同学们的起哄声中上台当骗子。这时我瞧见陈博锐在下面搞小动作，我就点名让他上台当大臣。钟玮和培楠都是胖嘟嘟的，身材不大的博锐戴着眼镜，站在"两个骗子"中间，略显单薄，还真像一位"诚实的大臣"，绝配又滑稽。

三人在讲台上商量鼓捣了一会，就开始表演。"两个骗子"装模作样地牵着"布料"，问"大臣"花纹是不是很美丽，色彩是不是很漂亮。可怜的"老大臣"查看织布进度，他"眼睛睁得特别大"。一个"骗子"问："哎，您一点儿意见也没有吗？""老大臣"又"从他的眼镜里仔细地看"，装出一副欣赏的样子，称赞布料："哎呀，美极了！真是美极了……多么美的花纹！多么美的色彩！是的，我将要呈报皇上，我对这布料非常满意。"这个"眼镜里仔细地看"的细节，配上激动的声音，我们的博锐同学一下子就把老大臣给演活了。其神态、语言，把一个愚蠢、虚伪而又带点狡猾的廷臣形象表演得惟妙惟肖。"两个骗子"齐声说："嗯，我们听了非常高兴……"钟玮和培楠哥儿俩"胸有成竹"，好像把"博锐大臣"当成玩物，引起哄堂大笑，掌声如雷。

他们表演完毕，大家仍兴奋不已。可是这时候，黄哲楠同学却在下面"发难"了："博锐演得还不够生动。""那你来演给大家看，看你有多大能耐。"我"挑衅"他。

"行！"好个哲楠，立马闯上讲台，占好位置，整整衣冠，一下子就进入角色之中。

钟玮和培楠就继续充当"骗子"。由于有了一次"行骗"经验，这次的表演更是逼真。瞧他俩全副精神，描绘得活灵活现，这次还装着"在空中裁了一阵子"，又穿针引线乱缝了一通，边"做"边大张旗鼓地讲解。假戏真做到这个份上，我和同学们都不得不佩服"两个骗子"的"高级技艺"了。哦，不，是演技！

至于哲楠，活脱脱就是"戏子"的料啊！他除了装模作样地"仔细地看"，还手舞足蹈地"称赞"，再加上其故意装出特别的声调说出台词，真的把老大臣虚伪的嘴脸表露得淋漓尽致，博得了我和同学们的热烈掌声。

后来，孙炯博同学又扮演了皇帝出场，穿着"新装"在"镜子面前把身子转动了一下"，然后趾高气扬地在教室里穿行。后面又有周边的同学扮成托后裙的内臣，"都把手在地上东摸西摸，好像他们正在拾衣裙似的"……

同学们情绪高涨，欢乐的气氛浓烈，我也受到了感染，心情无比舒畅。

真的谢谢这些孩子们！

我表演，我快乐！加油！

想考高分，从写好字开始

2019 年 1 月 4 日　星期五

期末的脚步已经临近，特别告诉学生：想考高分，必须从写好字开始！

字写得好，给人的第一印象会很好。一般来说，字写得好的，卷面也会整洁些。这样的卷面总给人一种美感。美，谁会拒绝呢？如果加上文章写得好，分数自然会更高些；即便文章写得一般，分数与同类相比，还是会沾一点光的。在这方面，字写得好不好，对作文的分数影响最大了。

一份字写不好的试卷，即使有一些地方答得很好，评卷老师也会产生厌烦的感觉，字写得不好不让人认，客观上不是在拒绝得高分吗？那些字写得好的卷子，阅卷老师能全面认读，得高分的机会自然多得多。

工整美观的试卷，看起来先让人拥有一份好心情。一看那些字迹潦草、不太整洁的卷面，心里就格外难受。看过一位高考评卷老师的心得体会，说是有一次参加阅卷，一位戴着老花眼镜的 50 多岁的女老师与其搭档批改作文。在很刺眼的灯光下，有一份试卷她看了半天之后，说："这孩子，不知道写了些什么，完全看不清楚，给个 20 几分算了。"半响，或许是不忍心，又将卷子递给该老师，说："要不，你帮忙看一下。"该老师耐着性子，睁着眼睛好不容易才看完的，最终给了 43 分。他感慨："说实话，如果不是受老教师所托，我是不会这么仔细看的。再说，如果我稍一怂恿，这名考生或许就定格在 20 几分上了。"看到没？近 20 分的差距啊！须知，一份这样的试卷会影响评卷老师的心情，还不是一会儿。时间稍长，遇上这样的试卷稍多，他们肯定要吃点亏的。要知道，现在是网上评卷，一天七八个小时地盯着屏幕，眼睛可是生疼生疼的。不好认的字、不整洁的试卷意味着什么，不言自明。

曾经有人算过这样一笔账：假如字写得不好，卷面不干净，从而导致失分的话，以每科 5 分来计算绝不夸张，有多少学科可以自己估算一下会损失多少分。想一想，从辛辛苦苦的备考中每科要增长 5 分的话，有多难、要花费多长时间？由此可见，写好字，交上整洁的卷面，无形中已经给自己加了不少分。希望每一位学生都能在考试时交一份字迹美观、卷面整洁的试卷。

所以，在平时的教学中，我常常要求同学们一定要练好字：

不能写美观，首先写工整；

不能写工整，首先写干净；

可以写得不漂亮，但一定要让人看得清楚；

只要不断坚持，没有人写不好字的。

从电脑阅卷的经验来看，有这么几点，一是要写楷书，也就是说尽量不要连笔；二是字要写得稍大；三是不要搞成一大段的文字，要注意分小段，这样比较美观。

怎么练？一个字：勤！

如果你平时字写得丑，卷面糟糕，那么你写字一定要勤写，要多练习，考前可以找几篇文章，强迫自己严谨地写字，一笔一画地写。具体可以找宽度与作文纸的格子基本一样的练习本，练写的字尽量保持高度只有格子的三分之二，而且居中。这样写出的字就是基本连成一横行，但是行与行之间距离很大。这种字体写起来可能会感觉很别扭，但是，在电脑上扫描出来，真的很美观，它不要求你的字漂亮、得体，但可以遮盖你写字的一大部分缺点。放心，不要太担心写字的速度，答题速度更多取决于你对知识点的掌握程度和你思考的速度。

新修订的《全日制义务教育语文课程标准（2011 年版）》就明确要求：写字"做到天天练"，只有勤练才是写好字的要诀。

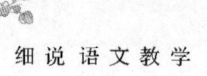

中学生如何进行课外阅读

2019 年 1 月 17 日　星期四

明天是考试最后一天，然后就开始放假了。很多同学都想在寒假期间多读些课外书，以拓宽自己的知识面，过一个既愉快又有意义的假期。但一些同学面对着浩如烟海的各类书刊文献及有关资料一脸茫然，不知怎样才能更好地选取和阅读课外书。下面，就这个问题谈一些看法。

一、课外阅读的重要性

阅读是人类认识世界特有的一种社会实践活动。"读书破万卷，下笔如有神"、"读万卷书，行万里路"。老祖先早就形象精练地道出了关于阅读的要义。作为中学生，适当增加阅读量是必要的。《全日制义务教育语文课程标准（2011 年版）》明确要求学生："具有广泛的阅读兴趣，努力扩大阅读视野。学会正确、自主地选择阅读材料，读好书。读整本书，丰富自己的精神世界，提高文化品位。课外自读文学名著（五部以上）及其他读物，总量不少于 150 万字。"课外阅读能拓宽学生的视野，扩大知识面，可以开发学生智力潜能，陶冶学生的品行，健全学生的人格。

二、课外阅读的方法

腹有诗书气自华，多读才能善写。但中学的课程多，任务重，给广泛的课外阅读造成很大的麻烦。因此，课外阅读要读出成效来，就要掌握一定的阅读方法，养成良好的阅读习惯。根据不同的文体、不同的内容可采用不同的阅读方法。例如：①浏览标题法。题目是文眼，有些文章浏览标题即可。

②略读泛读法。对于那些要求我们了解但内容不是很重要的，就可应用此法，一目十行，观其大意。③摘录要点法。对那些长文而又分要点的，可采用此法。④不求甚解法。书海茫茫，自然无法处处求甚解。同时，由于阅历的限制，学生也无法做到求甚解，所以对于经典名著中的一些内容，重在领会要旨，不必拘泥于咬文嚼字。这种陶渊明式的"好读书，不求甚解"，并非浪费时光、毫无益处，而是一种"积累"，以后会"常读常新"。⑤读书笔记法。好记性不如烂笔头，看了文章后，对自己感兴趣的内容可圈点、批注、比较，适时写下所想所思，这是把读和写两种能力结合起来的阅读方法。⑥品味赏析法。对于经典名篇，就要从语言、构思、内容、情感等方面细细品味，从而获得知识和情感的熏陶。

三、有的放矢，自主阅读

合理、认真地选择读物是课外阅读的第一策略。只有读好的书才能学到有用的东西。

（1）经典名著。文学名著是中外文学史上有定评的经典作品，具有示范性特征，是艺海明珠，当然是课外阅读的首选了。一般来说，可以参考《全日制义务教育语文课程标准（2011年版）》关于课外阅读的建议来选取阅读。

（2）选取与课文内容密切相关的读物。比如课内学习了《雷雨》节选，就找原著全文来看；课内学习了《范进中举》，就可找《儒林外史》来阅读；课内学习了《宝玉挨打》，就找《红楼梦》来读……这样一来，就能达到课内课外有机结合，由课内向课外延伸扩展。

（3）结合自己的兴趣进行阅读。比如有的同学对名人、英雄人物感兴趣，可以选择《凡·高传》《童年》《钢铁是怎样炼成的》等图书；喜欢探究动物的同学，可以读《昆虫记》《自然史》等作品；喜欢探险的同学，可以读《鲁滨孙漂流记》《格列佛游记》等作品。当然，我们在选择课外读物时，一定要选择那些健康向上、能给人以知识，还能给人以情感熏陶的好文章、好作品，绝不要去看那些低级庸俗的读物。

（4）喜爱一本杂志。同学们也可以选择如《读者》《青年文摘》《作文与考试》等人文性或知识性较强的杂志，期期追看，积少成多。每年一本杂志就有100万~300万字的阅读量了。

（5）欣赏一名作家。购买或借阅自己喜爱的作家作品，潜心阅读，并对其不同作品的风格写出自己的体会。

（6）辑录一本《作品精选》。每周选择一篇自己喜欢的作品抄写，适当评点，写出喜欢的理由。如果每篇不少于500字，一年就约有2万字了。

一书在手，墨香幽幽。希望同学们能充分地感受到阅读的乐趣，在书海中尽情地遨游。

美化心灵　启迪智慧

——浅谈在语文教学中如何培养学生的审美素养

2019 年寒假

审美素养是学生基本素质的重要组成部分。《全日制义务教育语文课程标准（2011 年版）》强调指出：要"促进学生和谐发展，使他们提高思想道德修养和审美情趣，逐步形成良好的个性和健全的人格"，明确要求把审美教育渗透到教材中去，培养学生的审美能力。语文教学中的美是教材与教师集中的艺术体现，是通过现实美与艺术美打动学生的感情，借助语言媒介，依靠形象的力量，引导学生分清"真善美""假恶丑"，使学生心灵深处受到感染和感化，达到"以美引真，以美启善，以美怡情，以美明理，以美开智"的效果。因此，我们教师必须充分展示语文课堂教学的魅力，展示课堂教学之美，努力培养学生的审美素养，使学生在求知的乐园中受到启迪，领悟生活的真谛，从而提升自己的品德，陶冶自己的情操。

一、创设氛围，拓宽学生的审美视野

美的氛围，能建立起融洽的师生关系，调动受教育者产生审美激情、审美体验，从而全面塑造人的审美心理结构。教师是学生审美对象和美感的诱发者，应依靠"美"本身去吸引学生，想方设法调动他们学习语文的兴趣，使其主体作用得以充分发挥，在充满感情的气氛中接受知识、接受美。这样，我们便能潜移默化地使学生增强审美能力，使他们在不知不觉中接受影响，从而在学习积累的过程中达到更高层次的精神境界。语文课创设美的氛围的方法有很多，如背景资料、背景音乐乃至教师的语言美、教态美、板书美、心理沟通艺术等，这些都能激发学生审美心理，让学生在和谐的、宽松的、美不胜收的课堂里遨游，欣赏学习语文的美。我在教《秋天的怀念》

时，就向学生播放了史铁生的背景影像，并配上幽幽的弦乐，继而播放《感动中国》的颁奖词朗诵场面。这样的情境创设，让学生在音、像、境等多元信息的刺激下，思想产生强烈震动，容易引导他们走入文本，迅速投入到与课文内容相应的一种含蓄隐忍、真挚细腻的情绪中，从而发掘出他们独特的审美体验，达到教学教育的目的。

二、挖掘教材，培养学生的审美情操

语文，是一种厚实的涵养，是人文的沉淀、美的升华。走进语文教材，优美的文字讲述着一个个动人的故事和哲理，一幅幅美丽的画卷，让人仿佛进入了一个五彩斑斓的世界。这美丽，来源于教材灵魂的魅力。可以说，失去了美，语文就失去了灵魂，失去了她的魅力。作为执教者，我们一定要深入钻研课文，挖掘美的内容，从教材所蕴含的丰富的感情和潜在的精妙之处去寻求教学的乐趣和情趣，设计出富有创造性的教学方式方法，竭尽全力培养学生的审美情操，让他们从课本中学到美，体会到美。我认为，可从以下三方面入手。

（一）吟咏诵读，品味作品语言美

一节成功的阅读课，琅琅的读书声总能给人以美的享受。语文教育的任务之一就是要把文质兼美的无声文字通过诵读、对作品语言的剖析，转化为学生的语感，让学生感知语言的形象美、内涵美和思想美。这是学习语文的传统手法，也是审美传情的极好手段。著名教育家叶圣陶称诵读为"美读"。他说："美读就是把作者的感情在读的时候传达出来。"也就是说，诵读要美，重在情感，在于读者与作者的心灵相通。有声有色的朗读，能渲染气氛，激发情感，变无形为有形，变抽象为具体，真正做到与作者同欢娱共悲切，才能情出肺腑，"如出我心"，语同己出，"如出我口"。在语文教材中，除个别说明文和议论文外，大多数作品的语言都是非常优美的，有低沉哀伤、缠绵柔缓的，也有慷慨激昂、豪放悲壮的。在教学中，我总是根据文章的不同内容和风格来选择诵读的方式。在诵读中引发学生的情感体验，引导学生感知语言的语声美、达意美、描述美，从而理解课文中人物的心灵美、事物美、境界美和作者表达的情感美，使语言文字中蕴含的思想性和情感性如润物无声的丝丝春雨自然地与学生交融，以情动情。这样，学生既得到了美的感染与熏陶，又获得了理解语言文字和塑造心灵相统一的效果。

（二）涵咏体味，感悟作品思想美

朱自清说过："欣赏是情感的操练。"美育的主要特点是以美感人、以情动人，用情感来撞开学生心灵的门扉。我们的语文教材选取的都是文质兼优的典范文章，字里行间都洋溢着浓郁的思想内容，蕴含着丰富的审美资源。诸多作者通过慧眼的细致观察和独特的角度，对纷繁复杂的社会生活经过选择和酝酿，用自己的匠心，创造完美的艺术形象。因此，伟大的作品往往能引发读者的心灵震荡，甚至能影响人的一生，改变人的命运。教师要善于调动学生，进入特定的环境中去，让学生在细读中充分感知语言文字的深刻内涵，体验其中的优美意境，领悟作者的真挚情感，并在不知不觉中内化为自己的思想准则或追求，提高自己的道德修养和审美品位。例如，《植树的牧羊人》一文，一个孤独的农夫，数十年如一日，在荒原上种植着树木。最终，靠自己的体力与毅力，把荒凉的土地变成了美丽富饶的田园。我在引导学生厘清"我"和牧羊人三次见面的情形以及高原上的变化之后，重点引领学生领会作者对牧羊人的评价，理解课文的主题，然后再思考寻找我们日常生活中那些默默"植树"的人，写出自己的评价和感受。同时，我还让学生为"植树人"写出颁奖词，写出美的感受、美的体验。通过这些思考和评价，把学生带入一个充满智慧的理性世界，从生活中获得哲理、获得愉悦、获得美感。

（三）启发想象，延续作品创造美

美，需要创造，需要释放个性潜能，展开思维的翅膀。文学作品的表现形式是语言文字，这是有限的，而文章表现的对象和内容却是无限的。爱因斯坦曾经说过："想象力比知识还重要。"想象的触觉伸得越长，由文字所唤起的意象愈丰富，对课文的感受就愈生动、愈深刻。学生是审美的主体，他们总是根据自己的审美经验来发现、丰富审美对象。教师应该处理好教材内容与学生主体发展间的关系，实现两者的自然转化，使学生用无拘无束的遐想去开拓，用纵横驰骋的思辨去探究，演绎出新鲜而富有生命力的语言。如我在教学《天上的街市》时，在"那缥缈的空中，定然有美丽的街市"和"浅浅的天河中"，引导学生想象"街市""物品"，想象牛郎织女骑着牛儿，蹚过天河，时来时往；在夜幕下手提灯笼，闲游天街赏景购物，生活美满幸福，让人向往。像这样有了想象的参与，学生就能从训练中获得更为生动的理解和深刻的感染，乃至创造的乐趣，作品的审美效应也就自然得到了强化。

三、体验创作，提升学生的审美能力

作文是学生心灵的外化。语文教学从读到写的过程，本身就是由感受

美、鉴赏美到创造美的过程。学生对美的体验、表现，最直接的方式是写作。成功的写作教学，给学生提供了良好的实践机会，让学生在美的文字中体验，在美的体验中感悟，把美的感悟融入写作的创造活动中。由于中学生正处于好奇、善思索的阶段，对生活开始有了自己的独到见解，但因为受到自身阅历、学识水平、思维方法等诸多因素的限制，得出的结论有时有偏激或偏颇之处。在平时的教学中，我经常利用作文教学，遵循学生的审美规律，渗透审美素质教育，由浅入深，由表及里，由感性到理性，精心引导学生对自己的所见、所闻进行构思、加工、提炼，通过理性分析，用美的眼光在写作中达到自我教育、自我完善的目的，淋漓尽致地表现出生活的美。在这一创作的过程中，学生不知不觉树立了正确的审美观和健康的人生志趣，从而提高了感受美、表达美、创造美的能力，美感也就得到了深化和升华。

"美文须美教。"要想让学生学会在美的世界里生活，就要努力培养他们的审美素养，美化心灵，启迪智慧，养成高尚的情操，引领他们通过审美的新角度和新视野不断地发现自己、开垦自己和超越自己，并在这一过程中发现生活和创造生活。

从《孙权劝学》谈文言文的翻译

2019 年 2 月 27 日 星期三

统编教材七年级下册第 4 课是《孙权劝学》,讲解完全篇课文后,跟学生聊一聊文言文的翻译。

翻译文言句子,几乎是中考文言文阅读的必考内容。其考查主要集中在:①文中有深层意义、表现力强、反映主旨的句子;②判断句、省略句、倒装句、被动句等句式较特殊的句子;③有古今异义、通假字、词类活用等特殊现象的句子。

考查形式主要是:把下面的句子翻译为现代汉语。(或:用现代汉语翻译下面的句子)

文言句子的翻译通常有两种方法:直译和意译。所谓"直译",就是将原文逐字逐句落实到译文中去,尽量译出原文用词造句的特点,甚至在表达方式上也要求与原文尽可能保持一致。所谓"意译",就是根据原文表达的基本意思来进行翻译,不拘泥于字字句句的落实,甚至可以采用与原文差别较大的表达方式。一般情况下都采用直译的方式,只有在确实难以直译的情况下才酌情采用意译。

文言文翻译要符合"信、达、雅"的标准:"信",就是指"明确",即译文要准确无误,不误解、不遗漏、不增译;"达",就是指"通畅",即文从句顺,译文要通顺畅达,无语病,符合现代汉语的语法和用语习惯,做到字通句顺;"雅",就是指"高雅",即译文要优美自然,力求体现原文的语言特色,文笔优美,生动形象,富有表现力。文言文翻译要想做到"高雅",必须有很强的语言驾驭能力,这对于初中生来说是很困难的。因此,同学们在翻译时能够做到"明确"和"通畅"就已经很不错了。

下面结合例句,了解一下文言文翻译常用的几种技巧。

(1) 对。就是对译,逐字对照翻译,确保不漏译。

(2) 留。即保留专有名词，凡是国号、庙号、年号、人名、地名、官名、物名、职称等专有名词或现代汉语也通用的词，皆可保留，不必翻译。

例1：及鲁肃过寻阳，与蒙论议。(《孙权劝学》)

例2：南阳诸葛庐。(《陋室铭》)

例3：晋陶渊明独爱菊。(《陋室铭》)

例1、例2中的"寻阳"和"南阳"皆是地名，例3中的人名"陶渊明"，都照录，不翻译。

(3) 删。指删去无实义的词，有些文言虚词在句中只起语法作用，并没有实际意义，只要不影响语气，就可以删去。

例1：骨已尽矣，而两狼之并驱如故。(《狼》)

这里的"之"起补充音节的作用，没有实义，应该删去。

例2：莲之出淤泥而不染。(《陋室铭》)

这里的"之"用在主语和谓语之间，取消句子的独立性，无实义，不译。

(4) 补。指补充省略成分，就是把文言文中省略的成分补上。

例1：肃遂拜蒙母，结友而别。(《孙权劝学》)

这里应在"结友而别"前加上"与蒙"。

例2：莲之出淤泥而不染。(《陋室铭》)

这里的"出"后面省略了介词"于"，翻译时要注意补充。

(5) 换。就是用现代词语替换古代词语。将双音词替换单音词，通假字换成通假后的字，词类活用词换成活用后的词。

例1：蒙辞以军中多务。(《孙权劝学》)

这里的"辞"应翻译成"推脱"。

例2：山不在高，有仙则名。(《陋室铭》)

在这里是名词用作动词，翻译为"出名，有名"。

(6) 调。指调整词序，就是将文言特殊句式按照现代汉语语序调整过来，有些有特殊现象的句子（谓语前置、定语后置、宾语前置、介宾结构后置等）的词序需要调整，使之符合现代汉语的表达习惯。

例1：蒙辞以军中多务。(《孙权劝学》)

翻译时语序应调整为"蒙以军中多务辞"。

例2：何陋之有。(《陋室铭》)

这句话是倒装句，宾语前置，宾语"何陋"前置到动词"有"之前，翻译时要按照正常语序，即"有何陋"。

(7) 选。即选用恰当的义项来译。

例1：但当涉猎。(《孙权劝学》)
例2：卿今当涂掌事。(《孙权劝学》)

文言文中一词多义的情况比较常见，因此选用恰当的义项进行翻译，这是文言文翻译的难点。例1中的"当"是助动词，解释为"应当"；例2中的"当"是动词，解释为"掌管，主持"。

（8）贯。指贯通，这个"贯通"就是"意译"，指根据上下文语境，灵活贯通地翻译。

（9）猜。遇到疑难时，不妨根据语境来进行合理的推断。

借着月光觅文化

2019 年 3 月 6 日　星期三

第三单元安排了四首课外古诗词诵读，虽然是"课外"，但还是要为学生点拨一下的。况且，考试也会涉及，所以，重视绝对没错。

第一首是王维的《竹里馆》："独坐幽篁里，弹琴复长啸。深林人不知，明月来相照。"讲解的时候，我让学生回忆，上学期有没有读过一首也有"明月"的诗？有学生很快就回答出《闻王昌龄左迁龙标遥有此寄》："杨花落尽子规啼，闻道龙标过五溪。我寄愁心与明月，随君直到夜郎西。"我让同学们回想当初我们在学习《古代诗歌四首》时，有没有学习过一些常见的古代诗词意象？同学们很快就反应过来，纷纷点头。（参见前文《记点古诗词的意象》）

月，在中国古代的诗词里屡见不鲜，是特别的意象，可谓"明月何其多"，形成了中国文化中特别的"月文化"。他山之石，可以攻玉，我借鉴《在月的清辉里徜徉》[1] 一文，为学生上一节关于"月"的课。

一、教学设想

"中华优秀传统文化是中华民族的精神命脉。"习近平总书记指出："优秀传统文化是一个国家、一个民族传承和发展的根本，如果丢掉了，就割断了精神命脉。""古诗文经典已融入中华民族的血脉，成了我们的基因。我们现在一说话就蹦出来的那些东西，都是小时候记下的。语文课应该学古诗文经典，把中华民族优秀传统文化不断传承下去。"为了实现中华民族的伟大

---

[1] 何莲. 寻根［M］. 北京：中国戏剧出版社，2011：544－548.

复兴,习近平强调"要使中华民族最基本的文化基因与当代文化相适应、与现代社会相协调","要加强对中华优秀传统文化的挖掘和阐发,努力实现中华传统美德的创造性转化、创新性发展"。

当前,传统文化在当代青少年身上严重缺失,青少年一代面临着传统文化的断裂,"民族精神"的缺位。《全日制义务教育语文课程标准(2011年版)》明确指出:"语文课程是一门学习语言文字运用的综合性、实践性课程……工具性与人文性的统一,是语文课程的基本特点。"它突出语言与文化的关系,阐释了语文是语言和文化的综合体,它既有工具性又有人文性,语文是民族文化的载体,而民族文化是语文的灵魂,这就要求我们在语文教学中,不仅要注重知识的传授、运用和语感的培养,也要承担起"传承优秀传统文化"的重任。作为语文教师,我们有义务为传统文化在语文教学中的弘扬做一些有益的尝试,鉴于此,我设计了这堂课。

二、教学目标

(1)知识与技能:理解古诗词中"月"的象征意义,进而了解中国文化中"月"的内涵。

(2)过程与方法:通过听读、诵读,赏析古诗词中的几首关于月亮的诗,提高学生的联想和想象能力,进入诗歌的优美意境中,探索古代诗人的"恋月情结",了解中国的"月文化"。

(3)情感态度与价值观:培养学生热爱中国优秀传统文化的思想感情。

三、教学重点

欣赏古代的"月亮诗",了解中国的"月文化"。

四、教学难点

探索古人"恋月"的情由,认识保护优秀传统文化的重要性。

五、教法与学法

诵读法,讨论法,探究法,研究性学习法。

六、教学过程

（一）月光里的诗人

（1）问题导入：同学们喜欢月亮吗？为什么？请用一个词来形容月亮。（例：宁静、皎洁、清朗、澄明、多情、柔美、圆满、哀戚、幽怨、沧桑）

教师导言：月亮的朦胧容易让人产生缠绵的感情；皓月当空，明月如洗的夜晚更容易让人浮想联翩，或怀远，或思亲，或念友，或咏古，产生真挚而美好的感情。

（2）提问：小时候你们读到的第一首印象最深的咏月诗是哪一首？

（学生大都回答出《静夜思》）

以李白为例，在你们的心目中李白是怎样一位诗人？

教师导言：台湾诗人余光中曾在他的《寻李白》诗中写道："酒入豪肠，七分酿成了月光／余下三分啸成剑气／绣口一吐就半个盛唐。"

由此可见，李白是一个端着酒杯住在月光里的诗人，在他留给后人的众多诗歌中，直接或间接写月的竟有341首。月亮给了这位诗仙智慧、灵感和创作灵感，其笔下之"月"，各具情态，令人遐思不已。今天这节课就让我们随着李白的月亮诗一起走进神幻迷离的月光世界吧。

（二）月色撩人诗兴浓

咏月诗联句背诵，在背诵中感受诗情，进入古诗词飘逸、空灵的意境中。

（七年级出现有"月"的诗有《闻王昌龄左迁龙标遥有此寄》《竹里馆》《泊秦淮》等）

（三）月下的沉吟

正如陶渊明的"菊"、周敦颐的"莲"一样，"月"也成了古代很多诗人情感的载体，是诗人理想的化身。请学生简略谈谈读到有"月"诗时的感受。

（例：《静夜思》《月下独酌》《闻王昌龄左迁龙标遥有此寄》《竹里馆》《泊秦淮》等）

教师小结：从同学们的感受中我们可以看出，古人笔下的长空皓月，既有照见离人的情愫，又有温馨怡人的风致；既有飘逸脱尘的气韵，又有晶莹高洁的品格。她善解人意，是诗人孤寂愁闷时的心灵伴侣，她使诗人暂时忘记尘世的纷扰，在安宁静谧的世界中，感悟人生的真谛，寻觅尘世之外大千世界所涵蕴的无穷美感。

（四）明月诗人共翩跹

（1）请学生自由发言，大胆揣测古代诗人喜欢月的原因。

（2）探寻更多的咏月诗。

提问：你还读过哪些著名的咏月诗？

（3）由众多的咏月诗引出古代诗人、词人喜欢月的原因；由月亮情结，引导学生试谈中国的"月文化"。

教师小结：古人之所以对月亮怀有如此深厚的感情，其实是来源于"恋月情结"。这种情结的形成，离不开中国传统历史文化在古代文人心中的积淀。

即使到了现代，我们中国人对月亮的情结也丝毫不逊于古人。"月亮情结"已成"月亮文化"，且不说其他的有关"月亮情结"表现形式，单单从我们耳熟能详的月亮歌里就可见一斑。

（4）请学生试唱几句有关月亮的歌。

教师小结：不管是古人的"月亮诗"还是现代的"月亮歌"，它们都有一个共同的主题：对亲友、对爱人的思念，对美好情感的期盼、追求。"月亮"成了表达真诚情感的载体。因而从某种意义上说，从月亮诗到月亮歌，里头洋溢着的正是我们传承和发展着的优秀的华夏文化。

（5）请学生谈谈在民间有哪些跟月亮有关的民俗文化。

例如，潮汕中秋节民间"拜月娘"。

（6）名词解释：什么叫传统文化？

传统文化就是文明演化而汇集成的一种反映民族特质和风貌的民化，是民族历史上各种思想文化、观念形态的总体表征。中国的传统文化以儒道互补为内核，还有墨家、法家、名家、释教类、回教类、西学格致类、近代西方文化等文化形态，包括古文、诗、词、曲、赋、民族音乐、民族戏剧、曲艺、国画、书法、对联、灯谜、射覆、酒令、歇后语、民族服饰、生活习俗、忠孝观念等。

（五）教学延伸

以辩论的形式讨论我国的一些传统节日是否要申遗，从而引出对传统文化应如何保护和传承的问题。

（1）中国人过了几千年的端午节，被韩国人向联合国教科文组织申报为他们的文化遗产，并列入韩国国家遗产名录。对此，你们是怎么认为的呢？请畅所欲言，各抒己见。（学生组成正反方自由辩论）

教师小结：传统的节日文化是一个民族的东西，是一个民族共同创造、共同享受的一种文化，这种文化会自然形成一个民族的凝聚力。

我国的传统节日，是留存着中国人独特的文化记忆的节日。传统节日申报世界文化遗产，既能唤起国人对传统节日的重视，更寄寓着"家和万事兴""祖国和平""世界大同"的深刻寓意，对促进中华民族复兴有着重要的文化意义。

（2）作为中国优秀传统文化传承者的当代中学生，能为我们传统文化的继承和发展做些什么呢？

教师提议：①应重新认识，自觉保护我们民族的传统节日，更别忘了要过好我们自己的节日。②了解家乡的民间民俗文化，做些力所能及的宣传保护工作。③热爱我们自己的民族文化，认真学好我们的民族语言。④对我们的儒家、道家等中国传统文化思想应有所了解。⑤认真学习传统经典，努力承袭祖先文化的精粹，以我们的文化为自豪。

结束语：

美国前总统尼克松写过一本书叫《1999不战而胜》。在那本书的最后部分，尼克松说了这么一句话："当有一天，中国的年轻人已经不再相信他们老祖宗的教导和他们的传统文化，我们美国人就不战而胜了……"

同学们，这节语文课，我们借助古诗词月亮诗，对我国的"月文化"做了一次短暂的巡礼。希望通过这堂课，同学们能对中国传统文化进一步产生热爱，做一个自豪的中国人。

七、教后反思

让传统文化回归语文课堂，让学生在感悟传统文化底蕴的过程中受到心灵的震颤、人格的升华。这堂综合实践活动课以七年级刚读过的"月亮诗"为切入点，以"中国的月文化"为线索，由浅入深，激发了学生对中国传统文化的兴趣。对传统民族节日阐发讨论，又将传统文化与现实生活紧密联系起来，引起了学生的强烈共鸣，收到了良好的效果。

补记：

教育部统编新教材七年级下册第五单元的《写作·文从字顺》中"写作实践"：古往今来，月亮一直是人们吟咏的对象，寄托了人们无尽的情思。月亮曾引起你怎样的遐想？请以《月亮》为题，写一篇作文。不少于500字。

提示：

（1）写作前，可以查阅一些描写月亮的诗文。想一想：为什么那么多文人喜欢写月亮？月亮寄托了人们的哪些情感？这些情感寄托在别的事物上行不行？

（2）在查阅和思考的基础上，选择一个新颖的角度，写出你对月亮的感受。

（3）写完后读一遍，认真修改润饰，做到文从字顺，抒情自然。

我结合之前讲授过的内容，要求学生写作文，大多数同学都写得不错。

月　亮

林佳康

"露从今夜白，月是故乡明""春风又绿江南岸，明月何时照我还""举头望明月，低头思故乡"……古人常以明月作为写诗的意象，明月寄托着每一位诗人对故乡的无限怀念。古代也有"嫦娥奔月""玉兔捣药""吴刚伐桂"等与月亮相关的神话传说。古人认为月亮是一种高洁道德情操的象征。今夜，我又坐在天台上，望着天上一轮白玉盘似的明月，不禁陷入了沉思……

小时候，我无忧无虑，就像刘禹锡在《陋室铭》中所说："无丝竹之乱耳，无案牍之劳形。"那时的我是多么快乐。也正因为这样，小时候的我就曾幻想过长大后要做许多快乐的事情。其中我最渴望实现的就是有一天到月亮上面去玩。我经常搬一条小板凳，一个人来到天台，看着明月的光芒散射到人间大地。望着这轮明月，我曾经想着：嫦娥真的住在这上面吗？正因为这种对月亮的无尽遐想，使我的童年变得丰富多彩。我曾经用卫生纸筒做成一只小火箭，想象着这只小火箭载着我飞向月亮，与嫦娥一起吃月饼，与吴刚一起伐桂树。就这样，我的童年，并在卫生纸筒的减少中过去了。

现在，我上了七年级，知道了月球是怎么一回事。知道了所谓的"嫦娥奔月""吴刚伐桂"什么的，都只是人们想象出来的美丽故事而已。真正的月球没有水，没有空气，连生命都没有，有的只是灰色的尘土和形状不规则的陨石坑。我的生活也像这月亮一样，由童年时那轮洁白美丽的月亮变得灰色而单调；由那童年时想象过的与嫦娥吃月饼，到现在一见到月亮就心生嫌弃。童年的我无忧无虑，现在的我就像那禁锢在狭小笼子里的小鸟，想要飞得更高，却怎么也飞不高。

写到这里，我不禁想对月亮问道：

月亮啊，我的童年去哪里了？

月　亮
林思涵

你对月亮寄托了什么样的情怀呢？

自古以来，人间流传着一个神话——嫦娥奔月。月亮一直是古代诗人吟咏的对象，她寄托了无数诗人的思念之情。我猜想，可能是因为嫦娥在月亮上对家乡、对亲人的思念，所以月亮才一直被寄托着思乡之情。就像王安石的《泊船瓜洲》："春风又绿江南岸，明月何时照我还？"还有李白那首家喻户晓的《静夜思》："床前明月光，疑是地上霜。举头望明月，低头思故乡。"除了这些，还有非常多的古诗，都寄托了古代文人们的思乡之情。但是有的是寄托在别的事物上，比如岑参的《逢入京使》："马上相逢无纸笔，凭君传语报平安。"这万千思念，尽在一句"传语"中。

古代的诗人对月亮大都是寄托思乡的感情，而我对月亮却寄托了希望。

小时候，每当我仰望夜空，看着那皎皎明月时，就特别欢喜，因为那时我觉得，月亮上一定有人间最美好的东西，要不然怎么会那么纯洁？长大后，当我再看着月亮时，我都会充满一股拼搏向上的力量。因为月亮是那么干净无瑕、纯洁美好，又是那么高高在上，虽是在黑暗的空中，却向世间洒下她温柔的光芒。一个人即使在夜里迷了路，也能在心中有一道充满月光的道路。月亮也像一位高洁的雅士，从来不沾染一点污秽。于是我便决定，以后也要做一个像月亮一样的人，心中永远充满美好，充满善意与正能量，又懂得感恩！而前提就是要努力学习，埋头苦干，到尽头了才有资格谈成功。

月亮不会向我奔来，但是我会向她奔去；犹如成功不会直接地向我跑过来，但是我会努力向它靠近。

与其一直羡慕月亮，不如成为像月亮一般的人：努力发出光芒，保持纯洁，而且永远保持一颗美好的心。

你对月亮寄托了什么样的情怀呢？

月　亮
袁　泓

静谧的夜晚，天空上点缀着点点繁星，而引起我注意的却是那一轮明月。

月光映照在湖面，天空的月亮被复制在湖中，湖中的小鱼淘气地跃出水面，落水时激起了水花，就像一位姿态优美的跳水运动员，水面上荡起了层层波纹，连水中的月也变得朦胧了，多么美呀！

月亮拥有无尽的美丽，于是有了"明月别枝惊鹊，清风半夜鸣蝉"，于是有了"明月松间照，清泉石上流"，于是有了"烟笼寒水月笼沙，夜泊秦淮近酒家"，于是有了"可怜九月初三夜，露似真珠月似弓"……

儿时，我总喜欢坐在奶奶的竹椅上，望着那月亮，在幻想中构造着广寒宫，幻想着去慰问那关在广寒宫内的嫦娥，去逗逗那捣药的玉兔，去陪伴那砍桂花树的吴刚。可月亮总是这么遥远，于是我又满心期待着彩虹桥为我搭起，仙鹤带我飞翔……童年便是在这无边的遐想中溜过了。

月亮里还有每个人都眷恋的故乡，不管你身在何方，飘零何处。于是，李白说"举头望明月，低头思故乡"，杜甫道"露从今夜白，月是故乡明"，张九龄言"海上生明月，天涯共此时"……

月亮，她孤独吗？不孤独，因为常有宇航员去看望她。

月亮，她不孤独吗？不，她孤独。因为月亮上空荡荡的，一点生机也没有。

每每想起或望见月亮，我澎湃的心便会如一泓清泉般平静下来。

月　亮
黄艺涵

夜晚独自坐在门口，抬头望着天空，只有一轮明月和寥寥几颗泛着微光的星。浅浅的银光洒在大地，偶尔吹来阵阵冷风，显得孤独肃静，也携着一份淡淡的平静。

不知道从什么时候开始，我竟喜欢坐在家门口看月亮。只是看着她的时候，浮躁的心总会平静下来，时间仿佛不再流动，脑子一片空白，心中纵有万千烦恼丝，也在此刻烟消云散。静静的，静静的，仿佛没有事能拨动我心中的那根弦，仿佛这世界只剩下我和她在两两相望。这时，幼稚的我，竟有点体会到，什么叫岁月静好。

世上的人大都匆匆忙忙，有多少人能够停下脚步，肯停下脚步，又有多少人可以抬头看着月亮，享受这份难得的平静和美好？世俗的乐曲听久了，繁华的城市待久了，只想孤身一人，明月相伴，也不会孤独，就算孤独，也是一份难得的、不同于其他的孤独。

我的母亲曾感慨地说："真希望自己快点老去。"那时的我还不懂话中的意思，现在仍也不懂，只是望着天上的月亮时，总会想起这句话，似乎，又有些懂了。

时间在不经意间悄然流逝，我却丝毫察觉不到，我已经沉浸在那份平静带来的喜悦和美好中。闭上眼睛，我的灵魂仿佛得到了沉淀。月亮不再遥不可及，她真实地呈现在我眼中，印在我的心里。我似乎能读懂她，她仿佛不再神秘，它是那么的宁静，她总是温柔地笑，从她的脸上看不出一丝波澜、一丝杂乱。我突然觉得我们之间又隔了些距离。

此刻你也正在静看月亮吗？

月　亮

王漫瑶

缕缕月光透过窗台，静静地、柔柔地漫进小屋，不留一丝丝缝隙，漫到我的眼前。她带着神秘、带着浪漫、带着温柔，把我带进了回忆……

小时候，我和奶奶生活在一个小院子里。我特别喜欢月亮，每当月光洒满院子里，我总会跑到外面，在月光下玩耍，奶奶则会陪着我一起，我们常常玩到深夜。

一次，我在月光下奔跑着，忽然停下来，指着天上的月亮问奶奶："奶奶，为什么月亮不到地面上来和我们一起玩呢？"小时候那个不懂事的我，对世间的万物都充满了好奇。"看！月亮不是一直在我们的身边吗？"奶奶端来一个盛有水的盆子对我说。我往里一瞧，真的有月亮！于是我开心地笑了起来。我总是会向大人们问许多天真的问题，可大人们总是站在科学的角度讲给我听，或者是直接拒绝我的问题。而奶奶却不一样，她的回答总是那么美好……

"奶奶，那白天的时候月亮到哪里去了呢？"又一个新的问题出现在我的脑海里。"白天啊，月亮就在人们的心里！"我回过头望着奶奶，只见奶奶那充满爱意的眼睛里印着一轮皎洁的明月，我又笑了。对奶奶的回答我十分满意。此后的每一天晚上，我都在反复地问奶奶这个奇怪的问题，奶奶也总是不厌其烦地讲给我听，她的回答总是会让我笑得很久、很久……

回去睡觉的时候已经很晚了，但我仍对外面的月亮恋恋不舍，对刚才欢笑的我们恋恋不舍。我会趴在窗子前望着，直到进入梦乡。奶奶再把我抱起来，给我盖上被子。

光阴似箭，日月如梭。如今那个好奇又贪玩的我已经长大了，奶奶头上的白发一根根增多，只有那窗外的明月依然如旧……

关于古诗文的背诵

2019年3月9日　星期六

中华民族的经典举不胜举，作为教育改革的标志性学科，新版语文教材增加了大量古诗文。"整个小学6个年级12册共选古诗文132篇，占所有课文选篇的30%，比原有人教版增加55篇。平均每个年级20篇左右。初中古诗文选篇124篇，占所有选篇的51.7%，比原来的人教版也有提高，平均每个年级40篇左右。"古诗文大都要求学生背诵熟记，从这方面来说，学生在义务教育阶段要背诵强记的任务是不少的。那么，关于古诗文的背诵，有没有一些方法呢？很多学生都在周记上问我这个问题。在学习上，学生希望有捷径的心理是完全可以理解的。今天，就来谈谈这个问题。

"熟读唐诗三百首，不会作诗也会吟""腹有诗书气自华"……学习古诗文最好的方法就是背诵。因为理解古诗文是需要付出一生心血的事情，任何名师、任何窍门，都不可能让一个青少年在短时间内真正对古诗文有什么深刻的理解。但背诵却是可以而且必须在记忆力最佳的青少年时代完成的。只有把古诗文背熟了，才能随时随地不断地吟诵和品味，在反复品味中，穿越千年的历史屏障，真正体会到诗文的精髓。况且背诵本身也是一个学习理解的过程，背诵文言文和古代诗文，记忆在头脑里，对于理解现代文也会起到一定作用的。

孔子教导儿子孔鲤说："不学诗，无以言。"从《诗经》、先秦诸子散文以来，中国历史上产生了浩如烟海的古诗文，这是中华祖先留给后人的一笔宝贵的精神财富。但继承这笔财富却是一件难事：因为年代的久远，语言习惯的巨大差异，这些诗文与现代人之间产生了一种隔阂，不像现代的诗文那样明白易懂。解决这个问题的最笨的办法也是最好的办法就是背诵。

但背诵毕竟也是一件辛苦的事，被许多学生视为畏途。应该说，学习总是要讲究方法的。背诵的成效不只取决于记性的好坏，在很多时候，也取决于背诵的方法是否得当,是否能发现背诵中的一些窍门。有人背诵得快而牢,除了自身的记忆力好之外,也是因为在背诵中掌握了一定行之有效的方法。结合古诗文的特点,试着总结几种背诵简单易行的方法,让学生试一试。

古诗文千差万别,在背诵上并不存在某种万能的方法,必须针对不同的作品,采取不同的方法,才能收到事半功倍的效果,真正做到"巧背"。为此,必须把千差万别的古诗文大体上分成不同的类型。

一、关于古诗

古诗和古文在内容、形式上大相径庭,背诵的方法也各有侧重。诗是押韵的,句子长短大体上是整齐的,节奏鲜明,音韵铿锵,读起来朗朗上口,背诵也相对方便。

《诗经》是四言诗的代表。比起后代的诗歌来,《诗经》更有"歌"的特点,最突出的标志就是其中的很多篇章都采用了重章叠唱的结构方式,这无疑给背诵提供了很大的方便。比如《诗经》中的首篇《关雎》,"参差荇菜"以下三章,都有叠唱的内容,句式相同,结构相同,其中的许多字都是相同的,只要花些力气背下了其中的一章,再记住其余的章与这章不同的那些字,全诗也就背下来了。

五言诗和七言诗从字数来说不同。因此,其节奏也不相同,但都可以分为叙事诗和抒情诗。叙事诗一般来说比较长,背诵时需要多花一些功夫,但单纯叙事很难成诗,叙事诗中也多夹有抒情、描写的成分,很多情况下,甚至比叙事所占的篇幅还要长,纯叙事的语言倒是十分简短、凝练。比如《陌上桑》中对罗敷美貌的描写;教育部统编新教材七年级下册第二单元选入的《木兰诗》非常生动,在描写的过程中大量运用比喻、排比等修辞方式,使诗句满含韵律,只要着重体会其在遣词造句上的用心,背诵这些长篇并不像想象的那样困难。

近体诗是指五言和七言的绝句、律诗及长篇排律。近体诗除了要押韵外,还有严格的平仄限制,所以不仅格式整齐,而且音韵和谐,抑扬顿挫,有很强的音乐美感。因此,背诵时要出声朗读,仔细体会其韵律,几遍之后,往往自然成诵。再有,律诗的中间四句是对偶的,有特殊的修辞效果,也给背诵提供了很大的方便。

词曲是律诗之后另辟蹊径的一种诗歌形式,它的句子长短不齐,但有词牌、曲牌,每种词牌、曲牌的格式是基本相同的,同牌的词曲不但句子长短相同，而且内容、风格也都大体相似。比如《浣溪沙》一般轻松明快，《渔家傲》则多慷慨激越。读这些词曲，只要有一定的量的积累，时间长了自会有一些"感觉"，循着这种感觉，就能体会出词曲的内在韵律，背诵起来也就方便多了。

二、关于古文

古文总体来说比诗要长，而且不押韵。但古文也有骈、散之分。骈体文是韵文的一种，以四字、六字句为基本句式，文中的句子基本是两两对仗的。从这点来说，背诵时比散文容易。《与朱元思书》《陋室铭》即属于骈体文。读着既好听，背诵也容易。以先秦诸子、《史记》、"唐宋八大家"的文章为代表的散文是中国文章的主体。散文内容充实，形式却基本上无规律可循。但好的散文晓畅流利，很少有生僻的字和难解的句子，这是背诵的一个方便之处。散文很讲究作法，"文似看山不喜平"，韩愈的《送董邵南游河北序》短短150多字，却一波三折，数次顿挫，阅读时仔细体会作者的良苦用心，把握文章的脉络，这对写作水平的提高有很大好处，也可使背诵变得相对容易很多。

散文贵在形散而神不散，不但所有的文字都围绕着主题，而且句与句之间、段与段之间，都有内在的联系。孟子的《鱼我所欲也》，全篇都围绕着"舍生取义"落笔，作者尽管雄辩滔滔，多方论证，但万变不离其宗，都是为了这个中心论点服务的。在背诵的时候，紧扣这个论点，提纲挈领，整篇文章就会印在心里了。欧阳修的《醉翁亭记》，"……者……也"句式贯穿始终，不但使文章气脉通畅，如一气呵成，也给背诵提供了很大的方便。找到散文中的这些线索，是背诵的一个窍门。

古文很讲究修辞，比喻、对仗、象征、排比等俯拾皆是。政论性的文章讲究气势，孟子《得道多助，失道寡助》中对仗、排比句充斥全篇，特别是如"环而攻之而不胜。夫环而攻之……然而不胜者"这样首尾顶针的句式的应用，使文章气势磅礴，如排山倒海，不但具有很强的雄辩力量，也使背诵有明显的脉络可循。

古文中有很多精粹的语句，已经成了现代人们口头的成语，如《论语》中的"温故而知新""有朋自远方来，不亦乐乎"；《曹刿论战》中的"一鼓作气，再而衰，三而竭"；诸葛亮《出师表》中的"鞠躬尽瘁，死而后已"；等等。有的则被当作精辟的格言警句，如范仲淹《岳阳楼记》中的"先天下之忧而忧，后天下之乐而乐"等。读古文能了解成语的来历，加深对成语的理解，在背诵时有意围绕这些成语，理解它们的出处、背景，也会使背诵变得饶有兴味。

总之，不论是诗还是文，理解各自不同的特点，对背诵都有理论上的指导作用。当然，很难把形形色色的诗文用某个标准完全分类，以上的分类方法更是只针对背诵，使背诵变得不那么困难。

三、关于背诵的具体方法

（一）串联关键字

中国的诗文形式颇多，八股文甚至要求起承转合，中规中矩。一般的诗文虽不像八股那样僵化，但在结构上也非常严谨，好的作品讲究首尾呼应，何时转折，何处点题都有一些不成文的套路，这些关键的地方大都有一些词句引领。比如《岳阳楼记》在大肆铺排之后转入讽谏时的"嗟夫""嗟呼"就是一种典型的例子，《醉翁亭记》中的"者……也"句式也是一个突出的范例。背诵时把握好这些关键词，自然对文章的段落、层次有了清晰的认识，背诵时也就做到了心中有数。

另一种关键词是诗文中暗含着的、并没有明显的标志，需要在阅读的过程中去发现、寻找。李商隐《夜雨寄北》中两次出现的"巴山夜雨"，以及"何当""却话"的一呼一应，使诗意连绵如丝，不绝如缕，与作者要表达的缠绵内容十分吻合，也为背诵提供了明显的线索。找到并记住这些关键字、词，既使背诵容易了很多，学生对诗文的理解也会更深一步。

（二）化整为零

有些古诗文篇幅比较长，对于背诵来说，初看起来有一副吓人的样子。但再长的诗文也是由一个个相对短小的章节构成的。写作长篇贵在"一气呵成"，但背诵时却要尽量化整为零。比如《木兰诗》以中间写木兰从军生活的"万里赴戎机"以下六句三十字，划分开从军前后两部分内容。把诗这样划分成不同的段落，比起不加区别地从头到尾硬背，效率肯定要高得多。

在一些不算太长的诗文中，化整为零也是行之有效的背诵方法。比如，古诗文讲究修辞，应用得最广泛、最有中国特色的就是对仗。在律诗中，中间四句的对仗已经被固定为一种必须遵守的格式。在背诵时，把这四句剥离出来，与上下文分别对待，会使背诵变得容易很多。另外，千百年来，某类诗文已经形成了某些固定的套路，比如怀古诗先要写古迹的外景，然后写到人或事，然后才是作者要抒发的感慨。只要读的诗多了，自然会对这些套路有一些大概的认识，背诵时循着套路去记忆，就会如轻车熟路，事半功倍。

（三）朗读

朗读是最基本也是最必然的了。中国的古诗最初是由歌发展而来的，音韵和谐，所谓吟诗，其实就是唱诗。近体诗更是抑扬顿挫，不但押韵，对每个字的平仄都有要求。词的原名叫"曲子"，是为歌唱专门填的词，在音韵、平仄之外，句子的长短也有具体的规定。这样作词固然辛苦，读词却实在是一种享受。背诵这样的词时大声朗读，也会有事半功倍的效果。苏轼的《江城子·密州出猎》音节响亮，读之铿锵有力，如金铁交鸣。几遍读过，自然成诵。所以，背诵近体诗和词，大声朗读可谓最原始又最有效的方法了。

四、关于引领学生背诵的策略

古诗文需要背诵，这已经成为共识。怎样使青少年学生用尽可能短的时间高效率地、牢固地背好古诗文，则需要老师和家长共同关心和指导。教师是教育的主导者，在指导学生背诵上要发挥主导作用，可以采取多种策略，引导学生背诵好古诗文。

（一）多形式辅导

我们强调巧背，但是，不管背诵方法多么"巧"，都必须建立在理解的基础上，否则便流于形式，失去了背诵的意义。青少年身心发育还不成熟，缺乏理解、欣赏古诗文所需的人生体验，让他们真正理解诗文的精髓是比较难的，教师的指导必不可少。在指导学生学习、背诵古诗文上，语文教师是当仁不让的主角。除了课堂上讲解外，还可以利用周记的形式，让学生写古诗词的读后感，然后教师加以简要的评语。当然，这些评语宜以鼓励、启发为主。

古诗文中写景状物的作品很多，王维的诗就被誉为"诗中有画"。条件允许的情况下可以让学生根据古诗文的意境作画，既启发了想象，又加深了对诗文的理解。人们形容景物常说"风景如画"，而作画或在诗文中写景状物则力求"逼真"，这"逼真"与"如画"的关系很深奥，教师则可以借此引导学生讨论，理解某些深层次的理论问题。也可以请音乐教师尝试将某些短小而文辞优美的篇目谱成曲，让学生传唱。古诗多是能唱的，吟诗在某种意义上其实就是唱诗。近体诗和词、曲因为讲究平仄，读起来更是抑扬顿挫，具有很强的音乐美。如果配上音乐，就如同给古诗词插上了翅膀。借助音乐的旋律，不但使这些诗词的意境更加鲜明生动，而且使背诵更加容易。

当然，要让语文教师既当美术教师还当音乐教师是不现实的。但我们完全有条件来创造良好的"吟诗作对"氛围。比如可以在网上下载中央电视台历届的《中国诗词大会》和《经典咏流传》，有选择地播放给学生观看，这是提高学生学习、背诵古诗词兴趣的特别好的益智媒介。

（二）利用早读时间

一日之计在于晨。早读用来背诵是最合理的。除了记外语单词，背诵一些古诗文也是相当不错的选择。班主任或者语文教师可以组织学生大声朗读，也可以以小组为单位组织简单的朗读和背诵。

（三）组织有关古诗词的主题班会

主题班会可以促进学生的背诵，也是对背诵效果的一种检验。主题可以是"我喜爱的一首古诗""古诗中的格言警句""我背诵古诗的一点体会"等。古人常说"诗无达诂"，每个人对古诗文的理解也会有所不同。组织这样的班会可以让学生交流对古诗文的学习心得，增进对古诗文的理解。

（四）组织竞赛、对抗

青少年喜欢刺激性、对抗性强的活动，如何把相对枯燥的背诵化为学生喜闻乐见的活动、游戏，是一个值得探讨的问题。我们可以在班级范围内组织背诵比赛，或参照《中国诗词大会》里面"飞花令"的形式进行比赛，以组为单位，选拔优胜者参加全班的比赛，班级的优胜者参加年级比赛。在促进古诗文背诵、学习的同时，也增强了学生的集体荣誉感。

（五）充分利用宣传栏、黑板报

宣传栏、黑板报是学生天天见到的，从心理学的角度来说对记忆有着无意识强化的作用。在宣传栏、黑板报上开辟一个专栏，写一首古诗，每周更换一次或两次，也可以加上三言两语的评论。这些评论可以是学生自己的，也可以是书本上摘来的，以启发思考为主要目的。还可以引导学生谈谈对古诗文的不同甚至相反的看法，或者定期举办班级黑板报评比等。

（六）组织古诗文书法比赛

电脑和手机的普及使学生的书写水平大大下降，这一点已经是不争的事实。但书法毕竟是最具中国神韵的一门艺术，中国画讲究诗书画印结合，书法作品也多是从古诗文中取材，诗与书法搭配得好，可以起到相得益彰的作用。让学生每星期用钢笔或毛笔抄录一首古诗或一段古文，选择其中的佳作贴在教室的墙上，让同学们欣赏，不但促进了书写和欣赏水平的提高，自然也促进了古诗文的背诵和记忆。

严格地说，古诗文的背诵方法都是有局限的。背诵古诗文固然重要，但不要以此加重学生的负担，不要搞得机械、庸俗，引起学生的逆反心理，那样反而背离我们的初衷了。

参考文献：

《初中生巧背古诗文》编写组. 初中生巧背古诗文［M］. 北京：华语教学出版社，2001.

来谈单元起始课

2019 年 3 月 25 日　星期一

单元起始课，即在开始上一个单元的课文之前，先用一节课进行单元导读，使学生对整个单元的内容有一个整体的把握，这样做的目的是培养学生整体感知文章的习惯，激发学生的阅读兴趣，提高学生的阅读能力。[①]

长期以来，阅读教学中的"肢解"文章、过细分析，使一些教师始终不敢大胆处理教材，不敢放手让学生自主活动、自主感受文章，导致学生养不成良好的阅读习惯，养不成独立思考问题的习惯，更谈不上掌握正确的阅读方法了。久而久之，学生看任何文章都带着强烈的目的性，为完成这些目的去阅读，结果既不能对文章进行整体的感悟和准确的理解，又失去了阅读的兴趣。再生动的文章在学生眼里都会显得索然无味，导致看问题要么片面，要么出现根本性的错误。

要改变这种现象，还学生以自由、自主的阅读空间，唤起学生的读书兴趣和读书欲望，培养学生的阅读理解和感悟能力，单元起始课的教学可以说是一个有益的尝试。

一、做好工作，明确要求

为了让学生尽快进入状态，在开始进行单元起始课教学之前，应先做好学生的工作，使学生明确老师这样做的意图和目的，以及他们需要做哪些准备。

《全日制义务教育语文课程标准（2011 年版）》对第四学段（七至九年

[①] 北京市海淀区教师进修学校. 新课程课堂教学模式研究丛书　语文［M］. 南京：江苏教育出版社，2006：32.

级）关于阅读的要求是："在通读课文的基础上，理清思路，理解、分析主要内容，体味和推敲重点词句在语言环境中的意义和作用"，"对课文的内容和表达有自己的心得，能提出自己的看法，并能运用合作的方式，共同探讨、分析、解决疑难问题"。为了全面提高学生的语文素养，为学生的长远发展打下坚实的基础，必须努力培养学生在较短时间的阅读中，凭借着自己的感觉领会，把握文章的主要信息；读完文章后，能够从文章本身的内容、语言、结构等方面对文章进行整体的把握和感知；使学生养成自主感受、自主思考、自主领悟的习惯，并严格按照老师的要求去做，敢于提出自己的见解，有意识地培养自己各方面的能力。

二、认真准备，合理设计

既然对学生提出了明确的要求，那么教师在做这个工作时，就需要认真准备，合理设计。教育部统编新教材无论是内容还是结构都发生了较大的变化，这种变化就是以专题组织课文，在每一个单元的前面都有以"单元提示"的形式总领该单元的课文。每个单元根据专题，一般安排四篇课文。我们要了解单元的组成特点，了解单元的内容结构，明确单元的训练重点，把握单元的重点难点，还要了解学生的认知能力等。在这个基础上，进行单元起始课的整体设计。

1. 引导学生认真阅读单元导读

教育部统编新教材的"单元提示"是整个单元内容的概括，文字简明扼要，语言优美而亲切，不仅贴近学生的心理和生活，更强调了和现实生活的联系。认真阅读"单元提示"，捕捉重要的语言信息，可以对理解整个单元课文起到一个宏观指导的作用。这个重要信息包括主题、作品大概内容、思想提炼、学习建议等。要培养学生养成阅读单元导读的习惯，学会从单元导读中捕捉重要信息。

例如，教育部统编新教材七年级下册第一单元的"单元提示"的主题是：杰出人物。具体内容包括：历史的星空，因有众多杰出人物而光辉灿烂。他们中有叱咤风云的政治家，有决胜千里的军事家，有博学睿智的科学家，还有为人类奉献宝贵精神食粮的文学艺术家……阅读本单元的课文，能让我们感受到他们的非凡气质，唤起我们对理想的憧憬与追求。本单元学习精读，要在通览全篇、了解大意的基础上，把握关键语句或段落，字斟句酌，揣摩品味其含义和表达的妙处。还要注意结合人物生平及其所处时代，透过细节描写，把握人物特征，理解人物的思想感情。从这段话当中，学生们通过阅读捕捉到本单元选文的名人，是那些在历史上做出杰出贡献的人物。这些选文人文内涵丰富，各有侧重地写出了名人的品格、气质，值得细细揣摩。在篇章结构、语言形式等方面，选文也都各有特色，可以细读、积累。对于初中阶段的学生来说，了解这些杰出人物的经历，认识他们所做的贡献，感受他们的崇高品格，学习他们良好的习惯和治学方法是非常有益的。

2. 指导学生认真完成预习提纲

根据教师对教材的把握，根据单元内容的特点，教师应设计一份预习提纲。预习提纲包括：文题、作家、作家简介、文章出处、背景介绍、课文主要内容、课后习题以及质疑等。预习提纲可在进行单元教学之前发给学生，让学生充分查阅资料，充分熟悉课文来完成此表，课上可直接安排讨论交流，发现问题，解决问题。也可以在上课时使用，让学生在规定时间内捕捉到重要信息，然后讨论交流，归纳问题。具体采取哪种形式，要依单元课文内容和时间而定。每个单元的大标题都是"走近第×单元——（主题名称）预习提纲"。例如"走近第一单元——'杰出人物'预习提纲"。

预习提纲有：①作者、国籍、评价、课文出处；②写作背景；③主要内容；④课后习题；⑤质疑。

以上内容可以分项列成表格，对应各篇课文。学生认真完成以上预习提纲，必须通读本单元课文。如果让他们在规定时间内完成，就可以使他们养成速读的习惯；如果让他们保质保量地完成，就提高了整体感知的能力；如果他们之间能够讨论交流，就培养了他们的合作能力；等等。长期这样训练，对于培养学生多种能力是大有裨益的。

3. 及时总结，及时鼓励

学生们在教师的引导下做了这么多的工作，他们需要教师的及时鼓励。教师在这时要不失时机地对学生进行热情的鼓励，特别要注意发现每个学生的点滴亮点和点滴进步。除此之外，还要进行客观的总结，一定要指出问题，必要时提出改进方案，留待学生进一步完善。对于学生的质疑，要训练学生动脑筋解决自己的问题，实在解决不了，和周围同学讨论解决，或全班交流，要鼓励大胆质疑，鼓励创新。

三、反思总结，求全求细

上完一个单元的起始课后，教师对自己的这节课要进行认真反思，找出亮点和不足。一方面，凭借自己的教学经验，对自己的教学表现做出评价，对自己的教学设计做出评估，对自己的教学效果做出判断；另一方面，还要广泛地了解学生的反应，了解学生的体验。不仅要广泛地听取学生的意见和建议，在适当的时候还可以进行必要的检测。最后分析学生提出的疑问，为下节课做充分的准备。

总之，教育部统编新教材的使用，对每一位教师都提出了更高的要求。作为初中语文教师，面对有限的课时，面对庞杂的教学内容，面对认知能力不很成熟的学生，要想在教学中达到最大效果，确实有一定的难度。从每一单元的单元起始课教学开始，宏观把握单元内容，培养学生"整体感知"能力，可以说是有效的方法之一，也是全面提高学生语文素养的手段之一。这样的课，可以使学生先全面了解单元的整体内容，也有利于他们后面的进一步学习。

附：教育部统编新教材七年级下册第三单元起始课教学设计

一、教学目标

1. 了解不同叙事文体的基本特征，学会从标题、详略安排、角度选择等方面把握文章重点，提高整体把握文章的结构层次的能力。

2. 加强文本细读，关注细节描写以及前后内容的内在联系，揣摩人物心理，把握人物形象特点，体会平凡人物身上闪光的品格。

3. 结合文体特点和作者的叙事风格，展开多种形式的诵读，加深对作者情感态度的理解和对文本意蕴的体悟。

4. 了解作家及其作品。了解多彩的人物生活，体会作家笔下各种平凡人物的酸甜苦辣。

5. 感受作品中的人物和事件，了解叙事性作品的共性。

6. 体会不同文体在阅读欣赏中的差异性，获得阅读欣赏叙事作品的经验和方法，提升对文学语言的感受力，增强对作品意蕴的思考和领悟能力，充分领略叙事作品的形象美、语言美、意蕴美。

二、教学内容

整体感知单元内容。

三、教学过程

1. 引入新课。

在本册教材的第一单元，我们与杰出人物同行，感受了崇高的震撼，沐浴于理想、责任、正义、气节、博爱、睿智的光辉之中，提升了自己的人生境界。然而，社会中杰出人物毕竟只是少数，"小人物"才是这个世界的主体。本单元选编的四篇课文，从内容看讲的都是关于"小人物"的故事。这些"小人物"没有传奇的经历、壮丽的事业，没有深湛的学识、豪迈的言语，也没有火一样的愤怒与冰一样的沉静。但是他们仍然带给我们深深的感动,一种平实、真切、直抵内心深处的感动。因为在他们身上,有着朴素的爱与单纯的善,有着平凡的向往与坚定的追求,还有着自信与智慧。更重要的在于:"他们"其实就是"我们",他们能做到的,我们也能做到;他们所具备的,我们也应具备。阅读这些"小人物"故事的过程,其实也是审视人性、理解社会、净化心灵的过程,那种虽平淡却绵长的温暖,萦绕在我们的心头,久久不散。

2. 请看"单元提示",分析单元提示给我们的主要信息。

明确:本单元的课文都是关于"小人物"的故事。这些人物虽然平凡,且有弱点,但在他们身上又常常闪现优秀品格的光辉,引导人们向善、务实、求美。其实,普通人也一样可以活得精彩,抵达某种人生的境界。

3. 发预习提纲,先独立思考,完成提纲所给内容,然后小组交流,形成答案。

(预习提纲也可提前作为作业发下去,让学生有充分的时间读课文、查资料,这样在上课的时候,就可以直接交流,共同探讨。对于预习中发现的质疑也可互相讨论,共同找到问题的答案。如果讨论还不能解决,就可以提交给老师,让老师给予必要的提示。)

走近第三单元——"小人物"的故事(预习提纲)

(1) 第9课:《阿长与〈山海经〉》。

作家与作品出处:鲁迅,伟大的无产阶级文学家、思想家、革命家。选自《朝花夕拾》。

概括文章内容:作者深情回忆了童年的保姆阿长,既刻画了阿长好事粗俗、迷信可笑的一面,又凸显了阿长朴实善良、仁厚慈爱的天性。

写作目的:表达了成年后的作者对阿长既同情又愧疚、既感激又思念的复杂感情,体现了荒诞可笑背后的苦难与希冀。

质疑:_____

(2) 第10课:《老王》。

作家与作品出处:杨绛,作家、翻译家。选自《杨绛散文》。

概括文章内容:作者通过回忆老王窘迫的生活状况以及与老王交往的生活片段,展现了特殊时代背景下,老王与作者一家珍贵的友情,凸显了孤苦寒微的老王纯朴、仁义、善良的品性。

写作目的:表达了作者对人性之美的讴歌,对不幸者的悲悯关怀,对自身的反省,以及对命运的慨叹。

质疑:_____

(3) 第11课:《台阶》。

作家与作品出处：李森祥。选自《台阶》。

概括文章内容：作者以第一人称口吻讲述了"父亲"修台阶的故事，塑造了一个老实本分、热爱生活、吃苦耐劳、坚忍不拔、追求生活理想的农民形象。

写作目的：核心意象"台阶"承载着父亲在物质与精神上的双重理想，也象征着人生的使命。

质疑：＿＿＿＿＿＿＿＿＿＿＿＿＿＿＿＿＿＿＿＿＿＿＿＿＿＿＿＿

（4）第12课：《卖油翁》。

作家与作品出处：欧阳修（1007—1072），字永叔，号醉翁，晚号六一居士，谥号文忠，吉州永丰（今属江西）人，北宋政治家、文学家，唐宋八大家之一。选自《归田录》。

概括文章内容：写卖油翁以娴熟高超的酌油技艺告诫因"善射"而自矜的陈尧咨。

写作目的：阐明了技艺专长全在于熟能生巧、精益求精，不应恃技而骄的道理。

质疑：＿＿＿＿＿＿＿＿＿＿＿＿＿＿＿＿＿＿＿＿＿＿＿＿＿＿＿＿

4. 提出疑问，小组互相讨论，把解决不了的共性问题写在预习提纲中，交给教师，以便教师在下节课上有针对性地做提示。

5. 布置作业：按照预习要求预习第9课。

四、课后反思

对于七年级的学生来说，一节课不在于讲授内容的多少，只要一节课有一点大的收获就算是成功了。总结这节课，最成功的地方是，学生经过上学期的训练，对于这样的课很快就能进入状态，并且能够按照要求去做。基本上实现了整体感知单元内容的目标，加之本单元的课文又都是学生比较感兴趣的文章，所以同学们的学习热情很高，对于课文内容的概括和作者的写作目的争论不休，课堂气氛异常活跃。

五、不足之处

1. 学生的概括能力还有待提高。大多数学生能够看出文章写了什么，但是要求其用简洁的语言加以概括时就出现了问题，要么面面俱到但显得啰唆，要么语言简洁但抓不住重点；还有个别学生说得挺好，但落实到笔上就困难重重，可见培养学生的文字表达能力还应该贯穿在日常的教学当中。

2. 学会质疑还需要老师不断地引导。大多数学生都能提出问题，但问题的质量不够高，既没有深度，也没有广度，有些学生的问题纯属明知故问。原因是复杂的，这提醒我们，在今后的教学中，要注意培养学生的创新能力，鼓励他们深入研究，大胆质疑。

语文教学应融于优秀传统文化的传承之中

2019 年 4 月 29 日　星期一

　　教育部统编教材七年级下册第四单元的"单元提示"告诉我们，本单元所选的文章"从不同角度展现了中华美德以及时代对这些美德的呼唤。阅读这些课文，可以陶冶情操，净化心灵，使人追求道德修养的更高境界"。

　　该单元选编的四篇课文体裁多样，有散文、小说、议论文和文言文。《叶圣陶先生二三事》是著名文化学者张中行写的散文，通过回忆与叶圣陶先生交往中的几件小事，展现了叶老谨严自律、待人宽厚的节操和风范，字里行间流露出作者对德行高远者的追思景仰。《驿路梨花》是一篇小说，运用多种表现手法，讲述了人们学习雷锋精神，互相关心，互相帮助的感人故事，赞颂了一种"我为人人，人人为我"的美好道德。《最苦与最乐》是一篇议论文，作者梁启超从最苦和最乐两方面来谈人生的责任，告诫我们：人生在世，要对家庭、社会、国家以及自己尽到应尽的责任，这样才能得到真正的快乐。在《短文两篇》中，古文《陋室铭》表达了一种高洁傲岸的情操和安贫乐道的情趣；《爱莲说》歌颂了莲花坚贞高洁的品格，从而表现了作者洁身自爱的高洁人格，以及对追名逐利的世态的鄙视和厌恶。这些课文，都从不同角度表现了中华民族优秀传统美德。

　　教科书在"单元说明"的"编写意图"中明确指出，七年级学生正处于人生的重要阶段，这也是他们健康成长的关键时期。在七年级下册教材里，既有杰出人物的丰功伟绩，也有小人物的精彩故事。本单元的阅读主题为"修身正己"。对于初中学生来说，如何才能做到"修身正己"呢？所谓榜样的力量是无穷的，要善于从别人身上汲取营养，看看哪些是值得学习的。本单元所选的课文，有着丰富的中华优秀传统文化内容；课文中所写人物的身上，也蕴含着中华民族优秀传统美德。学习本单元要了解古今仁人志士的嘉言懿德，树立人生标杆，还要注意从中汲取精神力量，加强个人修养和行为规范，陶冶情操，净化心灵，追求道德修养的更高境界。

中华优秀传统文化是我们民族的根。中华优秀传统文化是中华民族区别于其他民族的精神标识，其中的核心观念构成了中国人的精神世界，其基本价值已积淀为中华民族的文化基因，在漫长的历史发展中成为中华民族的精神命脉。传承中华文化就是维系中华民族的精神命脉。中国传统文化是中国文明历史绵延五千年的产物，从未中断，在世界是独一无二的。《诗经》有诗句，"周虽旧邦，其命惟新"，"旧邦"就是有古老文化历史的国家，"新命"就是其生命不断更新发展。作为语文教师，我们有责任按照课本的编写意图，教育学生从小不忘本、吸收外来、面向未来，不断增强中华优秀传统文化的生命力和影响力，不断创造中华文化的新辉煌。

重视本民族经典是当今世界的教育趋势。从当前世界的教育趋势看，各国都很重视本民族经典，现在的英国中学生必须要阅读两部完整的莎士比亚戏剧，而法国从中学开始就要求中学生开始选修拉丁文。

习近平总书记就中华优秀文化的传承与弘扬多次作出重要指示，为新形势下加强中华优秀传统文化教育指明了方向，提供了强大动力。2017年1月25日，中共中央办公厅、国务院办公厅联合发布并实施了《关于实施中华优秀传统文化传承发展工程的意见》，这是我国为建设社会主义文化强国，增强国家文化软实力，实现中华民族伟大复兴的中国梦印发的文件。推进中华优秀传统文化传承与发展，对核心价值观念的建设，对青少年教育，对文化自信的培养和坚守，十分重要。加强中华优秀传统文化的学习，对提高中学生的文化素养具有重要的现实意义。

语文教学应融于优秀传统文化的传承之中。在平时的教育教学中，我觉得在"关于中华传统文化"的教学上，存在着一些现实问题。

一是课堂上教师重知识讲授、轻精神内涵阐释的现象比较普遍。在具体的教学实践中，偏重对学生进行知识点的灌输，单纯地让学生记忆一定的传统文化知识，相对缺少对传统文化蕴含的民族精神、道德情操、人文涵养的深入挖掘和宣讲。

二是教育内容的系统性、整体性不足。教育有关部门对教育内容缺少系统规划，对教学环节缺乏整体设计，我们教师本身对传统文化的教育理念认识不到位。众多课外辅导书各自为战，课内课外无法衔接，导致教育内容碎片化、随意化、边缘化现象的大量出现。

三是教育教学中"软件"问题突出。从事传统文化教育教学的师资力量不足，教育教学的感染力不强，教学方法和手段相对滞后，没有合适配套的课程体系和教材。

四是全社会关心支持的力度不够。开展传统文化教育的主体是教师，场所局限在校园，手段主要依赖于课本，没有完全形成全社会参与、多元化支撑的良好态势。

因此，我们语文教师要有文化的眼光，努力使自己站在文化的平台上理性地审视语文教学，感性地带领学生徜徉在民族文化的家园，通过语文这一媒介，获取语言技能，感受传统文化，探寻民族精神，进而提升品位，历练人格。教师要在弘扬优秀传统文学精品中普及经典，迎合广大青少年的阅读口味，贴近时代，要在这两者之间找到契合点。我们要以"中华优秀传统文化"为主线，以课堂为第一阵地，以课外为拓展延伸补充，引导广大学生从小树立民族自尊心、自信心、自豪感，从中国传统文化中挖掘和寻求熠熠生辉的瑰宝，从而继承和发扬中华优秀传统文化，培养"内外兼修"的中华学子。

实现梦想,从改变坐姿开始

2019 年 5 月 24 日　星期五

今天给同学们讲《太空一日》,引导学生体会我国航天员探索太空的英雄气概和严谨务实、精益求精的科学态度,使学生在态度情感以及价值观上受到浸润,并树立为祖国建功立业的远大志向。

这个时候,我发现坐在最前面的黄哲楠同学,身子歪歪斜斜的,头枕在手臂上趴在课桌。这怎么得了?

忍不住停下来打个岔。

我故意先特别强调了杨利伟作为一名军人、一名航天员所具有的坚韧顽强、严谨认真、一丝不苟的精神,之后,话锋转向"我们的很多同学从小就立下了远大的志向,拥有自己的梦想,期望有一天梦想成真。所以,我们要学习航天员的英雄气概、积极进取的态度和不屈不挠的精神"。说到这里,我面对哲楠,轻声说:"哲楠,我想来谈谈你,可以吗?"同学们都有点纳闷,哲楠也是一头雾水,一时未置可否。我再用略带批评的口气:"我想来谈一下你,不知可不可以?可以我就说,不同意的话就算啦。"懂事的哲楠微微点头,轻声说:"嗯,好的。"

得到了哲楠的"授权"之后,我说开了:"像哲楠同学,他不止一次地在作文和周记上写道,他以后的梦想是当一名警察……"下面的哲楠即刻更正:"武警!""呵,是,武警。"我转述更正之后,我们的哲楠双眼闪烁着自豪之光。"可是,你瞧你这坐姿,想当武警,可是有点差距哦。同学们想象一下在电视上看到的武警的形象是怎样的……"接着,我给学生穿插了武警、特种兵的小事例。表扬并肯定了哲楠的理想,然后批评了他的坐姿。实际上关于他的坐姿、书写潦草等不良习惯,我不知道私下提醒过他多少次了。但真的是"一个坏习惯,三天就形成了;改变一个坏习惯,要用三年时间"。

我当众对哲楠说:"你很聪明,平时也很有礼貌,尊敬老师,与同学打成一片,大家都很喜欢你,你也是有理想的人。但是,你也有一些小小的坏习惯。知识决定命运,细节决定成败。我相信,只要你下狠心改变这些坏习惯,学习军人坚韧不拔的精神,你一定会成功的,一定会实现梦想的。我希望从今天开始,从这一节课开始,要实现你的梦想,就从改变你的坐姿开始!我更希望,在未来的某一天,我们会在电视上看到你威武飒爽的英姿!那个时候,老师和同学们都会以你为荣!你自己思考一下,然后告诉我们,你有信心做得到吗?不要有压力,要自愿接受建议才好……"

哲楠有点不好意思,又有点犹豫。但最终我们可爱的哲楠同学点了点头,回答——能!这个时候我看到了他眼中坚毅的眼神,既而是挺直的腰板!

我告诉学生:只有让一丝不苟成为习惯,才能塑造良好的品质,才能实现心中的梦想!

很快,就下课了。哲楠上来笑着跟我说:"老师,我腰好酸,不能走啦……"我笑了:"这证明你平时的坐姿极不正确,如今纠正坐姿,反而不舒服了。坚持下去,就慢慢不会感到腰酸了,以后脊柱就不会变形。记住,实现当武警的梦想,从改变坐姿开始!每天坚持一节课、两节课……梦想就离你近一步!学习、生活都如此……"

我希望我的学生,实现梦想,从改变坐姿开始,从改变握笔姿势开始,从书写端正开始……

补记一:

黄哲楠同学从本节课开始至期末结束,每一节的语文课都坐得端端正正的,认真听讲,认真做笔记。他可不想让老师和同学认为他是一个"只说不做"的人,他要实现成为一名武警的梦想!

我也经常在课堂上表扬和鼓励他。期末考试,他进步非常大,我感到特别欣慰。

期望他早日成才!

补记二:

《实现梦想,从改变坐姿开始》这篇文章既是随堂有感而发,也可以看作是专门写一位同学的。恰好上一周我刚刚按照教材第四单元的"写作实践"二——《晒晒我们班的"牛人"》布置了作文。同学们写得最多的"牛人"竟然是黄哲楠!他的成绩虽然不是很优秀,但在大家的心目中,他却是最有人缘的!

这让我思索了很多很多……

教育部统编新教材七年级下册第四单元"写作实践"：你们班一定有不少"牛人"吧？他们或是"读书迷"，知识丰富；或是"演说家"，善于表达；或是"大管家"，热心集体事务；或许还有体育健将、乐器高手、智力超人……以《晒晒我们班的"牛人"》为题，写一篇作文。不少于500字。

提示：

（1）可以只写一位"牛人"，选取最能表现其"牛"的材料，突出其特点；如果这个人很多方面都"牛"，就要注意分清主次、详略，合理安排。也可以写几位"牛人"，每人只写一件事，但要突出他们各自不同的特点。

（2）语言可以诙谐、幽默一些，甚至带点儿调侃的味道，这样会增加文章的趣味性。

下面，就是摘录自几位同学对黄哲楠同学这位"牛人"的描写，生动形象，极具趣味。

晒晒我们班的"牛人"
刘思涵

晒美食，晒风景，已经过时了，如今流行晒"牛人"。

要说我们班的牛人啊，哲楠再合适不过了，他可谓"不怼人不舒服，满肚子歪理，风骚绝顶"的第一名。

"我妈说等我考倒数第二了就给我买一只窑鸡。"他的这句话已经成为英语老师的一个口头禅。老师常说："等你考好了，记得带窑鸡来跟大家分享。"

要说他最经典的动作莫过于扭屁股了。我已经司空见惯了，这道"美丽的风景"常见于他站起来回答问题时，总喜欢扭屁股，还不止一下。奇怪的是，竟没有被老师发现。这家伙已经要成精了！关个门也要边走边扭屁股，生怕别人不知道他会扭似的。是真的风骚！

我认为他可能是班里最不在乎成绩的同学了。"我与漫瑶一样都是第一名，不过她是正数，我是倒数。"这是他的金句。

他日常怼人与吹牛的技术在班里是第一名；他打别人的屁股是第一名；有一次吃完午饭，他去操场挖虫子送给同学当礼物……

他真的很牛！牛到每个老师都关注他！牛到其他班的同学都认识他！还叫他"爆胎哥"。

当然啦，我们班不止这一"牛"，而是"牛才济济"……

晒晒我们班的"牛人"
林苑

说到牛人啊，我们班的黄哲楠绝对榜上有名，为什么呀？因为他可是才高八斗。他既是一个滑稽的"相声演员",还是一个笔走龙蛇的"书法家"。

有一次老师在课堂上给我们讲《皇帝的新装》。讲着讲着,忽然对我们说:"同学们,不如我们来演一下吧,好吗?"本来哈欠连天的我们,一听,困意立刻一扫而光,连连说"好"!天上掉馅饼啊!上课还能看戏,怎么能不好?

"那谁来演皇帝?"

"哲楠!哲楠!"同学们争着说。

而哲楠也大摇大摆地上了讲台,和另外两名"骗子裁缝"演了起来。只见他瞪大双眼,看着"布匹",双手在眼前比画着,又把双手放在身后,俨然一副皇帝气派的样子。他用赞赏的语气说:"嗯,不错,我很满意。不错、不错……"哲楠滑稽搞笑的演技逗得同学们纷纷捧腹大笑。老师也笑着说:"同学们,哲楠演得好不好?""好!"讲台下欢呼声一片。而哲楠呢?演完戏后大摇大摆地回到了自己的座位上。瞧他那神气样!

而作为一个"书法家",他的字写得也是出神入化,常常被老师"表扬",无论是考试、写作文,还是做作业,无一例外。

有一次考试,语文老师实在看不懂哲楠试卷上的一道题的答案。就拿着试卷问哲楠:"你这个字是什么?"哲楠接过试卷,看了好久,半晌才一本正经地说:"我也不知道。"老师一听这话,竟无言以对,差点被气晕。

每次讲评作文或者试卷,语文老师几乎都会说起哲楠龙飞凤舞的字。唉,老师什么时候变得这么婆婆妈妈了呢?

看到这里,你们会不会被表演搞笑、精通"草书"的牛人哲楠折服呢?当然,他其实也是个有好品质的好学生哦。

晒晒我们班的"牛人"
洪思琪

(注:洪思琪同学写了三个"牛人",其中一个就是黄哲楠。)

第三位就是最能引起大家笑点的黄哲楠。哲楠虽然看起来有点不太"正经",但他总能够把大家逗笑。因此,我认为他在班里是很受大家欢迎的。特别是在语文课上,他总是有很多奇思妙想,再加上语文老师讲课时的风趣幽默,随时将课堂变成欢乐的海洋。在下课的时候,有时还能听到哲楠那"独特"的歌声,奇特的歌词总能将大多数人从学习中拉出来欣赏他的表演。

晒晒我们班的"牛人"
林泽楠

(注:林泽楠同学写了三个"牛人",分别是学习牛人黄艺涵、体育牛

人谢嘉伟和搞笑牛人黄哲楠。）

搞笑牛人黄哲楠：

一个会搞笑、让大家开心的人，自然会受到大家的欢迎，因为他能给人们带来欢乐。在我们班里，也有这样的一个人。这个人就是黄哲楠。他长得不高，也不算瘦。因为有了他，我们每天都很快乐。他好像有数不完的笑话和想法，每次都能带动大家的情绪。他这个人虽然吊儿郎当的，但却很好交朋友。他很讲义气，经常帮助别人。我们班的人都很喜欢他。

每个班多多少少都有"牛人"。他们给我们展现的不仅仅是才能，还有他们身上那种值得我们欣赏和学习的精神。

在灯火阑珊处信步

——从安意如作品说课外读物

2019年6月6日　星期四

我的书架上有安意如的《人生若只如初见》《当时只道是寻常》《思无邪》等号称"浪漫古典情珍藏版"的系列作品,作者安意如被誉为"自强不息的美女残疾作家",其语言风格精美婉丽,优雅淡泊,细腻真挚,平易近人,让人倍感清新。

《人生若只如初见》说是一本古诗词赏析书,可能也未必确切,说是古典散文、诗词随笔或许更为妥帖些。同样,《当时只道是寻常》是对纳兰性德的《饮水词》的解读。《思无邪》则是对《诗经》的解读。三本书的主题一致,风格相似,创作思想明确,情感相同。作者对于古典诗词的领悟超乎常人,对于真实历史人物引起的解读和延伸,对于风花雪月中人的情感心态的诠释,让人感到其仿佛曾经采访过古人。

中国是一个诗的国度。孔子曰:"诗,可以兴,可以观,可以群,可以怨,迩之事父,远之事君,多识于鸟兽草木之名。"意思是说诗可以激发情志,可以观察社会,可以交往朋友,可以怨刺不平。近可以侍奉父母,远可以侍奉君王,而且还可以知道不少鸟兽草木的名称。从古至今,诗词就如清泉,滋润着中国人的心。"锄禾日当午,汗滴禾下土,谁知盘中餐,粒粒皆辛苦。""春眠不觉晓,处处闻啼鸟,夜来风雨声,花落知多少。"……这是几乎每个中国人都熟知的诗句。当孩子还在牙牙学语的时候,父母就已经急不可待地教导他们吟诵这些耳熟能详的唐诗宋词了,即使不求甚解。我从小就喜欢文学,对于中国古典文化痴迷不已,只是真正汲取到的知识并不多,可能与个人悟性以及知识水平有限有关吧。家里关于唐诗宋词元曲鉴赏辞典一类的书籍不少,且都是名家解读,由上海辞书出版社、商务印书馆、中华书局等大牌出版社出版的,其质量可想而知。偶尔读到不解其意的诗词,可以很容易就搬出这些大部头来，毫不费劲地找到名家的解析。但因不是专门研究者，平时就算拿出来想学习学习，也总觉不是很畅快。毕竟那些学院派大师的赏析，既讲究考据的严谨，又注重文字的专业水平，充满着厚重的学术研究味道，读来总是让平常人感到太深奥、太枯燥，甚而读不下去，反而影响了我在童年由父母们熏陶出来的诗歌趣味。因而，对于一些诗词等古典文学鉴赏方面的书，大多数人尤其是缺乏古典文化功底的年轻人是敬而远之，更多时候，不外乎是将其作为工具书使用罢了。

而安意如对于古典诗词的解读很有一手，充满感情，融入现代元素，易读，易懂，让普通读者易于接受，甚是喜爱。能让人在轻松的文字中不自觉地学习了古典文化知识，为什么不可以？这就是我要特别推崇的原因。我们知道，在古代，诗词更多是作为"传唱"所存在的，就如今天的流行歌曲。唐诗宋词的辉煌，与民间的"广为传唱"不无关系。在今天，两三岁的小孩就会摇头晃脑、字音不清地吟诵诸如《春晓》的诗句了，古诗词的传唱功能在年纪最小的人群中得到了衍续。纵观小学到高中的语文课本，古典诗词都占了相当大的分量，可是越到高的年级，学生却越不喜欢古典诗词了。我想，如果我们的语文教师总是参照教学资料把那些原来朗朗上口、优美的古诗词断章断句，训诂考据，曲解出诸多考点，也就难怪学生会越来越不喜欢了啊！说严重些，这简直就是在造中国古典文化的"孽"了。所以，在看到安意如的书后，我顿发奇想，假如我们把像安意如这样对古诗词解读的作品介绍给中学生，让他们作为课外读物来读，这又何尝不可呢？相信他们一定会喜欢的，就如喜欢华晨宇的《齐天大圣》、周杰伦的《菊花台》和《青花瓷》一样。这比我们语文教师在讲台上大讲特讲某某诗词的中心思想是什么，岂不是效果要好得多？

不同的文体，对作者有不同的要求。有人写杂文得心应手，有人写诗歌激情澎湃，有人写小说才思敏捷。个人的修养、气质、学识、兴趣、灵感等决定了作者对某种文体的偏好、喜爱和选择。我不知道"80后"的女孩安意如怎么会写出如此细腻、优雅清丽的文字。这与一个先天性脑瘫、行走不便的女子真难以对上号。她善于理解诗人，从他们的时代背景，到仕途沉浮、恩爱情欲乃至生活交往等去品味诗词的境界。以现代人的思维，融入古代人的思想；以古代人作为附体，加入现代小说家的想象，让情、景、欲、事、史融为一体。用现代新潮女子细腻的笔端，清雅淡泊地娓娓道来。宛如那久远秦淮河畔的风花雪月下，既有胭脂浓艳，也有宜人清香一般。透迤的情感深切冷静，感性的语言温婉细致，配以唯美的古典插图，默默地倾诉着，感动和启迪着我们的情愫，去领悟古人的才情，陶醉一幕幕古典诗词背后的古代浪漫情事。才子与佳人，一个永恒的话题，在安意如的引领下，就如在灯火阑珊处中信步，让我们释怀，再释怀……

不是说安意如的作品就是最好的。假如你用专业的学术研究的标准来衡量，那你会认为这样的作品不值一提，只是哗众取宠。何况，作品中小女子幽怨的气味略嫌浓厚，风格也比较单调。还不得不提到的是，据说作品中有的地方涉嫌抄袭，这当然是不好的了。尽管如此，抛开抄袭的话题，我认为还是值得一看的。毕竟，可取的东西还是不少。至少，可以作为古典诗词赏析的"普及本"来读。多出几个安意如（当然我们要批判抄袭行为），多向年轻人推荐这样易读易懂的古典诗词随笔，让非专业研究者不会因书本注释里面的训诂考据而索然无味，悠然地在古典诗词的丛林中散步，相信这对于提高青少年对古典诗词的兴趣和爱好是大有裨益的。

新近又淘到了一本王晓磊著的《六神磊磊读唐诗》，该书内容横跨了从南北朝末期到唐朝的四百年历史，作者把诗人们当成一个个鲜活的人来讲述。他们也"刷着朋友圈"，喝酒撸串，在人世间策马奔腾。作者别出心裁地打破了时间和空间上的限制，让叙事变得妙趣横生，再加上幽默风趣的"六神体"，把一段段诗歌的起承转合、刀光剑影、爱恨情仇娓娓道来，让人领略到大唐精彩绝伦的诗歌江湖，让我们在忍俊不禁中重温最温暖、最风雅的唐诗记忆。

我想，我是不是可以把安意如和六神磊磊的类似作品作为课外读物介绍给学生呢？

浅谈中华优秀传统文化与语文课程资源整合发展

2019 年 6 月 21 日　星期五

中国传统文化源远流长，历经数千年，绵延不断走到今天，成为当今世界上最古老的，并且从来没有被外来文化割裂的文化。作为中国人，我们感到无比自豪。然而最近几十年里，越来越多外来文化的渗透，越来越少传统文化的教育，传统文化在学生中的地位越来越低，学生对传统文化知之甚少。《全日制义务教育语文课程标准（2011 年版）》明确指出："认识中华文化的丰厚博大，汲取民族文化智慧。关心当代文化生活，尊重多样文化，吸收人类优秀文化的营养，提高文化品位。"由此可以看出，语文教学是担负着传承传统文化的重大职能的。我们应该开垦一块传统文化的净土给学生，夯实他们的语文基础，提升语文能力，积淀文化功底，提高人文修养，打好传统根基。

"语文是最重要的交际工具，是人类文化的重要组成部分。工具性与人文性的统一，是语文课程的基本特点。"它兼顾语言与文化的层面，阐释了语文是语言和文化的综合体，它既有工具性又有人文性。语文是民族文化的载体，而民族优秀传统文化是语文的灵魂。这就要求我们在语文教学中，不仅要注重知识的传授、运用和语感的培养，也要承担起"体认中华文化、厚植传统精神"的重任。

一、在语文课堂教学整合发展中华传统文化的必要性

随着教育技术的现代化，我们的教育观也随之发生变化，虽然人们依旧把传承传统文化挂在嘴边，但效果却常常不尽如人意。虽然现代教育主张素质教育、主体教育、科学教育、人文教育、创新教育和实践教育，表面上是为传承中国优秀的传统文化增添了一股新的力量，但真正实施起来却是满路

荆棘。其原因也是多方面的：

一是经济全球化带来文化冲击。随着全球化时代的到来，人类的实践也随着信息化、网络化实现了跨时空拓展，突破了原有时空的限制，而文化传播、文化交流、文化交往等方面也面临着全球化。一个国家、一个民族在跨国界的文化交流、文化交往中，难免会有文化模式与价值观念的冲突、磨合与融合，从而建构起新的文化关系和模式。当我们吃着麦当劳、肯德基，喝着可乐，看着美国大片、日本动漫，玩着日韩游戏的时候，国外的学者却在努力地学习"四书五经"；当韩国将我国的传统节日——端午节申请为他们国家专利的时候，我们也只能捶胸顿足，后悔不已。在这个文化冲击的过程中，中国的优秀传统文化正在逐步外流，而我们正宗的传承人却正在不知不觉地受着国外"快餐文化"的侵蚀，丢掉我们自己最自豪、最优秀、最值得并应该学习的优秀传统文化。

二是当代青少年对传统文化认识模糊、兴趣淡薄。对于中国传承了几千年的优秀传统文化，现在许多青年人根本不感兴趣，或存在着片面的、模糊的认识。由于认识的模糊，他们把传统文化认为是文言文、古诗词本身，以为弄来古代的服饰、器皿，模仿古代的仪式就是在传承我们祖先留下来的智慧结晶，以为学习了文言文、古诗词就传承了传统文化，殊不知那些东西仅仅是传统文化的载体，却漠视了传统文化所蕴含的丰富内涵价值。

三是教学内容枯燥。教学方式单一，教学内容枯燥导致学生对传统文化不够重视。关于传统文化的传授现在主要依靠的仍然是语文教材里选取经典文段，采取的是语文教师上课进行传授的方法，这样就容易导致学生对传统文化不够重视，被动地为了考试而学，老师也是为了考试而教，上课生硬死板，只看重讲考点却没有拓宽，内容也多是文言文和古诗词，很少有其他关于传统文化的介绍。这样的结果使教学缺乏新意，学生对传统文化失去兴趣。

二、中华优秀传统文化与语文教学资源的现状

从对老师、学生的调查、访谈情况可以发现，目前中国传统文化在语文教学中呈现出以下几方面的现状：一是学生要看懂文言文、古诗文需借助文言文、古诗文手册之类的参考书和工具书；二是在教学中注重知识的传授和积累，而忽视情感上的熏陶和手段创新；三是对传统文化的关注度不够，缺乏民族文化意识。中华优秀传统文化与语文教学资源研究现状，具体体现在以下几方面。

(一) 学生阅读文言文、古诗文能力较差

现今的中学生普遍出现这样一种现象，理论基础和文化成绩都不差，但是社会责任感却不够；文化素质还可以，可道德素质却有些糟糕，社会上的一些负面文化、庸俗文化在某种程度上以一种"温水煮青蛙"的方式腐蚀中学生的思想，甚至是腐蚀其灵魂。对于一部分中学生来说，花点儿时间去阅读名著名篇，感受中国传统优秀文化韵味、接受优秀传统文化的熏陶是古代文人的事，与他们没关系，就连他们每天上课的教科书和教辅资料，他们都懒得看，普遍缺乏一种人文滋养，没有一点学习古代优秀传统文化的自觉意识，文学素养整体下降。从现实中可以明显感受到，大部分中学生的语文基本功不扎实，出现了大量的错字、别字、病句，网络用语如"有木有""鸭梨山大"等随意使用。纵观当前语文教学，特别是在涉及传统文化的教学时，大多数教师通常都是循规蹈矩地给学生讲解生字、生词、成语、文言实词、虚词等，单纯地教给学生常见文言文的翻译技巧等知识，甚至是简单地讲解实词、虚词之后直接把整段、整篇翻译写在黑板上，让学生跟着翻译理解文意，然后对课文划段分层，最后对文章进行归纳总结。这种教学方式太死板、机械，完全是为了完成教学任务，没有任何的文化元素注入，没有任何情感上的教育，更别说有任何的拓展和创新了。我们的学生要想了解其文化价值和真正内涵，就是一件相当难的事了。当然，有一些老师缺乏中国传统文化素养也是造成现状的一个重要因素。

(二) 全社会对中国传统文化的关注度不够，缺乏民族文化意识

伴随着网络的发展，我们的学生能够充分利用网络进行学习和交流。网络确实给我们带来了很多的便利，我们的学生能够通过网络广泛阅读，增加知识量，拓宽知识面，开阔视野。但是，我们对网络缺乏一个科学合理利用的标准和基准线，比如，由于网络的诱惑，有一部分学生整天沉迷于其中，做一些不切实际的虚幻的事，以致不懂得起码的做人道理。中学语文中国传统文化教学不仅是教会学生读懂文言文并准确理解文言实词虚词，教会学生读懂一些浅近的古诗文，更重要的是要在教学中让学生领悟到这些传统文化的作用和意义，要实现对我国优秀传统文化的传播和传承。

在中学语文教学中进行中国传统文化教学时，课堂上会出现这样那样的问题，如在古文或诗词名句等的教学中，学生看得最多的不是课本，而是诸如"教材全解""文言文学习宝典""语文诗词精解""古诗文一本通""文言文全解""文言文常用词典"之类的工具书和参考资料。对文言文之类的工具书和参考资料具有很强的依赖性，学习时，没有这些工具书和参考资

料，他们是没法理解这些文章的内涵的。依赖工具书来品读这些文章，就造成了死记硬背的结果，文章的学习价值就体现不出来，学生对传统文化的鉴赏能力得不到应有的提高。当然，文言文和繁体字是影响学生理解传统文化的一个重要因素。另外，中国传统文化出自农耕文明、封建统治、儒家道统等，整个社会基础已经发生变化，这也是目前学生难以理解传统文化的重要因素。

（三）教师注重知识传授和积累，忽视情感上的熏陶和创新

中国实行改革开放以来，科技在不断发展，社会也在不断地进步，网络作为一种科技、一种工具，就是一把双刃剑，给我们带来了很多好处和便利，在我们的语文教学中，我们的学生可以广泛阅读，增加知识量，拓宽知识面，这样更利于我们进行语文教学。与此同时，它也会给我们的学生带来一些不好的东西，比如，在外来文化的强烈冲击和入侵下，我们的优秀传统文化被弱化和边缘化，甚至出现这样一种尴尬的局面，不会使用电脑、不会使用微信、不会上网、不会讲各种网络流行语、不会讲英语，就会被别人笑话。随着科技的迅速发展和普及，一些中学生、大学生掌握科普知识越来越多，而素质却越来越低，人文素养也越来越差，很多学生不懂什么是中国传统文化，什么是文史知识，读不懂文章的人越来越多，这是我们应该反思的问题。

三、中华优秀传统文化与语文教学资源整合发展的意义

语文课程的传统文化内涵、外延十分丰富，它对一个人精神领域的影响是深远的。中学阶段的语文教学对于学生语文素养的形成起着非常重要的作用，而中国传统文化是提高学生语文素养的重要因素，在培养学生的语文素养中起着十分重要的作用。语文教学必须超越实用主义的局限，从人格精神拓展，从传统文化发展的高度去把握，让学生既学习大量精华古文，又学做人，使教育真正成为"塑造国民灵魂的教育"。因此，在语文教学中我们应注重传统文化熏陶感染，与教师人文素养相通，拓展传统文化的宽度、深度和精度，从而达到提升学生人文素养的细度、密度和高度的目的。

（一）与教师人文素养相通，拓展传统文化的宽度

作为一名语文教师，我们不能仅仅着眼于知识素养的提高，更要把握人的发展的深刻内涵，为人的"终身发展"打好"精神的底子"。身为语文教师，我们的传统文化素养对学生有着重要的影响。素质教育的核心理念就是

人文精神的培养和科学精神的培养,最终目的是要培养"完整的人"和合格的公民。素质教育说到底是以素质培养素质、以灵魂塑造灵魂的一种过程,正如苏霍姆林斯基说的那样,"人只能由人来建树"。只能用教师自身的人文精神去滋润、去涵养、去提升学生的人文素养和品位。

(二)与传统文本情感共鸣,深化传统文化的深度

古人云:"文以载道。"古文作为人类文化载体的传统文化精粹篇章,其凝聚着中华民族的人文情感,饱含着丰富的人文精神和道德因素,蕴藏着浓厚的文化积淀,闪耀着理性思索的光芒,是提高学生人文素养的最佳学习材料和内容。

语文教学中应加强传统文化教学分量,将其蕴含的民族文化和民族精神扎根在学生心灵深处并以此为基础构造自己的精神家园,让他们从小在心底书写出一个堂堂正正顶天立地的"大"写的人,自觉抵制形形色色的精神污染,继承发扬中华民族的优良传统道德和民族精神。

(三)与学生价值取向共优化,追求人文素养的精度

与学生价值取向共优化指的是把传统文化纳入语文教学时要注意和学生的精神、人生发展需求结合起来。传统文化只有融入学生的精神世界才是有意义的。教师要充分发挥传统文化以德育人的独特而强大的功能,引导学生在感受、感悟传统文化底蕴的过程中,受到心灵的感动、人格的感化,渐渐摆脱浮躁,即使难以达到物我两忘的境界,也能使率真的心灵不迷失方向。

我们要让传统文化回归语文教学,让学生真正从传统文化中汲取精神营养,形成积极的人生态度,全面提升人文素养。说到底,母语教育就是人的教育,人文素养就是人的素养。只有全面而深刻地把握好传统文化之根,使学生精神受到圣哲前贤思想的滋养,让学生既学文化,又学做人,语文教学之舟才能在博大精深的传统文化的海洋上扬帆远航。

四、中华优秀传统文化与语文教学资源整合发展的主要措施

(一)实施"亲近古诗文"经典工程活动,增加中华优秀传统文化的积淀,汲取经典营养

习近平总书记要求我们要高度重视中华优秀传统文化的传承:"古诗文经典已融入中华民族的血脉,成了我们的基因。我们现在一说话就蹦出来的那些东西,都是小时候记下的。语文课应该学古诗文经典,把中华民族优秀传统文化不断传承下去。"中国的文化经典具有开朗涵宏的气象、优雅高尚

的情怀，博大精深、意存高远，蕴含民族精神、审美情趣、人生哲理等，是人文理想的荟萃，是民族智慧的源头，是构成炎黄子孙民族凝聚力、民族自信心、民族文化素质的源泉之一。我通过调查，就学生的阅读时间、阅读范围、阅读内容等方面进行分析，发现学生对文化经典的接触和吸收相当薄弱。因此，亲近古诗文，增加学生在中华优秀传统文化经典方面的积累和精神积淀就是我们最先需要做的。

（二）营造语文课堂的文化氛围，领略中华优秀传统文化风采，接受人文熏陶

语文是民族文化的载体，语文课程是最具社会文化、民族文化和历史文化的，它能涵盖伦理道德、艺术审美、哲学思想等元素，融载道、载情、载史于一体。语文教材的字里行间无不流淌着浓浓的鲜活的民族文化的血液，引导学生阅读它们，就是让学生穿越时空，和圣者、智者对话，和先驱者、跋涉者交流，感受伟大的心灵、深邃的思想、超凡的智慧和创造的力量。学生在学习语文过程中，既感受、体验到语言文字表情达意的表现力、生命力，又受到中华优秀传统文化的熏陶，有利于开阔视野，提高审美情趣和精神品格，形成奋发向上的人生态度。因此，我们要努力营造语文课堂的文化氛围，力求语文课多一点文化气息，多一点原本属于它自己的靓丽与芬芳，让学生在课堂上领略到"中华优秀传统文化"应有的魅力。

（三）品味作品文化意蕴，体会祖国语言的精妙博大，感悟生活的多姿多彩

语文教材大部分是文情并茂的文学作品，如古诗文，语言表达丰美而深厚，这来之于丰富的思想和文化积累。因为语言文字具有民族性和历史性，它承载着民族文化的博大精深，传达着生活气息，泛着人文色彩的光芒。当我们走近语文，捧起一部部著作，也就走近了中华文化。教师要引导学生提高对文学语言、形象和审美情趣的品位。"问君能有几多愁，恰似一江春水向东流"用形象的比喻来表达绵绵无期的"愁绪"；"东边日出西边雨，道是无晴却有晴"用富于情感的双关语来描写若有若无的"春情"；"闲来垂钓碧溪上，忽复乘舟梦日边"用历史典故巧妙表达人生志向。透过语言文字，我们体会到祖国语言的精深博大，领略到字里行间产生的意境美，感悟到生活的多姿多彩。

（四）开展"寻访家乡传统文化"实践活动，继承和弘扬本土文化

《全日制义务教育语文课程标准（2011年版）》指出："语文是实践性很强的课程，应着重培养学生的语文实践能力，而培养这种能力的主要途径也

应是语文实践,不宜刻意追求语文知识的系统和完整。语文又是母语教育课程,学习资源和实践机会无处不在,无时不有。因而,应该让学生更多地直接接触语文材料,在大量的语文实践中掌握运用语文的规律。"

(1) 查:即开展调查考察活动。引导学生调查了解家乡特有节庆、传统习俗、传统文化艺术及渊源;引导学生广泛阅读有关家乡的文选典籍,考察家乡的名胜古迹;考察家乡的历史名人和遗迹以及某些地名的由来;访问民间艺人,了解传统工艺。

(2) 写:即在调查考察的基础上,编写有关家乡文化的小册子。如《家乡民间故事》《家乡风俗习惯》《家乡地方文艺》《家乡名人故事》《家乡名胜古迹》《渔湖××研究》等。

(3) 宣:即组织学生为宣传家乡的传统文化开展实践活动。与有关部门合作,制作广告牌或海报张挂在校园里,宣传自己的家乡;配合潮汕各种有积极意义的民间节日,为社区群众策划家乡文化艺术表演或传统游艺活动;开展主题为"如何利用家乡的优秀传统文化为家乡服务"的演讲会,引导学生从家乡传统文化继承与创新的角度来表达自己的理想。

中华民族有五千年的悠久文明历史,祖先们为后代留下了灿烂的中华文化,这些文化蕴含着丰富而宝贵的语文教学资源,语文的外延与生活的外延相等。语文是我们的母语,现实生活中有取之不竭的语文资源。我们要建立起开放式的语文教学理念,努力拓宽语文学习的渠道,把书本学习同实践活动结合起来,让学生成为不仅是文化知识的吸收者,而且也是文化知识的发现者,从而使学生在语文实践过程中逐步掌握语文规律,发展语文素质。这种多渠道的教育形式,可以将中华优秀传统文化成果内化为学生的人格、气质、素质,使学生热爱中华优秀传统文化的感情充盈胸中,良好的人文素质也在中华优秀传统文化熏陶下形成。

"善学者尽其理,善行者究其难。"作为语文教育工作者,我们任重而道远。

花香拂面沁人心

2019 年 6 月 28 日　星期五

　　我以前读书的时候，喜欢读武侠小说。古龙有一句话我曾摘抄记下："只要你肯去领略，就会发现人生本是多么可爱，每个季节里都有很多足以让你忘记所有烦恼的赏心乐事。"有人说，做教师苦，清苦。确实是这样。但是，当我们有了善于发现美的眼睛，多了细细领略的心境时，便可以让教师生涯的每一天都充满快乐——我们用时光和智慧雕琢着学生的心灵，所以，我们快乐。

　　这段时间流感特别厉害，学校几乎每个班级都有学生请假，有的班级患感冒的人数特别多。我们班里也有一些同学陆陆续续请假。前一周我特别在课堂上告诫学生要注意预防流感，没想话音刚落，自己也患上流感了，无奈加入到请假大军之中。

　　请假回校的第一节课，走进教室，映入眼帘的是讲台上一束鲜艳的百合花，幽幽花香拂面而来。花束上夹着一张粉色卡片，清秀的字体写着："Dear Mr Lin：We are so glad to see you again! 有您同在，我们复习更有动力——七年（1）班全体学生"。同学们说鲜花是特别送给我的。真的很感动！与这群可爱的孩子共同学习、相处了一年，彼此之间已建立了纯洁的师生情谊，心里头暖暖的。双手捧起鲜花，花香沁然入心，除了感动，还是感动……

　　收上来的周记，几乎所有的同学都在周记里记述了语文老师请假这段时间的感受。

　　孙琪：致敬爱的老师，您好！在您没来上课的这段时间，我们对您甚是想念。得知您感冒了，大家都想去看望您慰问您，却因没有您的联系方式而耽搁了。我们对您的想念太强烈了。班里的每个同学都恨不得您能马上飞过来，"解救"我们于"水深火热"之中。在星期三的那天，班主任告诉我们明天您就可以回来上课了。哎呀，大家都嗨起来了。可在得知您是在还未痊愈的情况下到校来上课的。我们又感到很不安。全班同学是多么盼望着和你一起……

孙雪琪：之前，我们的语文老师因为感冒没有来上课。昨天，他终于回来了。为了让老师高兴，祝福老师，我们买了一束花，放在讲台上，等待语文老师的到来。当他知道这是送给他时，他很高兴，我们也很高兴。他说他闻到了花的香味，也闻到了幸福的气息，我们都笑了。我想说，老师，您辛苦了，谢谢您在生病期间还能为我们着想，还通过短信为我们安排复习的内容，我们真的很感动，谢谢您！

郑梓婷：春蚕到死丝方尽，蜡炬成灰泪始干。老师，您为我们付出太多太多的心血了，我们都非常非常感激您。老师，这段时间，您因为感冒而不能来上课，我们十分地想念您。那天知道老师要回来上课了，我们都特别高兴，也为您准备了一个惊喜。我们买了一束花，还写了一张纸条贴在上面。从老师看到后的表情可以看出老师是又感动又开心，是吧？老师，希望以后还能继续被您教，接下来两个星期我们会更加努力，好好表现，包您满意……

姚丹青：这周有一件可喜可贺的事情，就是语文老师回来啦。这让同学们都特别兴奋！老师，您不在的这几天，我们所有的同学依旧非常认真地学习语文，为期末考试做好充分准备，争取在期末考试中考出优异的成绩。但在您不在的这段时间里，我们都有些不适应，因为少了您的幽默风趣。这些天，我们一直盼着您回到我们这个温暖的大家庭。现在您已经回来了，我们会与您共同努力，在期末考试中取得优异的成绩，作为告别礼送给您。

林思涵：这个星期四，语文老师终于回来了。大伙儿的心都上蹦下跳，男生们还好几次到走廊上等着，希望下一秒看到老师走过来。班里剩下的人则忙着布置将要送给老师的鲜花，还在便利贴写上祝福。上课铃响了，终于等到这个时刻了。只见语文老师从门外走了进来，接着看见了讲台上的鲜花。当老师收下花时，我们心里都是开心的，老师终于回来啦，接下来的复习有依靠啦，可以一起冲刺期末考啦。老师，热烈欢迎您回来！

林佳康：前段时间，语文老师因为感冒没有办法来上课。所以学校安排了（2）班的语文老师来给我们上课。今天，老师终于回来上课了，我们格外高兴，买了一束漂亮的鲜花送给老师。老师进来了，我们看到老师，感觉他更加帅气迷人。老师看到了放在讲台上的鲜花和贴在花瓶上的贴纸，向我们表示了衷心的感谢。我在心里向我们这位把从开学时乱七八糟的语文成绩变成现在需要勉强扣到几分的语文老师说：老师，没有您，哪有现在的我们……

林欢彤：前一段时间，语文老师因为感冒而请假，一连好几天都没有来上课，我们都很担心他。到了这个星期四，我们的语文老师终于"回归"啦。我们一起送老师一束花，还写上寄语。老师很高兴。上课了，老师检查这段时间通过短信布置的背诵任务。这些天，虽然老师没有来上课，但我们都很努力，被老师抽查到的学生表现都特别棒，老师非常开心。在期末的日子里，我们一定会和老师共同努力，争取考出好成绩，不辜负老师的期望。

……

读着学生充满真情的告白，我犹如漫步于百花灿烂的春天。是的，在七年（1）班这个美丽的花圃里，新冒的嫩绿是我的呵护，一枝独秀是我的惊喜，百花齐放是我的渴望，硕果累累是我的祈求。

我愿精心呵护我养护的花圃，催化生命绽放的璀璨，静候花开的声音，凝结绚丽的色彩，与可爱的孩子们共同创造美好的明天。

并非每节课都需要 PPT

2019年6月30日　星期日

在传统的语文课堂中，教师只能用绘声绘色的教学语言来创设情境，传情达意。随着时代和社会的发展，现代科学技术发挥强大功能，传达教学信息，用图、文、声、像创设教学情境，多媒体教学已成"燎原"之势。关于多媒体教学的特点与优势，早有专家和同行论述。如今，我想结合实际，唱唱反调。

因为处在教学一线，我经常到课堂听课。发现除了一些年长的教师之外，现在大部分教师在上课时都用 PPT，学生也是挺欢迎的。至于涉及各级的讲课评课比赛的，如果没有采用多媒体教学，绝对刚出场就被"枪毙"了。

真的有必要每节课都采用多媒体教学吗？我看未必。

以前讲课听课，教师随讲随写的板书，往往能看出一位老师的"底子"：上课时看黑板，一课的结构一目了然；有的板书潇洒，才气逼人，以一手行云流水的板书熏陶学生，学生就如天天跟着老师学书法；有的在黑板上用白、黄、红等粉笔写出不同的文字；有的老师板书很快，一边和学生对话，一边概括地写出学生的思考、质疑；有的老师顺手在黑板上就能画出图形，让下面的学生佩服得不得了……

现在的年轻教师，特别喜欢多媒体，讲什么内容，需要什么照片或材料，只需在上面点一下就都出来了。教室不隔音，上课时常有学生忙着关窗户、拉窗帘。有的老师讲古诗词，什么作者介绍、作品背景、字词注释、思想意义、艺术手法等，全都是从网上下载拼凑的，老师讲到哪里，在屏幕上点一下，就显示出来了。一节课上完，黑板上有时候连一个字也没写；有的只在黑板上写个课名，然后便拿着电子笔一页页地翻 PPT。

现在的语文课不断穿插使用多媒体，虽然很直观，可是把课文讲解与阅读切割得零碎了。多媒体给学生提供了各种画面、音响与文字，五颜六色，丰富多彩，令人目不暇接，课堂好像活跃了，可是学生的阅读被挤压了，文字的感受与想象给干扰了，这样的多媒体教学对语文学习并没有好处。

语文课，要让学生通过阅读文字，想象出画面，这是形象思维范畴的教育。教师就是要引领学生凭借语言文字的表达，培养感悟文学艺术之美的能力。像诗词课，还不如让学生自己去反复诵读，创设边读边想象古人、古境的时空感，让学生体味古诗词那种简洁铿锵的韵味，这才是教学要点。但如果教师上课直接放出一幅幅图片，我觉得有可能弱化了学生的想象力，一节课看不出影响，时间长了，学生就懒得再联想和想象了，适应了接受模式教育，更麻烦的是背离了语文课必须靠学生反复大量阅读以提高语感的本义。

过度使用，甚至滥用多媒体，也导致部分教师备课不认真。现在备课不难，从网上轻而易举就可以得到教案和课件。有些教师的课件就是从别处拷贝的，稍认真的，还修修改改，加进一两处自己的创作；偷懒的，直接拿着别人的课件去上课了。试问有几个老师有自己制作课件进行教学的？照着别人的课件上课，有自己的东西和风格吗？老师的个性都被淹没了，讲出来的课是大同小异。有时也因为"课件"制作精细，预设过多，一些老师被自己的"课件"套牢，无法应对课堂生成的问题，从而失去最有价值的教学契机。我听过很多老师说过，使用课件比较费课时。教师在课堂上不像学习的引导者，而像个放映员。特别是某些领导检查教学，也就是看多媒体是否做得漂亮热闹，更给这种偏向推波助澜。多媒体本来是好事，可是用得太滥，有可能使清晰的课堂变得花哨而失其本，让我们的老师变懒了，个性消失了，学生则可能在迷乱中买椟还珠。

过多依赖多媒体，还会制约老师专业能力的提升。很多老师得了"百度依赖症"，什么都依赖网上给结论，有结论没过程，思想容易碎片化、拼贴化。现在的老师很多不会板书了，甚至常常提笔忘字。

应该说，物理课、化学课、生物课、政治课、历史课和地理课，适当使用多媒体，是不错的；但有些课的内容要少用多媒体，要尽量让学生养成书面阅读和手书的习惯。

教育部前发言人王旭明接受媒体专访时曾建议全国语文教师少用或不用PPT、录音录像以及各种道具，只用嘴和粉笔、黑板，让语文教学回归语和文！他说他给一些老师做讲座，因为考虑到人们的习惯，有时也做点简单的PPT。但发现很多老师都懒得记笔记，课后拷贝一下就成了，拷贝回去后呢，也许永远不会再看了。王旭明甚至说多媒体的滥用已经给语文教学带来"灾难"，是一种必须面对的事实。强调语文课不用或少用多媒体，让语文课重新回到朴素本真的状态中来。

在科技设备的应用上，我个人比较落后，上课很少用多媒体，很少用投影仪，很少做PPT。我喜欢在我的课堂上用板书。因为我认为，在语文教学中，教师的板书也是"教"。我敢大声地说，被我教过的学生，或许他们不记得我教过的内容，但大部分多多少少都记得我在黑板上的板书。

少点"山珍海味",多些"家常便饭"

——谈谈语文教学中的微观组织和呈现

2019 年 7 月 5 日　星期五

在现实生活中,相当一部分人都奢望能日日拥有豪华盛宴,既可以饱口福,又可以滋补营养,更是生活富足的表现。殊不知,营养过剩也会给人带来负担和危害,倒是那些不起眼的家常小菜才能真正地起到滋养的功效。

教学中的"山珍海味"与"家常便饭"对学生的影响不也如此吗?我认为,在课堂教学中,假如教师太关注如何标新、如何"作秀",而忽略了学生的感受与收获,呈现出来的就会是满席的"山珍海味",造成"营养过剩"。

我们来看几个课例吧。

一位教师在教《阿长与〈山海经〉》这篇课文时,把重点放在学习理解"阿长是个什么样的人"和"《山海经》是一本什么的书"两方面上,这本没有错。关键是在教学中,教师的教学设计拓展太宽,以至于使学生在学习时分不清东西南北。例如,为了唤起学生对鲁迅先生的感情,在课堂上教师让学生阅读巴金写的《永远不能忘记的事情》一文和臧克家的诗歌《有的人》,还现场出示了《山海经》一书,并对该书做了很详细的讲述,展示了《山海经》里面的好几幅插图。一堂课下来,学生对教材的文本读得很少,增加的课外阅读却让人眼花缭乱。

《秋天的怀念》一课,讲的是史铁生怀念母亲的文章,表达了作者对母亲深深的怀念,以及对母亲的愧疚、悔恨之情。一位教师在教这篇课文时,引入了作者写的《我与地坛》《病隙碎笔》等片段,并让学生用一两句话谈谈读后的感受,还让学生看张海迪、桑兰的照片,并讲述她们的故事。

一位教师执教《黄河颂》一课,课文的内容没读几遍,就让学生反复地读刘禹锡的《浪淘沙》以及教师收集的有关描写黄河的诗句。他的目的是通过诗句进一步培养学生热爱黄河、热爱祖国的思想感情。

这几位教师都为学生提供了极其丰盛的"大餐",其中不乏"山珍海味"。这对学生看似有益,实则无法消化。因为过多地展示资料,让对课本内容都应接不暇的学生根本难以分清主次、轻重,以致造成事实上严重的"营养过剩"或"消化不良"。

在这几堂课中,我们确实看到了学生的反应并不像教师想象的那么良好。虽然课堂上教师激情澎湃,妙语连珠,但是学生却听得瞠目结舌,惊慌失措。特别是在《黄河颂》一课中,学生对教师引进的艰深晦涩的诗句既看不懂,又读不通。因此,教师让学生读那些诗句时,他们总是懒洋洋的。这位教师见其教学效果不佳,其表情很不满意。其实这并非学生的错。因为学生对那些诗句的意思一无所知,他们怎能入情入景地读呢?从教师在课堂上的反应中,我们看出了他的无奈。也许在备课时,教师觉得他引入的内容应该是最出彩的地方,没想到反成了败笔。

教学是循序渐进的。在设计教学时,我们一定要把握好微观组织和呈现,要考虑到学生的年龄以及他们的接受能力。《全日制义务教育语文课程标准(2011年版)》不也是根据学生的年龄特点在"词语理解、课文内容把握、思想感情领悟"等方面都提出了不同层次的要求吗?教学应该"以生为本",不能一味地灌输。就像吃东西一样,不少家长一厢情愿地把好吃的、营养丰富的都让给孩子吃,认为这样对孩子的身体有好处,其实,有的时候恰恰是事与愿违,适得其反。山珍海味并不一定适合孩子,家常便饭可能对孩子的成长更有益。在教学中,我们也得充分考虑学情,让教学适时、适度、适宜。硬性地把教师的主观意愿强加给学生,长期供给他们"山珍海味",那不是变相地加重了他们的负担,给他们带来"精神侵略"吗?

语文核心素养包括语言建构与运用、思维发展与品质、文化传承与理解、审美鉴赏与创造四个方面。这四个方面着眼于学生对人类已有科学知识的理解与掌握;着眼于学生在亲身经历的学习过程中,获得直接经验和内心经验,对学习方法有所感悟,在过程中不断提高学习能力;着眼于学生在成长过程中获得情感体验。它们的实现都有一个层次,不同年龄的学生所获得的知识、技能、方法、情感是不同的,都有一个渐进的过程。因此,我们教师不能一味地滥用"催长素",把过剩的营养给予学生。

教学中内容的微观组织与呈现,应该根据学生能力,将教学内容按先易后难、由浅入深的顺序安排,并分解为容量适当的教学单位,使教学有序、有效地进行。教学不能只重形式,教师要考虑学生的实际状况。教学的实质是什么?是通过知识的学习,促进学生的发展。教师用那么多的"山珍海味"去"喂"学生,"滥食"只会让学生"食腻"。教师认为好的东西,对学生而言不见得是真的好,也许还是对他们的伤害呢。反而,多些实实在在的"家常便饭",满足教学的基本要素,却能让学生"营养均衡"。让学生更好地吸收、内化教科书中的精髓,引导学生去主动积累与沉淀课内知识,继而再引导学生在课外阅读的广阔天地中去遨游、去采撷、去欣赏,汲取更多的资源和营养。

一句话,要先微观组织和呈现好课内的知识,然后再去拓展课外资源。

满　　足

2019 年 7 月 11 日　星期四

　　上午语文的考试刚刚结束，我们七年级语文备课组一个人都没有偷懒，在备课组长的带领下，即刻进入"战时状态"，进行集体评卷。大家集体加班至晚上六点多，终于把全级的试卷拿下。我教的七年（1）班成绩不错，平均分为 90.9 分。看着这个数字，我很满足，不枉我一年来的劳动。

　　学期将近结束之时，我让同学们对一年来的学习生活做一个总结。很意外也很惊喜，所有的孩子们竟然都谈到了"语文"和"语文老师"。同学们的总结和评点，让我"受宠若惊"。这一年，也是我开展广东省教育科研"十三五"规划重点课题"新型城镇化进程中农村语文课程资源整合发展研究"的一年。教学相长，我想，这些可爱的孩子的评价，也能侧面体现出我课题研究的一点阶段性成果吧。故把一些同学的总结摘录出来，晒晒"朋友圈"，为本学年画上一个圆满的句号，也作为教育教学道路上的一个自我鞭策。

　　林灏：七年级的语文课，让我知道了怎样去写好文章，理解好文章，明白了怎样去拥有一手好字。

　　在语文老师的帮助下，语文让我知道了异地风光、异地风俗、古代文化以及我们潮汕地区的风俗文化，也让我们明白科技是怎么样发展的。老师让我们明白了很多人生大道理，老师让我们知道了什么是语文，什么是国学。

　　语文老师是我学习道路上的一个奠基人，也是我们迈向未来的帮助者。

　　再见了，我们的七年级！我在这里要向我们的七年级老师致敬！

　　林苑：这一年来我学到了很多，也收获了很多。

　　七年级的老师。有肥肥的英语老师，健壮的体育老师，"双下巴"的地理老师，优雅的历史老师，文质彬彬的数学老师，长相憨厚的政治老师和慈祥和蔼的生物老师。当然还有我们最最喜欢的语文老师您啦。

您教给我们学习语文的新方法，让枯燥无味的语文课变得生动有趣，让我的语文成绩一次更比一次强，您的每一节课都是那么有趣。每节课都有惊喜。我们每一天都万分期待您的 surprise！和您在一起的每一天都充满快乐，像是品尝一杯灌满了欢乐的奶酪，浓郁的、香甜的……

黄哲楠：老师，这一年来我对语文有了很大的兴趣，也有了很大的进步。

老师您上课幽默风趣，有时喜欢拿我和林灏开玩笑，这让我很喜欢上语文课，虽然老师平时总是说我书写不好，但是我知道老师是为我好。

老师，您教我们"要做一个堂堂正正的人"，这句话让我更明确我的目标——成为一名武警！

您告诉我们："战胜自己就是最伟大的胜利。"我一定会听您的话，我要做一个有利于人民、有利于国家、对社会有贡献的人！

林佳康：小学毕业，我来到了七年（1）班，开始了初中阶段的学习。

小学时，我语文其实挺差的，小考也只考了 87 分，这种分数令我十分担心。既然我小学时的成绩已经这样了，七年级的语文可能会更加难学，所以我很害怕七年级的语文会考得更差。果不其然，月考和期中考我都只考了 69 分。

但我是幸运的，因为我遇到了您。当我面对 69 分的成绩，感到沮丧时，您给予我鼓励，教授了我一些学习方法，让我重燃内心的希望，振奋精神，拥有了学好语文的智慧力量和勇气。我很欣赏您的才华，也欣赏您对学生的爱。您言传身教，循循善诱，您的方法通俗易懂，简单明了。

人生路上，因为您，我充满希望；因为您，我振奋精神；因为您，我要争取考上清华北大！

谢谢老师！

林海霞：七年级的语文成绩忽高忽低，我是一会儿欢喜一会儿愁。还记得第一次月考，我们班的语文成绩真的是"惨不忍睹"，那也是我第一次考试不及格。不过还好，后来，在老师和同学们的努力下，成绩总算赶上来了，班里更是出现了接近满分的好成绩。

在这一年间，我们全班同学和语文老师写了一部小说。从刚开始商量小说的名字，到写小说的过程，到商量小说的结尾，到最后设计小说的封面等。整个过程我们都付出了心血，也想把小说写得更好。因为不想让语文老师失望。也是因为语文老师的那句话："你们好好写，要是写得好的话，我会把它印成一本书。"我想不止我一个人在期待吧，如果真的印成一本书，那这本书我一定会把它好好珍藏起来，那是我们全班同学和老师共同努力的结果，而且里面也写到了很多真实发生在我们身上的事，也算是一个回忆。

孙培楠：还记得开学第一天，语文老师刚来上课，就问我们什么是语文？孙炯博同学就回答"语言的运用，文学的传承"。也还记得数学老师跟我们讲比尔·盖茨、马云这些成功人士的故事。

小学时，老师总叫我们多背、多读、多写，其中多背是很重要的一项。但初中的时候，老师教我们要理解着背，不能只是死记硬背。果然，一开始用以前的方法和后来学的方法考出来的成绩是不同的，这样的方法让我受益匪浅。

孙雪琪：七年级马上就要结束了，对语文这一科目，我收获了不少知识和好的学习习惯。

首先，我要感谢语文老师这一年来对我们的严格要求。以前看过很多小说，但从来没想过要自己写小说，更没想到七年级语文老师就让我们自己写小说，让我们自己塑造人物、展开故事。我们写的小说里面的班级可以看成就是我们班，这可算是对我们班七年级的成长经历的回忆，留下足迹。在老师的指导下和同学们的互相合作下，我发现我的表达能力比以前好了很多，对作文也没什么压力了。

书写是我们班最糟糕的一点，一开始我们班很多男生的书写都很差，语文老师就让他们每天写30个端端正正的字交给老师，现在好多人的书写都好了很多。

还有一次，是在写作文。老师在班里转了一圈，说我们班大多数的人的书写姿势都不对，可这个姿势伴了我们快十年了，要改也不是那么容易的，但我们在语文老师的督促下都慢慢改正了。

七年级语文真的让我收获了很多，感谢语文老师。

黄艺涵：不知不觉中，一年就要过去了，刚入学的情景仿佛还在昨天。这个学年经历了很多，也收获了很多，有些东西也在不知不觉悄悄地改变。语文这一科，怎么说呢，对它是又爱又恨吧。老师教得很好，但是我作文总写不好，有点担心，暑假要多看书了。说实话，第一次感觉语文老师是一个套路很深的人，很多同学也是这么认为。哈哈，我们的小说也快要收尾了，不对，是正在收尾中……我们打算多写几章，看能不能在期末前写好。

这一年能被我们的语文老师教，感觉很幸运，他的课很有趣也很刺激（不要问我为什么）。如果可以的话，希望下个学年也能被他教。

孙欣楠：一年前我是刚上七年级的懵懂少年儿童，转眼间成为了要上八年级的青少年。

这一年中，有欢声笑语也有愁眉苦脸。我增加了不少烦恼，也拥有了许多好朋友和好老师……

七年级的课，都很有趣，特别是语文课。以前我很讨厌语文课，总觉得枯燥无味。但是经过一年的学习，我现在特别喜欢语文课了……我要郑重地向语文老师说一声——Thank you, Mr Lin!

洪思琪：经过这一年的学校生活，我真的收获了很多。

说说语文吧。我认为这一年的语文学习是我从小学到现在最快乐的一年，语文老师也是我遇到的最风趣幽默的老师。语文课上总是少不了我们的欢声笑语，因为在语文课上总有一个人能调动气氛，让我们变得轻松起来。我想，将这个人描绘给班上的任何一位同学和老师，大家都能第一秒说出他的名字……

希望八年级的时候我们之间的友谊不变，也希望语文老师能继续教我们。

李思彤：经过这一学年的相处，我们从陌生到熟悉，这一过程是最难忘的。眼看着七年级生活即将落下帷幕，心里总会有些不舍。

起初，七年级语文这一科目给我的感觉，让我认为比小学的语文难，以至于我第一次学月考成绩不太理想。后来语文老师教了我们回答问题的"公式"，我渐渐感觉到语文并不难。所以在以后的考试中，我的语文成绩也在逐步提高，比以前"惨不忍睹"的成绩好多了。我们的语文课堂都是比较轻松的，平时学习起来也不会有太大的压力……

陈妍：七年级的语文，真的颠覆了我的思想。原先小学的语文课老师总是留给我们一大堆的笔记，每堂课都从头写到尾。但七年级的语文课，我们在课堂上可以开玩笑、讲笑话，关键是笔记还少。我真觉得语文课很好，我的语文考试每次都在进步。

感谢老师一年来的栽培。老师，您辛苦了！

谢嘉伟：这一年我收获了很多。比如刚开学的时候，我的字写得特别难看，感觉现在比之前有了很大的进步，语文成绩也有了明显的进步。记得第一次月考，我的成绩是全班最差的。最近的一次期中考，我居然考了86分，全班的同学也都有很大的进步，希望我能够再接再厉，突破90分这个瓶颈。

林欢彤：在这一年里，我学到了许多有用的东西。

我觉得我在语文老师的帮助下，我的语文成绩提高了很多，从起初的60多分到现在的90分，有了非常大的进步。

语文老师教给了我们许多学习的方法，文言文的断句、作文如何写好、描写方法的作用、修辞方法的分析……这些都对我的语文学习有很大的帮助。

总的来说，今年的语文学习对我很有帮助，使我在以后的学习中能更好地掌握这些知识点，使我能够更好地答好题。当然，这一切都是老师的功劳，是老师把这些知识传授给我们的。

郑梓婷： 语文是一门非常重要的科目。我刚进入初中的时候，以为初中语文特别难，一开始都想过要放弃这一科，但是后来却改变了。

我呢，因为小学的时候课外书读得太少。所以七年级刚开始的时候，课外阅读几乎"全军覆没"，同时也导致语文成绩很低。我上学期第一次月考才考了63分，然后期中考试考了72分，期末考试的时候好不容易考了84分。在这一学期中，一次考了89分，另一次考了90分。因此我决定，在七年级最后的一次考试，我要更加努力，争取再进步一点点。

当然，我能取得这样的成绩，离不开老师的指导。是您教给我们做题的技巧，是您一直给我们强调书写的问题，是您给我们讲了许多许多的课外知识……我都不知道您每天晚上为了给我们备课、批试卷、查作业，要等到几点才能睡觉。我知道您平时很关注班里每一位同学的学习情况。您不辞辛苦、默默无闻、不求回报，只希望我们能读好书和做好人，我们对您感激不尽！

希望老师可以继续教我们八年级和九年级。

陈艺涵： 这个七年级，不得不说，真的让我收获满满。不说别的科目，光是语文这门学科就让我"营养丰富"了。

我们老师不仅给我们讲授课本的知识，还经常给我们讲课外的知识。这让我们更喜欢我们的老师了。我们老师还很幽默，这点我以前也曾说过。而且我们都知道老师的名言"学语文不难……"。

黄晓彬： 一年的时光匆匆而过。在这个学期的语文学习中，我学到了很多，我明白了语文也是有学习方法的。只要把握其中的技巧，抓住里面的关键语句和词语并加以理解，问题便可迎刃而解，在开学的第一节语文课中，语文老师向我们讲解了什么是语文。在每一节课中，老师都在讲解着语文的意蕴，时常陶冶着我们的情操……

孙可曼： 您是否还记得您问我们的第一个问题？——什么是语文？您先提问了几位同学，大家纷纷用"语文"两字造句，最后您却指着语文书说道："这就是语文呗。"大家都笑了。

时间过得很快，我们将迎来七年级的期末考啦。您还表示很乐意在以后的学习和生活上，继续做我们的好朋友。

七年级的语文课，夹杂着复杂的"味道"——有甜有苦。您会用幽默的语言逗大家开心，让大家尽可能地在快乐中学习。当我们在课堂上问题回答错时，您总是会用鼓励的话语去带动大家，然后耐心地引导大家接近答案。

感谢您，让我们在青春的书篇上填上了一页特别的色彩。

我喜欢语文。

林心楠： 光阴似箭，日月如梭。回想过去，从我踏进中学的大门到现在已经有一年了。

在这一年中，我很高兴认识这么多的好老师。我想从小学到现在的所有的语文老师中，林烨峰老师是我遇到的最好的语文老师了。

语文老师知识渊博，为人幽默，对我们也很慈祥。在他的教导下，我们班语文成绩不断提高。对于我个人来说，从原来的60多分到现在的80多分，从原来不擅长语文到现在喜欢语文，这一切有一半都是语文老师的功劳。

有上课幽默的语文老师，气氛从来都是欢乐的，上课时班上时不时就有一阵笑声。作为一名老师，他从来没有一点架子，常跟我们打成一片。说他是我们的老师，还不如说他是我们的好朋友。

我很高兴能来到七年（1）班，我希望大家能一直在一起，一起成长。我不会忘记与大家之间的友谊，更不会忘记我们的恩师。

陈思彤： 虽然有点老套，但还是想感叹一下时间的速度。明明记得还是个牙牙学语的小孩，转眼已经是个中学生了。

我们七年（1）班的老师，都是特别特别好的老师。语文这一门课，说实话我以前不是很喜欢。因为要背的东西太多了，很枯燥乏味。不过，我现在是对语文"动心"了。林老师让我知道了语文是一门挺有趣的科目，它跟我们的生活息息相关，其实学好它并不难。

陈博锐： 进入初中一年来，我的语文成绩提升了不少。记得在小学六年级时，我最讨厌的就是语文这一科，背诵最多，作文最多，试卷最多，最痛苦！现在在七年级，我越来越喜欢语文了，对于语文也越来越有兴趣了。

刘思涵： 进入七年级以后，我的语文成绩一直处于上升阶段。语文老师教得特别好，课都讲得很仔细。唯一不好的是，背诵的时候老是抽到我。

胡树森： 现在已经临近暑假，七年级生活也即将结束，虽说时间不长，但记忆总是美好的。

在语文方面我有所提升，至少是改变了写字潦草的坏习惯。阅读能力也提高了。我希望语文老师能继续陪着我们，继续写着《渔湖花开》。

姚丹青： 刚开学时，七年级的语文让我有点迷茫。因为它与小学语文的各方面都是不同的，包括考试内容以及课文的篇幅等。这让我学习语文有些无从下手。但语文老师总会讲一些学习方法，帮助我们更好地学习语文，从而让我慢慢喜欢上了语文，并且有了学好语文的决心。我们特别喜欢语文老师趣味十足，但又不脱离教学目标的课堂。

七年级的语文课堂和语文老师，一定会铭记在我心中，也一定会影响我一生的。

王漫瑶：在这一年里，无论是学习还是生活上，我都收获颇多。

刚开始学习七年级语文的时候，我简直是一头雾水，题型和小学的完全不一样，题量也多了许多，更要命的是多了课外名著阅读。但是现在一年过去了，我也慢慢掌握了一些方法，课内阅读和古诗文该背的还是得背，课外名著阅读要把原著看熟……

黄友萍：七年级的语文，我有幸受教于林烨峰老师。我本来从小开始就很讨厌语文，因为整天都得背诵、听写……直到遇到了林老师，他使我对语文有了好感。林老师的教学方式可以说是与众不同，跟那些只讲课本内容的老师不一样，我们可以在课堂上愉快地互动……

回首过去，心中无限感慨；展望未来，相信依旧灿烂。学习中的收获，生活中的点滴，思想中的感悟，使我成长。让我以崭新的自我、更强的自我，去迎接新学期的学习生活吧！

陈珏：一年很快就过去了，经过这一年的学习，我从上学期学月考语文66分再到期中考和期末考79分；而这学期从学月考89分到期中考91分。我对这个变化非常激动。当然，我知道这是老师的功劳，这离不开老师对我们的良苦栽培。

其实，我小学时不是很爱读课外书，对语文也有一点惧怕，不会做课外题。而被您教了一年后，我爱上了阅读，也学会了很多做题的技巧。老师，我要谢谢您，争取期末考不辜负你的期望。

黄家阳：还记得那会刚踏入这学校，转眼间却已是七年级尾声。以前小学的时候，我总不喜欢上语文课。自从我遇见了您，我改变了。老师，是您让我喜欢上语文这一科。您上课严厉而又不失风趣，在不知不觉中我们就学会了一些知识点。您总强调书写的问题，让我们要提高书写端正的意识，让我们不写错别字，让我们认识到阅读的重要性，让我们明白学习语文的好处……您教给我们太多太多了。

感谢您的悉心教导，一日为师，终身为父，您的恩情我必当涌泉相报！

林思涵：人的一辈子有很多个夏天，但是七年级的夏天只有一个。随着时间飞逝，我的七年级生活就快要结束了。想起过去所有美好的回忆，我对七年级就有太多太多的不舍，尤其是我的语文生活。

对于老师是满满的不舍。在学习上，语文是一大"拦路虎"。但是大家都埋头苦读，毫不认输，谁也不让给谁。语文老师的幽默与我们的学习热情形成了一堂又一堂充满笑声和快乐的课。遇到困难时，大家就会齐心协力地去解决它。在这一年里，我每一天都过得非常充实。总之，在这个班级里学习语文，我很快乐。

　　语文老师每次都会把课堂的气氛变得非常火热，他说学习语文并不难，让我们别害怕语文。他使我们提高了语文成绩，也爱上了语文，体会到了学习语文的乐趣，我们也懂得了许多学习方法，了解了许多关于家乡、关于课外的知识。在我心里，他是一个多么优秀、多么值得尊敬的老师啊！真的很感谢语文老师在七年级这一年把我们领进了一个全新的语文世界！

　　努力学习，努力生活，为七年级画上一个圆满的句号，这是大家心中所想。再见，七年级！你将永远铭刻在我心中！

写作教学辑录

学生作文套路深

2018 年 9 月 21 日　星期五

上周按照第一单元的写作任务，布置了作文"在你成长的过程中，有什么经历让你深受触动，难以忘怀？回忆一下，把它写下来。题目自拟，不少于 500 字"。这几天赶着把作文批改好，上午做了讲评。

批改之后，我不由得感慨学生的作文套路很深。针对本次学生写的经历，我做了一下归纳，不外乎以下几种：一是放学下雨了，"我"没带伞，爸妈送伞来或者同学借伞给"我"；二是爸妈为了满足"我"的心愿，冒雨或深夜去购物，回来后病了；三是参加学校的文体活动，"我"昏倒了；四是同学之间发生矛盾，"我"错怪了同学，同学很大度……

太多似曾相识的片段，驱使我在讲评前做了一下调查摸底："本次作文写的是自己真实经历的请举手。"

全班 39 位同学只有 13 位羞羞答答地举起了手。

哈，还算老实。

我们总是强调写作文要重在"真情实感"，可到头来，我们更多时候，却总是在教学生"如何写好假作文才能得高分"。这究竟是谁的错？

陶行知先生说过："作文是生活的一部分，它离不开生活"，"生活是学生作文的源泉，作文是学生生活的镜子"。当我这样告诉上面这 39 位同学时，他们却说："老师，我们没有社会经验啊，真的是没有什么好写的。"充满童真的学生说的的确是事实，大多数人总是觉得"胸中无事，笔下无物"，就胡编乱造起来，把作文看成了作业，应付交差，变成了枯死的文字堆砌。诚如叶圣陶先生说的："作文与说话本是同一目的，只是所用的工具不同而已。所以在说话的经验里可以得到作文的启示。倘若没有什么想要表白，没有什么发生感兴，就不感到必要与欢喜，就不用写什么文字。一定要有所写才写。若不是为着必要与欢喜,而勉强去写,这就是一种无聊而无益的事。"① 那么,少年的学生没有什么生活经验,是不是就没有什么可写呢?非也!"学生胸中有积蓄吗?那是不必问的问题。只要衡量的标准不太高,不说二十将近的青年,就是刚有一点知识的幼童,也有他的积蓄。幼童看见猫儿圆圆的脸,眯着眼睛抿着嘴,觉得它在那里笑,这就是一种积蓄。他说'猫儿在笑',如果他会运用文字了,他写'猫儿在笑',这正是很可贵的'立诚'的倾吐。所以,若把亲切的观察、透彻的知识、应合环境而发生的情思等等一律认为积蓄,学生胸中的积蓄是决不愁贫乏的。……但好文章有个基本条件,必须积蓄于胸中的充实而深美,又必须把这种积蓄化为充实而深美的文字,这种能力的培植却责无旁贷,全在写作教学。"②

反思一下,学生为什么总是不能把自己的感受和情绪真实地表达出来呢?为什么"真情实感"总是变成"虚情假意"呢?这其中是有许多原因的。

第一,假、大、空的写作教学到处都是。在平时的教育教学实践中,我们存在"代圣人立言"的写作传统,这是写作教学中的普遍现象。我们的教育中缺少鼓励学生说真话的因素,甚至家庭环境、社会环境等,都或多或少地压抑了孩子的个性。我们总是习惯性地要求学生"立意"要正确,而不是首先让学生去写自己真实的生活、真实的感受。仔细回忆一下,我们谁没有受过这种作文训练呢?哪个语文老师没这样训练过学生?这是造成作文中虚情假意泛滥的首要原因。

第二,"依样画葫芦"的作文方略到处都是。不是吗?《难忘的一天》《难忘的一件事》《最难忘的一个人》……从小学写到高中,不生厌才怪。指导不当、食而不化的模仿,使许多学生从低年级开始就已经被剥夺了说真话、表达真情实感的机会。从某种角度讲,艺术就是源于模仿。但如果模仿泛滥,艺术还有艺术吗?作文不也是这样吗?千篇一律的文意让人读之无味。成千上万的"经典作文""优秀作文""满分作文""作文攻略"到处都是,学生稍微用心"复制"一下,就能够得到高分,轻松成为"作文人才"。套路式的模仿让学生失去了真实的自我。

第三,命题和评分标准也是约束学生表达真情的一大因素。作文中的命题和评判标准隐含着对文章主题的要求,从而约束了学生写作活动中的个体性。不管学生的思想如何,必然要迎合这些隐含的主题要求,否则就会被视

---

① 叶圣陶. 怎样写作 [M]. 北京:中华书局,2007:57.
② 叶圣陶. 怎样写作 [M]. 北京:中华书局,2007:130.

为差文。

　　实际上，在作文中引导学生写出真情实感，既是作文本质的要求，也是真正落实"情感、态度、价值观"目标的要求。应当看到，在作文教学中引导学生表现自己的真情实感，具有重要的教育意义。

　　首先，有利于培养学生养成诚信踏实、追求真理的作风。"文品到人品"，学生时代是人身心发育的关键期，学校教育不仅是为了让他们学到科学文化知识，更重要的是要培养与健全他们的精神和人格，形成适应时代发展的各种能力，在将来的社会中能够承担起相应的社会责任。从这个意义上讲，在作文指导、要求学生应该抒发自己的真情实感，就是在教学生如何做人，它比单纯的写作技巧的学习具有更大意义。

　　其次，有利于学生养成"我手写我心"的良好文风。叶圣陶先生说："写作绝不是无中生有。必须有了意思才动手写作，有了需要才动手写作。没意思，没需要，硬找些话写出来，这会养成不良的写作习惯，而且影响到思想方面。"①"写作所以同衣食一样，成为生活上不可缺少的一个项目，原在表白内心，与他人相感通。如果将无作有，强不知以为知，徒然说一番花言巧语，实际上却没有表白内心做什么：写作到此地步便与生活脱离关系，又何必去学习它？"② 从中不难看出在写作教学中培养学生"我手写我口，我手写我心"的文风的重要性。

　　作为教师，在作文教学中，一定要充分调动学生的主观因素，鼓励学生说真话、动真情，要努力做到情真意切，即使学生表达的感情不合教师的口味，也不能指责。只有教师引导学生从根本上改变作文观念，才能真正让学生写出真情实感的作文。

　　培养学生说真话，写真情实感的作文，应该也是"立德树人"的任务之一吧。

　　先打住了，以后再结合教学实际，看能不能总结一下作文教学中如何引导学生作文"真情实感"的指导策略吧。

---

① 叶圣陶. 叶圣陶语文教育论集：上［M］. 北京：教育科学出版社，1980：122.
② 叶圣陶. 怎样写作［M］. 北京：中华书局，2007：129.

集体接龙创作小说《渔湖花开》

2018年11月23日　星期五

上周，我先做了一个预告："同学们每人想好一个小说的题目，然后大家来投票决定，下周开始全班集体创作小说……"

我的意图是借助正在开展的课题研究进行实验，引导学生注意将身边的语文课程资源引入到课堂实践之中，让同学们就身边的事物、自己的生活来进行写作，以此作为衔接点，提高写作兴趣和水平。

我详细讲解了写作要求和细则，全班39位同学分成8个小组，每个小组5人，各自选出小组长执笔或轮流执笔均可，由各小组自定；决定出创作题目后，按座号顺序，第一小组写第一章，第二小组接着写，依此类推。同学们一听，热情高涨，全体积极"应战"，一副"磨刀霍霍"的样子。

本周一和周二的课，全都围绕这个话题进行。有的同学早就想好了题目。我按座号顺序提问，把每位同学报出的标题写在黑板上，然后由其说明题目构思理由和写作构想。每个题目我都结合学生的构想进行评点，也都一一说出假如由我来写，我会怎么写。

我还当场即兴把黑板上的39个题目串联起来，口头说成了一篇短小说，全班欢呼着鼓掌致意，还跟着我的节奏一起念……

课堂气氛特别热烈，掌声、欢笑声不时出现，学生体会到了一节不同寻常的写作课，师生共同体验到了语文的乐趣。这个时候，没有一个学生觉得写作是困难和不开心的事……

39位同学提出的39个题目是：①满江红，②画尸人，③朝花惜时，④疯人院，⑤一天一天，⑥校园那些事，⑦我还没想好，⑧如果时光不说话，⑨湮灭，⑩小树上摇曳的铃铛，⑪地球大起义，⑫小丑寻宝记，⑬窗外有双眼，⑭画壁，⑮半夜别回头，⑯初中，⑰彼岸花城，⑱面具下的孤独狼，⑲稻花香，⑳寻环记，㉑陨落，㉒阴阳师，㉓时光沙漏，㉔时间笔记，

㉕同桌的九尾，㉖风筝的线，㉗小镇故事，㉘少年逐梦，㉙我的母亲，㉚"笼子"外的世界，㉛冬至之雪，㉜初中的旋律，㉝解忧花店，㉞下一个地方叫初中，㉟西行记，㊱校园九九八十一难，㊲童年，㊳神秘的小屋，㊴宇宙深处。

不知怎的，很多学生都想写科幻小说，这是不是与他们喜欢异想天开的年龄特点有关呢？学生只说要写成科幻小说比较好玩。可是这跟我的课题实验就难以沾上边了。我只好"勉为其难"，给予适当的引导。最终，引出了《渔湖花开》这个题目，让学生从本周开始，进行接龙创作小说。

期待渔湖花开灿烂！

后来，同学们纷纷就本次活动写了感想。

附：

一堂别开生面的写作课

黄艺涵

最近，我们班的语文老师给我们上了一堂别开生面的写作课。

在此之前，老师就告诉我们："你们每人想一个标题，下个星期一的时候，我会把这39个题目写在黑板上，然后由大家来投票，选出最合大家心意的那个，我们就用票数最多的题目来接龙写小说……"

写小说？班里顿时炸开了锅，同学们七嘴八舌地议论着。"安静、安静！那就这么决定了，你们每人回家想一个题目，好吗？""好！"同学们高兴而又异口同声地回答。

很显然，这项挑战给同学们带来了兴致，激起了大家的热情。一下课，大家伙就三三两两聚在一起，热火朝天地讨论着……

在大家的殷切期盼中，写作课终于来了。写作课上，同学们给出的题目五花八门：《满江红》《画尸人》《朝花惜时》《地球大起义》……有恐怖的、抒情的，也有励志的、科幻的……39个人，39个题目，密密麻麻地写满了黑板。而老师总能从每个题目中想出一个故事，教我们如何写好这个题目，也从侧面教了我们写作方法。他讲得非常生动有趣，使得我们整个课堂异常轻松。偶尔说的几句话戳中了我们的笑点，引得全班哄堂大笑。

最终，经过投票，我们选出了票数最高的三个题目：《窗外有双眼》《同桌的九尾》《校园九九八十一难》。老师觉得这三个题目都得稍微改一改。最后，在师生的共同讨论下，我们决定用《渔湖花开》这个题目来作为小说的标题，意为来自五湖四海的祖国的花朵们齐聚在渔湖小镇的故事。

好了，题目定好了，我们就要开始投身到写作的海洋了。写小说，这可是前所未有的挑战呢！

一节有趣的写作课

陈 珏

今天，老师给我们上了一节非常有趣的写作课。下面，就让我来讲给你听吧！

老师在这节课的前一天就给我们布置了一项作业：让我们每个人去想一个题目，然后今天全班39个人来投票，选择票数最高的题目作为我们写的小说的题目。

于是，39个题目便被老师写在黑板上，老师把一个个题目耐心地解析给我们听，教我们每一个题目应该怎么写，还教了一些写作方法给我们，我们全班都乐得哈哈大笑，听得津津有味，没有一个分神的。

等题目都讲完了，就开始投票了。很快，投票结果出来了，最高的是《窗外有双眼》，30票。随后，老师就把这个题目又详细地讲了一遍，帮我们理清写作思路，教我们怎样写得更好……最后，我们决定用《渔湖花开》这个题目来写作。

"铃铃铃……"下课铃响了，我们都依依不舍地叹了口气，我们都舍不得这节课结束。我们都希望老师能再讲一会儿，也希望以后能再多开展这类活动，多几节写作课。

就这样，我们在这个风和日丽的早上上完了这节有趣的写作课。放学后，我们的聊天话题还是没有离开这节作文课。

哈哈，这节课真是太有趣了！

一节难忘的作文课

王漫瑶

本周，语文老师给我们上了一次别开生面的作文课——让我们全班同学合作来写小说。目的是让我们提高写作能力，增进集体的合作以及学习他人的写作方法，这可让我们兴奋坏了！

首先，老师让我们每个人想一个小说的题目，然后全班进行投票，从这39个题目中选出票数最高的，作为这本小说的题目。

同学们想出来的题目什么都有：《画尸人》《地球大起义》《寻环记》《半夜别回头》《小镇故事》……光是这些题目就让我们拍手叫好。老师对这些题目逐个进行了分析，并站在他的角度，告诉我们他认为这些题目分别可以写什么内容。这也不得不使我们对老师的想象能力甘拜下风。老师在讲台上讲得神采飞扬，滔滔不绝，我们在下面则听得聚精会神，津津有味，教室里洋溢着快乐的气氛。

老师分析完了这39个题目后,就进入了最重要也是最激动人心的环节——投票。"支持1号的请举手!"教室里没有一个人举手,气氛不禁有点儿尴尬。老师见我们没人举手,便向我们说明了规则:"每个人可以进行多次投票,凡是你认为好的就可以投那个题目一票。"经过老师这番说明,我们这才恍然大悟,齐刷刷地举起了手。"支持2号的请举手……支持24号的请举手……"这一环节进行得很快,看来同学们都迫不及待地想知道投票的结果。

最后,投票的结果出来了,前三名是刘思涵同学的《窗外有双眼》、黄晓彬同学的《校园九九八十一难》、陈钟玮同学的《同桌的九尾》,分别获得了30票、29票以及27票,票数相差无几,竞争十分激烈。接着,老师再一次分析了这些题目:《窗外有双眼》这个题目同学们想写成灵异小说,但老师认为这种题材的小说不大适合我们青少年来写;《校园九九八十一难》则限制了篇章,由于时间的关系,老师认为写满八十一难有较大难度;《同桌的九尾》同学们也是要写成科幻小说,老师还建议改成《九尾同桌》比较好。这样的结果,使我们不得不改变原先"票数最高作为题目"的规则了。老师让我们一起讨论,看能不能从后两个题目中得到启发,重新讨论研究出一个新的题目来。

这下子可把我们难倒了,只有两个同学发言:黄家阳同学参照《校园九九八十一难》想出了《校园天宫录》;黄艺涵同学参照《同桌的九尾》想出了《校园——我和"九尾"同桌那些事》。但同学们都对这两个题目不大认可。这时,不知是谁小声提出了《校园花开》这个题目。老师觉得不错,在此基础上,老师提出了《渔湖花开》这个题目,意思是同学们都是正值花季的少年,而我们都来自渔湖这个地方,我们都是渔湖的花朵,正含苞待放,正灿烂盛开……可以由此展开,叙述发生在我们身边的事情。同学们都纷纷点头表示赞同,教室里响起了热烈的掌声。

就这样,我们七年(1)班集体创作小说的题目确定下来了,这次的写作课也到此结束了。可真是让人难忘啊!

接下来就请期待我们的作品吧!

让学生评改习作

2018 年 11 月 27 日　星期二

上周末布置了作文《一节_____的课》，因为上周专门就如何写作上了很多的课，所以想让学生一起写写真实的事，比较一下谁写得好，也顺便了解学生有没有得到什么启发或收获。

我让他们互相批改同桌的这篇作文，尝尝老师批改作文的滋味。学生们的兴致很高，互相挑刺，从错别字、标点符号、句子通顺与否、书写、思想内容等方面入手，批改得津津有味。都做了批注，写了批语，有的批语写得特别棒，俨然一个个小老师。

平时书写马虎的黄哲楠，把同桌同学胡树森的作文批改得"体无完肤"，把书写不端正、不规范的字一个个用红笔圈出来，在旁边写上"正"字。我仔细数了一下，全篇作文胡树森同学只写了 500 多字，竟然被同桌哲楠挑出了 45 个刺，好笑至极。殊不知哲楠自己的字比树森好不到哪里去，甚至比他还潦草。

发现别人的错误容易，检讨自己难啊！

这一次尝试让学生参与作文评改的活动，我有一点小感悟：

作文评改本身就是一种交流，是评改者与写作者之间、写作者与读者之间、读者与读者之间的交流。在教学中，作文评改方式比较关注教师的作用，注重对学生写作技能和技巧的指导，注重得失优劣的评价。而在当前核心素养引领下的作文教学中，作文评改不再是教师个人的活动，学生也需主动参与。学生参与作文评改，有助于调动其创作的主动性和积极性，激发学生自我完善和相互竞争的热情，实现"评改促写作"的最终目标。

当我把自评自改、互评互改作文的意义告诉学生，并且教会他们批改作文的一些方法后，学生的参与热情很高。然后我提出了本次批改作文的要求，第一次只要求学生就作文书写、错字、用词、病句、语言前后连贯等方面进行圈批，并勾画出好词佳句，在旁边写出点评，后面写出简单的评语。学生先自查，随后同桌交换作文互批互改。

这种自评互改作文方式，调动了学生自主学习的积极性，对写作能力、鉴赏能力的提高都有促进作用。但是教师不能甩手不管，而是要在批改作文前提出具体的要求，在批改中具体指导，批改之后再进行点评和总结。特别是学生互评互改后的作文，教师一定要收回来再次浏览，这次主要浏览学生圈批和点评的情况，对学生评改作文的情况进行再次评价。唯有如此，才能使学生一直保持着自评互评作文的积极性，学生的鉴赏评价能力也才能逐渐提高。

对学生互评作文的要求应先易后难，循序渐进，初始只要求学生就书写、字词、语句、语言连贯进行修改评价，接着再逐渐针对作文内容的某一方面进行查评，如选材是否恰当、条理是否清晰、中心是否突出、内容是否具体实在、有无真情实感、内容有无重点等。最后再考虑文章的写作技巧和布局谋篇。这样，学生才不会产生畏难情绪。

教师作文批改的目的就是让学生把文章写好，关注学生作文中的知识和技能问题。而适当让学生参与作文的评改，也可以让学生获得知识技能，扬长避短，还可以培养其对作文的情感态度，培养写作动力。

征 文 比 赛

2018年11月30日　星期五

本周，揭阳市空港经济区教育局发文《关于举办"贤德揭阳"主题征文大赛的通知》。

征文内容要求以"贤德揭阳"为主题，围绕爱国敬业、诚信友善、责任感恩、美德风尚、文明家风等内容，讲述个人或发生在身边遵守社会公德、职业道德、养成个人品德和家庭美德等先进事迹、感人故事，激励教育广大师生见贤思齐，推动形成尚贤崇德、向上向善的道德风尚。

学校为此做了发动，语文老师都做了布置。

很多语文老师为了让学生更好地写好征文，就多方查找资料，在网上竟然搜索到我之前发表在《揭阳日报》头版上的文章——《让"贤德揭阳"走进校园》，就跑来调侃我。更可笑的是，有几位语文老师告诉我，学生交上来的征文中，有的就是抄摘或引用我的文章的。我不禁想起以前在渔湖中学时，也有老师告诉我，说他们班有学生，作文全篇是抄我刚刚发表在报纸上的文章，让人哭笑不得。对此，当然"此风不可长"。

虽然写得不够好，但拿来充当"下水作文"，给学生做个示范，我想还是可以的。

附：

让"贤德揭阳"走进校园

"水上莲花"的揭阳，钟灵毓秀，散发着秦汉明月的风韵，历经唐宋风雨的洗礼。温润如玉的乡邦人文，给我们留下了无穷的宝贵财富。当前，我市提出弘扬新时代揭阳"走在前列"精神，激发全民内生动力，建设"贤德揭阳、文明揭阳"，这与弘扬社会主义核心价值观是一脉相承的。

窃以为，宣传、培育和践行"贤德揭阳"，要与贯彻落实习近平总书记关于弘扬传承传统文化的重要思想结合起来，要用社会主义核心价值观提升"贤文化"的时代内涵，让"贤德揭阳"的影响力、凝聚力、感召力充分地展示出来，使之成为实现"文明揭阳"的根本性力量。

中共中央、国务院《关于实施中华优秀传统文化传承发展工程的意见》中强调指出，要把优秀传统文化"贯穿国民教育始终"，"围绕立德树人根本任务，遵循学生认知规律和教育教学规律，按照一体化、分学段、有序推进的原则，把中华优秀传统文化全方位融入思想道德教育、文化知识教育、艺术体育教育、社会实践教育各环节，贯穿于启蒙教育、基础教育、职业教育、高等教育、继续教育各领域"。地方优秀文化是中华优秀传统文化的分支。新的课程改革特别强调，地方乡土文化是重要的课程资源。学校教育因其所处环境而具有浓重的地域性特点，地方乡土文化与学校的教育教学存在着千丝万缕的联系，甚至是根源性的血脉关系。在教材之外开发课程资源，地方乡土文化可以说是最亲近的母体。所以，我们完全有必要让"贤德揭阳"走进校园，以高度的政治敏锐性和强烈的事业责任感，广泛运用教书育人这个平台，合理利用揭阳的乡土历史文化，开发各种课程资源，发挥课堂教学的主阵地作用，向教师、学生、家长等群体开展深度阐释、解读揭阳的"贤"和"德"，用以引领社会思潮，凝聚社会共识，践行立德树人的根本任务。

纵观揭阳两千多年的悠久历史，富含寓意的名胜古迹、古朴醇美的民俗风情、声名显赫的古今名人、充满乡音乐韵的戏剧、源远流长的书画艺术等，无不闪耀着"贤德揭阳"的光华，无不蕴藏着丰富的课程资源。这些优秀的文化传统既是历史经验的沉积，又是新时代的序曲，岁月的流逝只会使其精华更加熠熠闪光。合理地挖掘和运用揭阳这些乡土历史文化资源，会给学生打开一扇了解乡土传统历史文化的窗口，引导学生踏进文化传统的门槛。与学生生活有密切联系的揭阳乡土"贤德"文化，学生会在心底信服，产生强烈的亲切感和认知感，将极大地弥补课内学习内容与生活联系不够密切的不足，让学生进一步认识揭阳本土文化乃至中国传统文化的丰厚博大，吸收民族文化智慧，促进学生人文素养的提高，从而激发学生爱乡爱国之情，增强弘扬乡土文化、建设家乡的责任感。

总之，让"贤德揭阳"走进校园，意义非同寻常，影响将十分深远。从家庭、社会到校园，我们每一个普通市民，完全可以也应该成为社会主义核心价值观和"贤德揭阳"的践行者和传播者，为"文明揭阳"尽一份责、出一份力。

(本文发表于《揭阳日报》2018年8月3日头版)

师生学写文言文

2019年1月3日 星期四

迄今为止，这学期已经学习了7篇文言文。在平时，大多数学生学习文言文都感到索然无味，而老师教起来也感到难度很大。

我问学生是否喜欢文言文，敢于表达意见的都摇头明确说不喜欢。这可不行，选入教材的文言文，都是中华传统文化的经典，只是因为年代的关系，读起来生涩难懂，所以喜欢的人不多。

我说，我们不单要读、要弄懂，汲取精华，我们还要会写。同学们一下子就嚷开了：不是吧，还要写？是的，还要写！我布置了作文：用文言文格式写一篇个人小自传，字数不限。

事后证明，在教学上，有时候即使是赶鸭子上架，但还是有收获的。这不，同学们交上来的作文，蛮不错的嘛。

个人小传
詹漫宜

吾乃中学生也，姓詹，名漫宜。年方十四，体轻身瘦。性活泼开朗，几分怕生，不善言谈。

吾就学于渔湖镇初级中学，初来此地，与四方学子，千里相聚。初中乃重要阶段，吾等需潜心苦学，为中考而备矣。

吾常恼于数学，复杂矣。

吾爱好甚广，琴棋书画皆爱，但懒惰，无一精通。虽尤喜乐，却不会吹拉弹唱。

吾才自不及李白杜甫，然吾有努力奋发之心。

吾感时如白驹过隙，应珍之也！

个人小传
孙 琪

小女不才，揭阳人士也。姓孙，名琪。吾乃家中长女，性活泼开朗，以诚待人。虽貌不及西施，才不如孔明，然好读国学也。

吾小嗜文，常挥笔泼墨，著文章以自娱。后因散懒，以致学识浅薄，泯然众人也，哀哉！

吾深知，既为祖国之花，需有番作为，遂好政事，务求会意，每至精彩之处，废寝忘食。虽无仲尼墨翟之贤，无管仲伯夷之能，无李白曹植之才，然吾有坚持之心，亦有敢创新之意识。

吾感天地之广大，岁月之蹉跎。人生之事变幻无穷，万事皆应顺自然之理，应天地之道，方可。

个人小传
袁 泓

小生姓袁名泓，乃渔湖福田人也。吾求学于渔湖初中，受荫于名师贤人。

吾性闲静而隐忧，亦柔亦弱，待人以随和；行事以斟酌，多彷徨少决断，重他人之见，轻己之主见，时误事也，岂不为过软？不斤于得失，不争于小屑；喜学乐习，常求玉典金经。

闲情寻学使人悠，怎为他见弃自由，轻行悦己心涅槃，逍遥游里自逍遥。

个人小传
黄家阳

吾名家阳，乃父母所取。年方十五，米七有余。

鄙人虽不才，但孝亲敬长，与兄弟相处甚好，乐于助人；活泼开朗，不慕虚荣，每日充实。

吾好读书，常求甚解，每有新知，便废寝忘食。吾也爱上网，常与友聊，唯不与生人谈话。吾好交友，学堂有好友十几，志趣相同。

吾普通，与他人无甚两样。

个人小传
陈思彤

吾乃初中生也，姓陈，名思彤。年方十四，正值豆蔻年华。

平日无独特之表现，虽为内向，但亦有活泼时。不爱与不熟者讲话，熟者另当别论。好歌舞，喜绘画，自娱自乐也。闲时喜好阅读书籍。亲故知吾好读书，常会赠吾书籍，吾亦因此书籍满屋。

时而追求时尚，却不以攀比为目的，只因习性如此。

才疏学浅，还望吾师见谅。

个人小传
王漫瑶

余乃七年级一班学子，女，姓王，名漫瑶，揭阳渔湖人士也，生于乙酉年，于世虚度十四春秋。性开朗，为人诚信、热情、不喜动，不善言谈，平家子也。

吾爱好甚多，却无一特长。琴棋书画，只略知其一。目前无大志，只望勿负望，生有小就，足矣。

吾之略介，望老师垂恩赐教。

同学们写得并不能算是很好，也有语言错误和用词不当的毛病，但对于刚刚走出小学校门不久的七年级学生来说，我觉得并不差。如果能够照此继续有针对性地进行学习和训练，相信学生是会逐渐提高对文言文的兴趣的，以后自当会感到古文并不枯燥，从而加深对中华优秀传统文化的理解、吸收和喜爱。

我跟学生说，我也学写过文言文。几年前村里新建小学和修建祠堂，嘱咐我写碑记。我推辞不过，不虑浅陋，学写起来。写后觉得"言之无文，行之不远"，还专门请教我的老师、揭阳市空港经济区教育局副局长林燕强帮忙，最终交了作业。

这两篇碑记，我觉得也是可以作为我在语文教学上的语文课程资源的。因为班里本身就有来自和我同村——渔湖江夏村的学生。其他同学也都来自于渔湖的各个社区、乡村，对于建学校和祠堂这些事物都是再熟悉不过的。所以，借助身边的现实课程资源来学习语文应该是有裨益的。

或许，有人会说，我这是在向学生"显摆"了。为什么不可以呢？我倒是觉得，我们做老师的，首先是要用人格魅力去影响学生；其次就是要用学识去折服学生。如果能让学生喜欢我、佩服我，进而尊重我，继而爱上我所教的这一科目，那何乐不为呢？

虽然我才德不足，但我努力而为之。

附：

渔江中心小学建校记

夫兴学育才，国之本也。崇文重教，礼之基也。江夏是乡，源远流长，文脉绵延，谨庠序之教，申孝悌之义[1]，英贤辈出，斯民贵德尚礼，化育之功隆矣。

渔江学校，壬戌（1922年）肇建，时名江夏高等小学，为渔湖第一完小，其办学历经沧桑，校址也几度迁易。己巳（1989年）冬，海内外贤达及乡亲，共襄义举，筹资六十余万元于进贤门大道西侧建成九年一贯制学校，乃更名渔江初级中学。丁亥（2007年）桂月[2]，因调整学校布局，学校遂改制为完全小学，原址办学迄今廿有三年矣，其间虽屡经葺治[3]，奈风雨侵凌，堂黉庑舍[4]，日见圮坏[5]。辛卯（2011年）是岁，市政进贤门大道拓宽，征其近半。鉴于此，村党政谋建百世之功，毅然倡建新黉宇，又蒙各界诸公赞襄[6]，遂成其议，乃举乡贤成立建校领导小组，董理其事。卜吉斯址，占地二十八亩，总体筹划，分期建设，遂鸠工庀材[7]，顺天时而兴版筑[8]。首期涓吉[9]于壬辰（2012年）暑月[10]动工，壬辰腊月十六日蒇事[11]，历时半载，期间诸君夙夜在公[12]，殚精竭虑[13]，戮力同心，共襄善举。是役也，计资千余万元，建五层教学楼一幢，面积三千三百五十五平方米。并新辟运动场，辅以塑胶环形跑道，环以围墙，配套其他设施。于是堂构聿新[14]，巍兮峨兮，仓哉奂哉，局整景幽，规度[15]恢宏，前所未有，渔江中心小学校名亦于兹底定焉。

学校坐北朝南，巽面桑浦，乾倚岐山，邻接大道，远眺涵元，榕水襟带。斯地钟灵毓秀[16]，滋兰树蕙[17]，擢秀扬芳当其宜也。祈望诸学子，奋发向学，争自琢磨，砥德砺行[18]，他日成怀瑾握瑜[19]之俊彦，雕龙绣虎[20]之英才，处为闾里之仪型[21]，出作国家之桢干[22]，当不负乡亲厚望也。

今鸿基初成，后来者当奋力再毕其功。夫勒石[23]以志营造之艰辛，亦彰干群奠百年大计之馨德，嘉贤达兴文重教之懿行[24]。

岁次壬辰腊月十六日吉立
公元2013年1月27日

注释：

[1] 谨庠序之教，申孝悌之义：恭恭敬敬地办好学校和教育。教育子弟孝敬父母、尊重师长、爱国爱民、兄对弟友爱、弟对兄恭敬。庠序，古代乡学的名称。

[2] 桂月：八月。

[3] 葺治：整治，修建。

[4] 堂黉庑舍：黉，古代称学校。庑舍，泛指房屋。

[5] 圮坏：毁坏，废弛，坍塌。《魏书·礼志三》："于此之日，而不遂哀慕之心，使情礼俱损，丧纪圮坏者，深可痛恨。"宋·曾巩《瀛洲兴造记》："其馀，凡圮坏之屋，

莫不缮理，复其故常。"《明史·循吏传·王源》："城东有广济桥，岁久半圮坏，源敛民万金重筑之。"清·钮琇《觚剩续编·赵公裕后》："武清县学宫圮坏，公捐二百金首倡修整。"

　　[6] 赞襄：辅助，协助。

　　[7] 鸠工庀材：鸠，聚集；庀，准备。招聚工匠，准备材料。形容建筑工程的准备。语出唐·李方郁《修中岳庙记》："岂可不成耶？遂鸠工庀材，四旬而就。"

　　[8] 版筑：筑土墙用的夹板和杵（筑土墙时，夹板中填入泥土，用杵夯实）。泛指土木营造的事情。也作板筑。

　　[9] 涓吉：选择吉祥的日子。语出晋左思《魏都赋》："量寸旬，涓吉日，陟中坛，即帝位。"

　　[10] 暑月：夏月，六月。约相当于农历六月前后小暑、大暑之时。

　　[11] 蒇事：谓事情办理完成。

　　[12] 夙夜在公：从早到晚，勤于公务。

　　[13] 殚精竭虑：殚，竭尽；虑，思虑。形容耗尽精力，费尽心思。

　　[14] 堂构聿新：聿是语气组词，无意义。聿新就是崭新的样子。堂构聿新形容建筑崭新的样子。也可作"栋宇聿新"，可作对联的横楣。

　　[15] 规度：规模，气度。

　　[16] 钟灵毓秀：钟，凝聚，集中；毓，产生，孕育。凝聚了天地间的灵气，孕育着优秀的人物。

　　[17] 滋兰树蕙：指培养有美好品质的人才。多用来形容学校或老师育人的高尚行为。

　　[18] 砥德砺行：磨炼品德行为。形容对自己要求严格，奋发向上。

　　[19] 怀瑾握瑜：比喻人具有纯洁优美的品德。

　　[20] 雕龙绣虎：比喻写作豪放雄健。

　　[21] 处为闾里之仪型：留下、作为的善行、美德在乡里民间流传。仪型，做楷模，做典范。闾里，即乡里。古代二十五家为一闾。

　　[22] 桢干：（1）筑墙时所用的木柱，竖在两端的叫桢，竖在两旁障土的叫干。（2）指重要的起决定作用的人或事物。

　　[23] 勒石：刻字于石。亦指立碑。

　　[24] 懿行：即善行。

林氏家庙重修碑记

　　吾乡江夏，始祖西川公肇创于明宣德三年戊申（公元1428年）。恩公欧贞元卜吉"四水汇一龙"之宝地，斯地钟灵毓秀[1]，腾蛟起凤[2]。自兹[3]也，先祖燕翼贻谋[4]，义方是训[5]，秋霜春露[6]，遂使吾族瓜瓞绵延[7]，兰桂腾芳[8]，衣冠共盛[9]，日益昌炽[10]。

106

《礼》云："君子将营宫室，宗庙为先。"族聚则庙立，明天启元年辛酉（公元1621年），春泽公追远报本[11]，择地立祠，岁时祭祀，以彰祖德。天启壬戌（公元1622年）孟夏告竣。祖祠坐北朝南，三厅二天井，飞檐斗拱[12]，规模宏敞[13]。

世易时移[14]，祖祠迭经沧桑，日见圮坏[15]。吾辈忝列[16]子孙，愧疚有加。有鉴于此，年初族耆[17]倡议修葺[18]，集宗彦[19]酌议[20]，得族亲景从[21]，萃族人之力，使祖祠重光，以缅怀祖德，敦亲睦族，策励后昆[22]。

遂爰立"祖祠重修理事会"，玉成是事。乃鸠工庀材[23]，沿其旧制[24]。涓吉[25]于乙未（公元2015年）桃月[26]十五日动工，乙未辜月[27]初十蒇事[28]。是役也，历时九月有余，诸君夙夜在公[29]，殚精竭虑[30]，共襄善举。众族亲同心同德，慷慨解囊，共圆祈愿。

方今祠宇维新，堂构增华，俨雅[31]恢宏。祠前一鉴清塘，数行花树，远眺涵元，近抱[32]榕水，祥光灵显。

由是乎，肯堂肯构[33]，厪水源木本之思[34]；美奂美轮[35]，辑松茂竹苞之庆[36]。岁时荐享[37]，昭穆之次序厘然[38]；俎豆[39]不废，祖考之懿德长芳[40]。观乎穆穆清庙[41]，无不叹曰：云山苍苍，榕水泱泱，先祖之风，山高水长[42]。

凡捐资者，勒石流芳，德昭后人。

岁次乙未辜月初十吉立
公元2015年12月20日

注释：

[1] 钟灵毓秀：钟，凝聚，集中；毓，产生，孕育。凝聚了天地间的灵气，孕育着优秀的人物。

[2] 腾蛟起凤：蛟，蛟龙；凤，凤凰。宛如蛟龙腾跃、凤凰起舞，形容人才众多，各显其能。语出唐·王勃《滕王阁序》："腾蛟起凤，孟学士之词宗。"

[3] 自兹：就是"从此"的意思。

[4] 燕翼贻谋：燕，安；翼，敬；贻，遗留。原指周武王谋及其孙而安抚其子。后泛指为后嗣做好打算。语出《诗经·大雅·文王有声》："武王岂不仕，诒厥孙谋，以燕翼子。"《宋史·乐志九》："权舆光大，燕翼贻谋。"

[5] 义方是训：义方，为人遵守的道理。教人以为人之道的训言。语出《左传·隐公三年》："臣闻爱子，教之以义方，弗纳于邪，骄奢淫佚，所自邪也。"汉·蔡邕《司徒袁公夫人马氏碑》："义方之训，如川之流。"

[6] 秋霜春露：成语，比喻恩泽与威严。也用在怀念先人。语出《文心雕龙·诏

策》:"眚灾肆赦,则文有春露之滋;明罚敕法,则辞有秋霜之烈。"

[7] 瓜瓞绵延:瓞,小瓜;绵延,延续不断。如同连绵不断的藤上结了许多大大小小的瓜一样。引用为祝颂子孙昌盛。语出《诗经·大雅·绵》:"绵绵瓜瓞,民之初生,自土沮漆。"

[8] 兰桂腾芳:兰桂,芝兰和丹桂,儿孙的美称;芳,比喻美名。比喻子孙显贵发达。语出《幼学琼林》第二卷:"父母俱存,谓之椿萱并茂;子孙发达,谓之兰桂腾芳。"

[9] 衣冠共盛:衣冠,衣服和礼帽。指世族礼教昌盛。(1)指古代士以上戴冠,亦指士以上的服装,《史记·管晏列传》:"晏子惧然摄衣冠谢。"(2)指世族,士绅。《后汉书·羊陟传》:"家世衣冠族。"也借指文明礼教。

[10] 日益昌炽:越来越兴旺,昌盛。语出《诗·鲁颂·閟宫》:"俾尔昌而炽,俾尔寿而富。"清蔡元放《东周列国志》第七十五回:"此剑所在之国,其国祚必绵远昌炽。"

[11] 追远报本:追思遥远的过去,记住祖先不忘本,饮水思源。追远:(1)祭祀尽虔诚,以追念先人。《论语·学而》:"慎终追远。"(2)追念前贤。汉班昭《东征赋》:"入匡郭而追远兮,念夫子之厄勤。"《宋书·王僧达传》:"生平素念,愿闲衡庐,先朝追远之恩,早见荣齿。"报本,报,报答;本,根源;《礼记·郊特牲》:"唯社丘乘粢盛,所以报本反始也。"

[12] 飞檐斗拱:飞檐,我国传统建筑檐部形式之一,屋檐上翘,若飞举之势。常用于亭、台、楼、阁、庙宇、宫殿等建筑上。斗拱,在立柱和横梁交接处,从柱顶上加的一层层探出成弓形的承重结构叫拱,拱与拱之间垫的方形木块叫斗,合称斗拱。

[13] 宏敞:高大宽敞。《旧五代史·晋书·张筠传》:"及罢归之后,第宅宏敞,花竹深邃,声乐饮膳,恣其所欲。"

[14] 世易时移:易,变。时光推移,世事随之改变。语出《梁书·侯景传》:"假使日往月来,时移世易,门无强荫,家有幼孤,犹加璧不遗,分宅相济,无忘先德,以恤后人。"

[15] 圮坏:毁坏,废弛,坍塌。《魏书·礼志三》:"于此之日,而不遂哀慕之心,使情礼俱损,丧纪圮坏者,深可痛恨。"宋·曾巩《瀛洲兴造记》:"其馀,凡圮坏之屋,莫不缮理,复其故常。"《明史·循吏传·王源》:"城东有广济桥,岁久半圮坏,源敛民万金重筑之。"清·钮琇《觚剩续编·赵公裕后》:"武清县学宫圮坏,公捐二百金首倡修整。"

[16] 忝列:谦辞,有愧于排列在其中。

[17] 族耆:族中长者,有德之人。

[18] 修葺:指修理建筑物。语出《南史·梁吴平侯景传》:"修葺城垒,申警边备,理辞讼,劝农桑。"

[19] 宗彦:宗族中有才学、德行的人。

[20] 酌议:斟酌商议。《明熹宗实录》:"天启二年九月(二十九日)壬戌,登莱巡

抚袁可立陈海上情实三事：一言管大藩兵已去而逃，一言汪崇孝兵未去而噪，一言王一宁兵愿去而忽生异说。乞下部酌议，以计万全。"

[21] 景从：如影随形，响应迅速。语出贾谊《过秦论》："天下云集响应，赢粮而景从。"

[22] 后昆：亦作"后绳"，后嗣，子孙。《书·仲虺之诰》："垂裕后昆。"

[23] 鸠工庀材：鸠，聚集；庀，准备。招聚工匠，准备材料。形容建筑工程的准备。语出唐·李方郁《修中岳庙记》："岂可不成耶？遂鸠工庀材，四旬而就。"

[24] 沿其旧制：沿袭延续原来的规模。

[25] 涓吉：选择吉祥的日子。语出晋·左思《魏都赋》："量寸旬，涓吉日，陟中坛，即帝位。"

[26] 桃月：三月。

[27] 辜月：十一月。

[28] 蒇事：谓事情办理完成。前蜀杜光庭《王宗玠宅弘农郡夫人降圣日修大醮词》："沥丹欵以腾词，拂碧坛而蒇事。"《宋史·乐志九》："新庙肃肃，蒇事以时。"清·魏源《再上陆制府论下河水利书》："加以木桩灰浆工费不赀，断非汛前所能蒇事。"

[29] 夙夜在公：从早到晚，勤于公务。语出《诗经·召南·采蘩》："被之僮僮，夙夜在公。"

[30] 殚精竭虑：殚，竭尽；虑，思虑。形容耗尽精力，费尽心思。语出唐白居易《策林一·策头》："殚思极虑，以尽微臣献言之道乎！"

[31] 俨雅：恭敬庄重。《沁园春·双庙》宋文天祥词："古庙幽沉，遗容俨雅，枯木寒鸦几夕阳。"

[32] 挹：引。

[33] 肯堂肯构：堂，立堂基；构，盖屋。语出《尚书·大诰》："若考作室，既底法，厥子乃弗肯堂，矧肯构？"孔传："以作室喻政治也，父已致法，子乃不肯为堂基，况肯构立屋乎？"后因以"肯堂肯构"或"肯构肯堂"比喻子能继承父业。

[34] 廑水源木本之思：廑，通"勤"。多挂念水木的源头，意谓多怀念祖先。

[35] 美奂美轮：典出自《礼记·檀弓下》，原本多形容建筑物雄伟壮观、富丽堂皇。现在也用来形容雕刻或建筑艺术的精美效果。

[36] 辑松茂竹苞之庆：辑，聚集。松茂竹苞，比喻兴盛繁荣。语出《诗·小雅·斯干》："秩秩斯干，幽幽南山。如竹苞矣，如松茂矣。"后遂以"松茂竹苞"比喻兴盛繁荣。

[37] 荐享：祭献，祭祀。《汉书·戾太子刘据传》："悼园宜称尊号曰皇考，立庙，因园为寝，以时荐享焉。"

[38] 昭穆之次序厘然：按照长幼、上下等次序左右排列清楚。昭穆：（1）古代宗法制度，宗庙或宗庙中神主的排列次序，始祖居中，以下父子（祖、父）递为昭穆，左为昭，右为穆。《周礼·春官·小宗伯》："辨庙祧之昭穆。"郑玄注："父曰昭，子曰穆。"（2）古代祭祀时，子孙按宗法制度的规定排列行礼。《礼记·祭统》："夫祭有昭

穆,昭穆者,所以别父子、远近、长幼、亲疏之序而无乱也。"清·昭梿《啸亭杂录·国初尚右》:"祭神仪神位,东向者为尊,其余昭穆分列,至今犹沿其制。"厘然,有条理,清楚。

[39] 俎豆:典出《论语·卫灵公》和《史记》卷四十七《孔子世家》。俎和豆,古代祭祀、宴飨时盛食物用的两种礼器,亦泛指各种礼器。后引申为祭祀和崇奉之意。

[40] 祖考之懿德长芳:祖考,祖先,泛指父祖之辈;懿德,美德。

[41] 穆穆清庙:穆穆,宁静、庄严、肖然。

[42] 云山苍苍,榕水泱泱,先祖之风,山高水长:青山挺拔,江水浩荡,形容祖先祖德,像山一样高大挺拔,像水一样源远流长,流芳百世。本句化自范仲淹《严先生祠堂记》,原文为:"云山苍苍,江水泱泱,先生之风,山高水长。"这是赞美严子陵的,白云中的山巍峨苍茫,江水又深又广,严光先生的高风亮节,像山一样高,水一样长!

主动为《渔湖花开》设计封面

2019年2月21日 星期四

刚下课，陈钟玮同学就跑过来，手里拿着一个U盘对我说："老师，我设计了一个《渔湖花开》的封面，你看一下。"我一阵惊喜，我可没布置这样的作业哦！

钟玮迫不及待地打开讲台上的电脑。映入我眼帘的是一个以渔湖地图为设计背景的封面，上下有盛开的花儿。他说还准备在封面上加一句作品里面的话。我跟他提了些意见：比如地图上的文字标注可以省略去掉，特别是中间的"空港花海"字眼，我戏称说我们犯不着为别人做广告；比如是不是可以考虑加入渔湖的某个历史性标志建筑，以素描的方式；比如加入涵元塔或者揭阳市文化广场等。我特别强调只是建议，鼓励他的主观能动性。一会之间，我们身边就围满了同学，大家七嘴八舌、兴致勃勃地讨论着……

学生能够有兴趣、积极主动地接触课外资源，这是最使我高兴的事儿，也说明我的课题实验收到了一点点的效果。我打心底里高兴！

离开教室后，我在想：如果到时候把学生们接龙创作的小说《渔湖花开》编辑成册，甚至出版成书，那干脆就采用学生自行设计的封面，岂不很好吗？

从钟玮的身上，我看到了一个心中上进的火种，我必须设法去点燃它。可以感受到，钟玮对他们第一次写的小说是充满感情的，他的主动让我感动。作为老师，我们是不是也应尽力站在学生的立场，用"学生的大脑"去思考，用"学生的眼光"去观察，用"学生的情感"去体验，用"学生的兴趣"去爱好，融入学生中间去，记下他们的生活，在教育他们的同时，看到希望和收获，适时点燃孩子们心中的火花呢？

写出人物的精神

2019 年 3 月 1 日　星期五

统编新教材七年级下册第一单元的写作主题是"写出人物的精神"。

课本上对于如何写出人物的精神，列举了三方面要注意的内容：首先，可以抓住典型细节来表现人物的精神风貌。其次，可以借助一些写作手法来加以突出、强调。如对比、衬托、正面描写与侧面描写相结合等，都可以起到揭示和凸显人物精神的作用。最后，可以借助一些抒情、议论的句子对人物的精神品质进行点睛式的概括。

在写作实践上，课本安排了一个写作题目：生活中我们会遇到各种各样的人，有的让你尊敬，有的让你佩服，有的让你感动，有的让你叹息……以《这样的人让我____》为题，写一篇作文。不少于 500 字。

我对学生做了如下写作指导：

一、先审好题

（1）补写题目。要以"我"的感受来刻画人物。指导学生揣摩题目，唤醒学生的生活、情感储备：《这样的人让我_____》中"这样的人"是哪个人或者哪些人？他或者他们触发了"我"怎样的情绪？把最能触发自己某种情绪的某一个人或者某一类人确定为自己的写作对象。如"这样的人"如果充满正能量，可以补题为"感动""赞美""难以忘怀"等；如"这样的人"是具有恶习的人，可补题为"警醒""厌恶""心生距离"等。一般来说，写具有正能量的人物比较好。

（2）要选择典型事例和独特角度来表现人物的精神风貌。这个角度，可以是人物的口头禅、特征性的动作，抑或某个绰号、某种情境等。还要用典型细节对人物进行恰如其分的描写，就是对人物的外貌、动作语言或心理做具体描写，以突出人物性格，表现文章的主旨。还要特别重视细节的分量，抓住人物所处的具体环境或事件中具有代表性、概括性，能反映人物性格或精神的典型细节来刻画。

二、立意正确

（1）思想健康，力避禁区。文章一定要有一个明确的思想，能体现正确的价值取向。

（2）要把握住文章立意的高度和新意，一定要写对自己具有积极意义的，不可随便选取一些意义不大，或大而空的主题。

三、选定素材

"我"要写的原因："我"为什么锁定这个（些）人？"我"认为这个（些）人的主要性格或气质是什么？他（们）的哪些外在表现触发了"我"对其性格气质的某种感受？

（1）选取典型事件刻画人物，表现人物的个性特征。一个人的内在品质和精神追求往往通过他所做的事情得以彰显。

（2）借助合理的写作手法突出人物的性格品质。在塑造人物的过程中，我们可以选择运用合理的写法，以达到突出人物的效果。侧面描写、对比、衬托等写作手法也都可以运用。

（3）写出新意，力避陈腐。写作时要站在时代的高度来选材，要求新奇、典型。或挖掘历史素材的时代内涵，或抒写时代青年的风采，或展望美好未来前景等。

（4）贴近生活，避生就熟。从自己熟悉的生活出发，写自己耳闻目睹、亲身经历或自己熟悉的人和事。这样文章才能体现出真善美，才有个性。

四、开列提纲

简单地列出写作提纲，不必太细，主要列出要写的事情或段落大意即可。

五、下笔成文

（1）开头（列举三种写法）。
①用比喻的修辞和抒情的方式开头，点明主题，引出下文。
②开门见山地点明人物的品质，引出下文。
③开门见山，抓住人物特征性的外貌描写，引出下文写作对象。

（2）主体：写出具体的事例，可以分成3~4个自然段来写。我们要努力选取最能够体现人物特征的点来写，或者以形传神，或者以声传神，或者动作描摹。抓住人物的特征描摹人物，体现人物的思想品格，可通过对人物的肖像、语言、动作、神态、心理等方面的描写，表现人物的性格、品行和技能。

（3）结尾：抒写感受激发读者的情感共鸣（如采用抒情、议论、反问句式等），深化主题，照应开头。即要在文章的结尾，把对"这样的人"的感受（赞美、鞭挞）以抒情、议论的方式用点睛之笔表达出来。

总之，我们写记叙文应注重塑造人物形象，彰显人物特征，让人物性格活起来。因此，除了刻画人物的外在特点标识出他与众不同之处外，还应深入人物内心，写出他的个性与精神品质，这样笔下的人物才能更丰富、更立体，给人的印象也更深刻。

把家乡文化入文

2019 年 3 月 26 日　星期二

一

　　为了检验课题成果，激发学生热爱家乡、建设家乡的美好情感，展示家乡风貌，弘扬家乡文化，传递家乡精神。今天，由学校教导处牵头，语文课题组负责，向全校发出了开展征文活动的倡议。本次活动，既是对课题开展情况的一次检验，也是弘扬家乡文化的一次很好的语文教学活动。

二

　　唐代贤相魏征在《谏太宗十思疏》中说："求木之长者，必固其根本；欲流之远者，必浚其泉源。"乡村中蕴藏着一个民族的丰厚历史文化积淀，问题是我们作为语文老师，应该如何利用这一资源来建构自己的教学世界。每个人对乡村世界都有着自己的体验和思考，我们应该怎么样去引导学生呢？

　　叶圣陶先生说："生活充实，才会表白出、发抒出真实的深厚的情思来。"①"要使生活向着求充实的路，有两个致力的目标，就是训练思想与培养情感。"②"作文这件事离不开生活，生活充实到什么程度，才会做成什么文字。"③写作应以生活为本源，而生活离不开与学生具有"一衣带水"关系的文化环境，学生应在文化生活中去体验和感受。

　　我一直认为，教学一定要立足于本地的实际，在本地的文化视野下进行。教育教学过程的重心是让学生学好文化，帮助学生获得文化知识、文化信息和文化感受。而这些，并不是单单靠教师对课本知识的传授和教育理念的灌输就能实现的。因此，我们的教学导向应该从文化生活中来，到文化生

---

①②③　叶圣陶．怎样写作［M］．北京：中华书局，2007：8-12．

活中去，把学生培养成具有文化视角的人，从而成为能顺应社会文化生活要求、能充分发挥作用的人。语文"新课标"也清楚地阐释了写作的本源问题："教师应鼓励学生积极地参与生活，体验人生"，"多角度地观察生活，发现生活的丰富多彩"。先有文化生活及体验，并引以为作文素材，然后才有文化思想和感悟。

传统的应试写作模式大多限制了写作个体心灵的自由活动。在教学特别是在作文教学中，如果我们能够引领学生结合身边的生活、家乡的文化积极思考、积极创作，就可以突破封闭和僵化，一切从实际出发，言而有物。首先，要鼓励思维内容上的创新。这需要教师自觉地培植学生独立的文化立场和文化人格体系，力克盲目从众；需要教师积极地发展学生独特的文化价值观和审美观，敢于打破封闭僵化的陈腐教条。如果没有这种对学生精神品格和文化心理的重构，作文的文化创新就失去了逻辑起点。其次，要鼓励思维形式上趋向发散。思维内容和思维形式是相辅相成的，倡导学生从不同角度、不同视点、不同层面去思考同一文化问题，将会使他们获得不同的文化感受和体验，即所谓"横看成岭侧成峰，远近高低各不同"。学生通过对文化的体验、感受与认知，就可能释放其生命深处的创造性能量，发展创造性思维；才能站在文化的高点，形成由文化引领而成的思维观，进而让作文的立意显现出文化的特质。

潮汕文化是拥有大量的作文教学的基本支撑点的，可从以下几方面来看。

1. 以潮汕文化独特的精神内核作为立意的角度

我们身在其中的潮汕文化，其精神内核是最能代表本区域民众的共性的，也是最能感染读者、形成共鸣的。将写作立意的角度定位在潮汕文化独特的精神内核上，可以充分调动我们的生活体验与感知，凭借耳熟能详、耳闻目染的鲜活体验与感悟，深入细致地去解读、剖析文化背后站立着的精神和灵魂，完全可以填补作文"言而无物"的窘态。

2. 以潮汕文化多样的表现形式作为选择的素材

我们身在其中的潮汕文化，其多样的表现形式，完全可以作为学生作文最鲜活的素材来源。无论是古老的建筑、独特的物产、美丽的传说，还是衣食住行、待人接物，这些耳熟能详的文化现象，学生都直接间接地体验经历过；有些文化民俗、文化掌故、文化品牌、文化节日、文化经典、文化建筑、文化景观等，学生可能直接参与、认知、感受过。实际上，这些都可以作为作文素材写进我们的作文，因为有自己的感受与认知的素材最容易写得深入。

3. 以潮汕方言的语言精华作为生动的实录

我们身在其中的潮汕文化，经过时间淘洗而存留下来的语言精华，完全可以作为学生作文的语言生动的实录。比如广泛流传于潮汕地区的歇后语、俗语、格言、童谣、口头禅、潮剧经典台词等，都可以从文化的角度去援引、去生发、去彰显。因为这些语言为人们口口相传，雅俗共赏，如若把这些带有文化因子、文化细胞的语言带进我们的作文，则可增强文章的趣味性、生动性，也会产生应有的感染力。

我乐意追寻着乡土历史文化的视野、意趣、情调，践行工具性和人文性的统一，和学生一起获得文化的熏陶和启迪，进而领略中华优秀传统文化的境界与精神。

这个时候，我是愉悦的。

附：王漫瑶同学写了《红桃粿里的乡情》，读起来特别亲切，文中"我也常常蹲在旁边，双手托住脸望着奶奶一连串娴熟的动作，见证这美味的诞生——"这样的经历，儿时的我也有过，我特别将此文作为范文在课堂上进行讲解。

红桃粿里的乡情
王漫瑶

我的家乡是渔湖，在这片充满独特潮汕文化和风俗的"鱼米之乡"上，"粿"可谓家喻户晓。你知道"粿"是什么吗？

在潮汕，用米粉、面粉、薯粉等加工制成的食品大多称为"粿"，潮汕人的祖先从古中原南迁到这里，北方祭祖的习俗是用面食当供品，但南方不盛产麦子，只能用大米来做，这大概就是"粿"的来历吧。

红桃粿，又称红曲桃，在我们家乡是非常受欢迎的一种小吃。家乡人认为：桃粿象征长寿，红色寓意吉祥、如意，所以凡时年八节，人们便制作红桃粿以祈求福寿平安。

记得小时候，我最爱吃奶奶做的红桃粿。逢年过节，奶奶总会不辞辛劳地做上好些个红桃粿，祭拜祖先神灵。那时，奶奶总是搬来一张小板凳，坐在门前制作这我最爱的潮汕美味。我也常常蹲在旁边，双手托住脸望着奶奶一连串娴熟的动作，见证这美味的诞生——

单单粿皮的制作，就费了奶奶好大功夫：只见奶奶端来一个大木盆，倒入粘米粉再加上其三分之一的生粉，然后加入少许红曲粉（我们常叫做"红樱米")上色,奶奶用她那双枯瘦的大手,使劲地揉、翻。不一会儿,一大团粉红色的面团便乖乖地躺在了木盆里。红桃粿的内馅十分丰富,可荤可素,可甜可咸,但奶奶最拿手也是我最爱吃的还是咸味的糯米馅。奶奶一般在做粿前会先把馅料做好——把香菇、猪肉、虾米、花生仁、葱花等全部切碎后,与煮熟的糯米饭一同入锅翻炒。再撒上胡椒粉、鱼露等调味品,香喷喷的糯米馅便做好了。揉好的面团柔软且富有弹性,透着粉红色,很是喜气。奶奶捏下一小块面团。在手心里搓圆再压扁,捏紧面团的边缘,灵活地转动双手,像变魔术似的,饱满的面团便变成薄薄的一片了。奶奶把面皮摊在手心,包进馅料,捏紧,放进桃形模具里压实,再轻轻一磕,一个精致的红桃粿就落在奶奶的手心里了。而在一旁的我,总会偷偷吃上几口做好的糯米饭,用面团捏只小鸡、小鸭什么的,脸上、手上都沾满了红扑扑的面粉,玩得不亦乐乎。奶奶也不恼,只是一脸慈爱地看着我胡闹。

每次做完红桃粿,我最喜欢帮忙把它们一个个地放入大大的"竹湖"(用竹子做成的皿具)中,并一遍又一遍地数起来。

红桃粿有两种吃法,一是上蒸笼蒸上20分钟左右,然后把锅盖一掀,热腾腾的水蒸气夹着红桃粿特有的香味就扑面而来。蒸熟后的红桃粿颜色更是鲜亮无比,"秀色可餐"。二是吃前用油煎。我特别喜欢吃油煎的红桃粿,油煎后的红桃粿外脆内软,十分诱人。

还记得很多时候吃红桃粿,我常常顾不上烫,张嘴就是一口——"好烫啊!""慢点吃,小心烫!"奶奶笑着提醒我。这香脆的粿皮,包裹着喷香的饭馅,香菇的嫩滑、猪肉的咸香、花生的爽脆……让我总是一连吃下两三个红桃粿,才意犹未尽地抹了抹嘴……

这小小的红桃粿,凝聚着奶奶对我的宠爱,承载着我儿时欢乐的回忆,更蕴含着浓浓的潮汕乡土风情……

参考文献:

胡兴桥. 地域文化与中学语文教学 [M]. 北京:语文出版社,2015.

学生想把家乡文化入文

2019 年 4 月 1 日　星期一

　　上周星期五，来自京冈村的孙炯博同学跟我说，本周轮到他们小组续写《渔湖花开》，他想融入他们村的内容，问我能不能帮忙找些资料？对于学生的这种学习主动性，我有什么理由去拒绝呢？我当然是乐意为他们"效劳"了。所以，今天下午，我把搜集到的《走进揭阳古村落——京冈》和《揭阳人文历史最悠久的古村，曾是揭阳县治的旧址》等资料送给了炯博，希望他和同学们能好好学习后加以应用。

　　我想，以后还有必要培养学生搜集学习资料的好习惯。

　　下午，我带了一本我当初高考后买的潮味小说《正是高三时》（作者许旭文，1994 年花城出版社出版），放在语文科代表黄艺涵同学那里，推介给同学们看看，希望同学们能够学习里面的东西，对于他们写作《渔湖花开》有所借鉴。

想把《渔湖花开》改名

2019 年 4 月 8 日　星期一

今天查阅学生上周的周记，看到了几位同学对《渔湖花开》的一些看法，觉得不无道理。

孙炯博：

"……昨天，为了完成我们组的小说接龙任务，我把作文簿什么的都带回家。一章章翻阅，再上网查些流行小说作对比。发现咱们的小说也很精彩，但总觉得差些什么。"

"今天早上，我想明白了。小说最大的缺点就是人物性格不一致，如我们塑造的常子龙，严肃，偶尔搞笑；林佳鸿，不认真学习，搞笑。而别组在写常子龙时，搞笑，自恋（这应该是林佳鸿的性格才对）；林佳鸿写得搞笑，过于自信。"

"再者，我看的那些小说，大体就是类似于日记的故事，目的挺明确。我写了这么久，则有些懵了，我们究竟是写渔湖，还是校园生活？侧重哪点？个人认为，改叫《初中生活》更好些，也更容易写……"

陈珏：

老师，这个星期轮到我们写小说了。但是我对小说有几点意见。

一、人物太多了，还有几个人物很少出场，仿佛不是主角而是配角，而且有时候人物写得变了性格。

二、下文有时写得跟上文承接不上来。

三、写到我们渔湖的东西不多。

郑梓婷：

老师，这次我想通过周记来跟您聊聊关于写小说的事。

首先，在我们这个小组中一直就存在着分工不明确的问题。上一次是 39 号同学和我写的。36 号同学是修改和抄写，而其他两位同学基本没参与进来。上周是39号同学写的，而我是修改和抄写。我认为这样有点儿不公平，因为本来是集体合作，可是到头来却变成了我们这一两个人的事情了。

其次，这篇小说感觉写着写着有点离题了。小说题目是《渔湖花开》，可是他们之前居然写什么"网络事件"，里面居然还提到爱情。我个人认为这在我们这个年龄段非常不合适。并且里面提到渔湖的东西也很少，您可是一直提倡要结合实际，融入我们家乡渔湖的特色的，不要写什么科幻的。所以我希望接下来，同学们要尽力把小说的内容写好。

最后，我也希望老师能在课堂上多讲一些关于渔湖的历史掌故等，毕竟到了我们这代人，真的是对自己的家乡了解得太少了。

我在周记上都给同学们做了留言。

看到这些思考，我是挺高兴的。

第一，这反映了学生能认真地对待《渔湖花开》接龙创作，接龙至今已有一个多学期了，学生的兴致丝毫不减。

第二，学生能有自己独立的思考和见地，并且敢于质疑。

第三，从学生的反思可看出，在创作的过程中，他们不知不觉地进步了：懂得对作品进行比较，对小说人物因为不同创作小组写作过程中出现的性格差异有异议；对于作品的侧重点、详略与否也开始有所考虑了；对作品的主题、内容等方面的把握随着创作的不断推进而有了更加深入的体会。

第四，在集体创作过程中，大多数同学都热情高涨地参与，但也出现了个别学生消极应对的现象，集体精神有待提高。

有成绩，也有问题。而这些，不正是我让他们接龙创作的目的吗？不管他们写得怎么样，我都要一一点赞！

去年的这个时候，他们还是"很会套路"的小学生。如今，他们的个子长高了，作文也逐渐地有话可说了。对于他们的成长，作为老师，我感到由衷的高兴。

把小小说融入中学作文教学之我见

2019 年寒假

《全日制义务教育语文课程标准（2011 年版）》指出："写作能力是语文素养的综合体现。写作教学应贴近学生实际，让学生易于动笔、乐于表达，应引导学生关注现实，热爱生活，积极向上，表达真情实感。"教学中，写作教学应着重培养学生的观察能力、想象能力和表达能力，重视发展学生的思维能力，发展创造性思维。鼓励学生自由地表达、有个性地表达、有创意地表达，尽可能减少对写作的畏难情绪，为学生提供广阔的写作空间。

近年来，随着素质教育的逐步深入和课改的推进，学生的综合能力不断提高，在中学生中出现了用小小说的笔法来书写作文的现象，甚至成了中学生考试作文和应征作文的取胜之道。历年来的高考和中考的阅读理解文段，甚至作文材料，都不缺小小说的存在。而考生的很多高分作文，也不乏小小说的架构。这何尝不是"小小说"反映"大主题"的最好体现呢？笔者认为，把小小说融入中学作文教学中，能进一步丰富基础教育，激发学生的写作兴趣，锻炼和提高学生的写作能力，陶冶学生的写作情操。下面，本人结合平时的教学实践，谈谈自己的体会。

一、小小说的特点

小小说，又称为微型小说，一般在千字左右。其主要特点是篇幅短小、情节简单、人物集中、语言精练、立意深远、新奇巧妙。在选材上，往往截取生活的一个片段，一个镜头，一幅剪影；在布局上，则不必求全，力求单纯；在表现手法上，大都用白描手法，寥寥几笔，就使人物活起来。

二、把小小说融入中学作文教学的作用

（一）激发学生的阅读兴趣和写作欲望

现行的中学语文教科书采用的古今小说为数不少，教育部统编新教材九年级的上册、下册就专门安排了两个小说单元。其中九年级上册第四单元的"综合性学习·走进小说天地"还要求学生"寻找你周围生活中的小说素材，进行虚构、演绎，编一个故事，或试着写一篇小小说"。所以，在教学中，指导学生欣赏与创作小小说对于语文教学是大有裨益的。阿·托尔斯泰说："小小说是训练作家最好的学校"。中学生的学习任务繁重，又受客观条件所限，阅读范围较窄，大多数不热衷于写作。我在作文教学中引入了小小说这种文学体裁，通过课堂讲析、课余印发资料的方式，让学生从接受到认识，从认识到自主阅读，从阅读到尝试写作，实际效果明显。小小说以其奇特的立意、曲折的情节和出人意料的结尾赢得了喜欢新奇的中学生的兴趣。我们知道，写作实践的主体是写作者自己，教师的指导归根结底只是为写作者创设优良的写作环境，并有效地促使他们在这一环境中主动地进行写作实践。兴趣是人们对某种事物或活动产生追求的催化剂和推动器。学生对小小说有了兴趣，教师再适当以多种方式鼓励，他们便有了创作的欲望。那么，对写作文自然也就有了动力。这样，既提升了学生的阅读量，也激发了学生的写作兴趣；既开发了语文资源，也增强了学生的大语文观念，使他们认识到语文的广博性。

（二）拓宽学生的视野，丰富学生的写作资源

生活是一切艺术创造的源泉。中学生知识局限，生活圈子狭窄，写起作文来经常言之无物，不会使用素材，拘泥于圈圈套套；说假话大话、空套口号、内容千篇一律的现象屡见不鲜。把小小说引入中学作文教学中，适当地运用小小说的创作笔法，大胆、合理想象，加工修饰，突破以往真人真事的限定，将大大地拓宽写作视野，丰富写作资源，同时也会使学生或多或少消除对文学殿堂的遥不可及的神秘感，促使他们亲近文学，喜爱文学，引领他们开启文学的大门，迈出从简单作文到积极创作的最可喜的第一步。

（三）启发学生从多角度构思，从个性转向创新

近几年，很多作文命题都是话题作文。而话题作文一个突出的特点就是自主立意，因而构思是否新颖，也就成了决定学生的作文能否获得高分的一个关键。

我用小小说这种体裁对学生进行构思训练，也就是提倡创新写作教学，努力把写作文的主动权还给学生。每个人以及他的经历和感受都是独特的、有个性的、有价值的，让学生通过创作小小说把生活给予他们的喜、怒、哀、乐真实地表现出来，把他们聆听自然、体察人情冷暖、洞悉世间万象，看到、听到、感触到、欣赏到、体验到的丰富而美好的情怀表达出来，这也才是作文写作的本来目的，这样的作文才是个性的、具有创新精神的。

（四）为学生提供多种可取的写作技巧

优秀的作品，离不开精妙的写作技巧，这是因为写作技巧是作家（作者）驾驭文学语言，运用多种艺术表现手法及表达方式、修辞手段等来构思文学作品、塑造文学形象时所表现出的熟练的而又独具特色的艺术才能。有人把小小说的技巧概括为："选题沙里淘金；立意一叶知秋；结构巧夺天工；情节出奇制胜；人物画龙点睛；语言惜墨如金。"在作文实践中，我引导学生分析小小说的写作技巧，理解艺术手法在写作中所起的作用，并指导学生在实际中恰当地运用这些艺术手法。翻阅近年的高考优秀作文，小小说式的作文占了相当大的比例，这类不但数量多，而且质量高，有的甚至还获得了满分。高考作文的成功例子，证明了借鉴小小说的创作技巧进行作文训练，是可以提高学生的写作水平和作文应试能力的。

三、应该注意的几个问题

（一）不必对学生要求太高

我们不能按文学创作的所谓最高标准来要求学生，不要硬性要求学生写出典型环境中的典型人物。学生初学类似小小说的文学作品的写作，根本不可能一下笔就是小说家的模样。中学写作教育不是培养小说家和诗人，我们的写作是让学生掌握最起码的写作知识和方法，懂得对文学作品进行正确的鉴赏和顺利完成规定的教学任务。

（二）不能直接移植文艺创作理论

我们在作文教学中引入小小说创作，不能用相关的文学理论代替文学写作，否则会使学生的写作能力得不到真正的培育和发展，作文教学本身也就肯定缺乏可操作性。

（三）要正确处理语文基础与自由表达的关系

传统作文教学通过命题作文让学生按照教师的思路去追求语言的严谨性和条理性，其结果是学生毫无兴趣地去写内容空洞、没有个性的千篇一律的文章。引入小小说教学提倡自由表达，提倡想象作文，提倡表达个人独特感受，注重培养学生作文的兴趣、自信心和创新能力。但是我们追求的学生自由表达绝不是一种放任的行为，它必须是在教师的引导下，有明确目标的有效教学行为。有了写作的兴趣和动机，并不一定能写好文章，还需要两个重要条件，即搜集写作内容的能力和串联写作内容的能力，也就是说要让学生掌握感受和思考的基本功。在小小说教学实践中，我们要正确处理写作教学中语文基础与自由表达的关系，扎扎实实练好写作基本功。

（四）要重视鉴赏与创作相结合

所谓"鉴赏与创作相结合"，其实也就是"读"与"写"互相迁移、同步发展。在完成各自相对独立的教学任务的同时，通过"鉴赏"来促进"创作"，通过"创作"反过来促进"鉴赏"。读写结合是语文教学的一个原则和方法。鉴赏和创作相结合应该是首先让学生进入真正的阅读世界。教师带领一群思维活跃而且拥有话语自由的学生在极具语言价值、审美价值、思维价值等美好因素的文本中畅游。师生之间、师生与文本之间都能平等、自由地对话，由此点燃学生思想的火花和实现情感的激荡。事实上，有效地阅读和鉴赏小小说，无论是对学生的阅读理解能力还是写作能力的提升都大有裨益。学会鉴赏，然后创作，两者紧密结合，从而达到提升学生作文能力的目的。

当然，并不是所有的作文题目都能用小小说的创作方式来表达。教学中一定要结合实际情况，绝不能生搬硬套，否则也就偏离了教学的意义。但他山之石，可以攻玉。总之，把小小说融入中学作文教学中，既是利用课外学习资源，让学生直接接触语文材料的一种方式，又能开发学生的创造性思维，提高学生的文学鉴赏和写作能力，进而提高学生的语文综合素养。

农村课程资源在作文教学中的运用[①]

长期以来,农村学生的写作能力不容乐观,作文教学一直是农村语文教学中的薄弱环节。由于农村学生大多未能大量阅读课外书,知识面窄,生活枯燥,积累不足,缺乏必要的写作素材,导致作文能力差,写作时无话可写或有话表达不出来。因而作文内容陈旧,假话、套话屡见不鲜,作文中错字连篇、词不达意、语句不通顺现象普遍存在。实际上,在农村,尤其是处于新型城镇化进程中转型的农村,是有非常丰富的作文资源和自由的写作空间的,但由于缺乏教师的引导,学生对这些资源往往忽略了。

实践证明,作文教学中对本地课程资源进行整合,把农村传统文化资源转化为学生的写作动力和写作源泉,强化作文的文化意蕴,有助于学生把书本知识同实际生活联系起来,最大限度地拓展写作的宽度,使写作教学生活化、多元化,增强学生的家国情怀和文化自信。本文结合教学实践,就农村课程资源在作文教学中的运用谈一些体会。

一、在作文教学中增强农村课程资源整合意识

作文教学关键是贴近学生生活,这是作文的"根"。作文是学生自己生活实践的真实记录,是对生活的感受和表达。生活中的朵朵浪花,通过作文能展示它精彩的瞬间。生活化的文字,在品味中会得到升华。我们完全有必要把学生的目光引向自然生活、学校生活、家庭生活、社会生活,让学生真正感受到生活处处有作文,在体验生活的过程中,让每一个学生有所思、所感、所悟,自然产生表达的愿望。能把自己眼中看到的、耳朵听到的、心里想到的,都能用手中的笔书写出来,真正让我们的写作教学充满生活的气

---

① 本文发表于国家级刊物《语文世界(教师之窗)》2019年第5期。

息,并由此启发学生汲取优秀传统文化的价值观和精神营养,因势利导地将它与现代社会生活的变化结合起来,引导学生进一步思索人生可能面对的各种复杂境遇,以便让他们懂得如何去看待理想与现实之间的矛盾,把握坚持与变通的关系。

地方优秀传统文化是中华优秀传统文化的分支之一。《全日制义务教育语文课程标准(2011年版)》指出:"各地都蕴藏着多种语文课程资源。学校要有强烈的资源意识,认真分析本地和本校的特点,充分利用已有的资源,积极开发潜在的资源。"在新型城镇化进程中,社区的建设变化很大,日新月异。对处在转变之中的广大农村教学而言,到处都蕴藏着丰富的乡土历史文化资源。我校所在地为揭阳市空港经济区渔湖镇,像三面环江、农田果园、奇花异草的自然环境;像"鱼米之乡"式、"柑橘之乡"、"潮汕小食"式的经济资源;像端午节赛龙舟的传统节庆;七夕出花园的民俗风情;像养鹅放鸭、割草喂猪的农趣等;都是很多农村学生童年生活的一部分,是和课程标准契合度最好的资源,是生成作文的最优质的资源。所以,作为语文教师,应该增强农村语文课程资源的整合意识,注重引导学生好好珍惜身边这些实实在在的写作资源,让地方文化资源与作文教学得以融合,徜徉在中华民族优秀文化的家园。

二、探求农村课程资源与作文教学的衔接点

虽然农村语文课程资源无处不在,学生的学习也绝不仅限于书本和课堂,但是我们也不能喧宾夺主,舍本逐末,让地方乡土历史文化取代学校课程。因此,就要有一个系统、科学的规划,要有的放矢,懂得如何整合和发展农村语文课程资源,努力探求与作文教学的衔接点。

1. 建立农村课程资源作文素材库

我们身处其中的农村乡土历史文化,其多样的表现形式,完全可成为中学生作文最鲜活的素材来源。无论是衣食住行,还是待人接物,这些耳熟能详的文化现象,学生都直接或间接地体验经历过。诸如家乡在新型城镇化进程中的变化、小桥流水、农务农活农趣等;或者"云盖中秋月,雨淋元宵灯""初三涝,十八水"等农谚;广东省(渔湖阳美、京冈、西寨)古村落、渔湖京冈隐相堂等人文景观;渔湖民间家庭分家、建房进宅、渔湖京冈清明不祭祖等民间风俗文化;香蕉、柑橘等地方特产、中共揭阳县委第一次党代会旧址春泽公祠等市级文物保护单位以及名胜古迹、地方方言、乡土历史文化名人、戏剧艺术等都可纳入乡土作文素材库中。这些事物或情形学生可能曾直接参与、认知、感受过,都可以作为作文素材,并写进作文中。因为有自

己的感受与认知，这样的素材也最容易写得深入，能够发挥其应有的热量。

对于丰富的农村语文课程资源素材，我们要分门别类地整合，把相同或相近主题的素材归类并编排好目录。形式可以是摘抄、剪报、日记等文字载体，也可以是图片、音像软件和网络资源等。

2. 让农村课程资源与作文教学同步衔接

在积累了一定的农村乡土历史文化资源后，我们要充分考虑作文教学中题材、内容、指导的需要，把农村语文课程资源和作文教学同步衔接，更好地为学生提供鲜活的素材、体验的历程和人文的熏陶。从香蕉、柑橘园和稻田，可以链接体验类习作，写拔草施肥、护苗的劳动场面；从渔湖各村落的"九曲十八湾"可以链接自然类习作，描绘家乡的农居秀水；探寻千年化龙桥，参观渔湖的广东省古村落，便可以描写乡史、乡貌述说乡情；每逢传统节日，渔湖的大多数村落都有请戏（潮剧、木偶戏）庆贺，可以整理潮汕民间文化，介绍民情风俗；从"鱼米之乡"的水稻、甘薯、香蕉、柑橘、渔业，可以介绍家乡的物产，从地方特色的经济，撰写地方特色经济的有关小论文；等等。

农村语文课程资源的整合和发展要兼顾到作文的特质，充分考虑到写作的需要。也就是说，农村语文课程资源的选择要有作文的基因，并不断地充实、更新与发展写作内容和要素。

三、开展综合性活动，注重农村课程资源在作文教学中的运用

《全日制义务教育语文课程标准（2011年版）》明确指出："语文是最重要的交际工具，是人类文化的重要组成部分，工具性和人文性的统一是语文课程的基本特点。"而且强调在语文教学过程中，要让学生"认识中华文化的丰厚博大，吸收民族文化智慧"。在此背景的要求下，作文教学要以人为本，创新作文教学模式，深入挖掘优秀地方传统文化，引领学生走出校园，观察生活，体验生活，以生活为源泉，感受五彩缤纷的现实社会，努力构建自由写作的空间，塑造学生的人文精神，增强学生的民族情感。

1. 注重实践，采撷写作资源

写作教学必须与社会生活相沟通，必须加强语文的实践训练。我校的校情也决定了我们的作文教学更要与社会生活相沟通，加强语文实践活动。我校所在的渔湖镇，历史上就是有名的"鱼米之乡"，人文蔚茂，历史文化底蕴深厚，文物古迹和城市新景观众多，古有"浮水葫芦""葫芦宝地"之美誉。新型城镇化的推进、外来人口的增多、城市文化与农村文化的交集等，

让学校迎来了新的局面。所以，在写作教学中，我总是引导学生结合农村地区实际，挖掘并整合农村各地得天独厚、富有特色的写作资源，努力探索农村语文教学资源整合发展的路子。为了能让学生有意识地考虑写作的目的和对象，最大限度地展现自己的才华，拓宽文化视野，我做了有益的尝试：把全班分成8个小组进行集体创作小说接龙活动，每周由一个小组写一章，要求结合身边的乡土历史文化来进行创作。我让班里的每一位同学都提出一个命题，最后全班表决确定了一个题目——《渔湖花开》。同学们都兴致高涨，热情地投入到接龙创作之中。一个学年下来，就洋洋洒洒创作了近10万字的作品。我把这些成果集结刊印成册，每一位同学在期末都得到了这一份珍贵的礼物。同学们在充分地感受到乡土历史文化深厚底蕴的同时，既锻炼了文笔，提高了写作能力，又感受了集体创作的温情，收获了硕果。教师教育教学的目的也达到了。

作文源于社会生活，社会生活离不开自己的家乡，因为家乡处处充满了儿时的记忆，留下了儿时天真的足迹。我们爱家乡，但"爱"它的什么呢？例如感受四季的轮换，可以增添我们的浓浓爱意。我在不同季节向学生提出的写作要求是：实地观景，触景生情，结合家乡丰富的物产、悠久的历史、美丽的传说等，用自己喜欢的形式汇报自己的成果。学生的成果丰硕，写出的优秀作品有如《新城如此多娇》《水畔新城，我的家》《诱人的菜花香》《眺望涵元塔》《"故"乡·"新"城》等，家乡的一草一木、一景一物都成为了学生笔下亮丽的作文素材。由此可见，当我们把身边的农村课程资源引入到作文中，就可以充分调动学生的生活体验与感知，凭借耳熟能详、耳闻目染的鲜活体验与感悟，深入细致地去解读、剖析地方传统文化所蕴含的精神和灵魂，并从"假大空"之类的作文中突围。

当作文回到真正的生活本源里，就拥有了鲜活的生命之水。学生也因身处现实的情境中，在自然、浓烈的情绪中有个性、有创意地表达、创造，写作就不再是一件困难的事情。

2. 深入探究，整合写作资源

为开阔学生视野，增长见识，我经常组织学生走进社区，深入了解本地的风土人情，关注现实生活中的凡人小事，采用各种途径收集生活素材，探究整合，激发学生的写作动机。渔湖地处榕江平原，历史悠久，先民多以礼义传家，民风民俗醇美绵延，寻找和探究这些民间风俗文化可作为作文教学和语文口语交际的一大素材。因此，我经常利用语文研究性学习或综合性学习的形式，以某个传统节日为主题开展实践写作活动。比如清明节，渔湖民俗有"清明食叶"之谚，要用朴子树叶和米粉，渗水加糖，发酵蒸熟而成"朴子果"；七夕节，渔湖习俗是凡出嫁且产子女的女儿家，须"煮初七"，即于当日煮粉条、甜花生仁等,送至娘家孝敬父母;而年满十五虚岁的少男少女于七月初七之日谓"出花园",这是一个独具地方特色的习俗,是本地人的成人节,它的文化意义在于提醒青少年已经成年了,必须肩负起相应的责任;重阳节,渔湖旧俗多于是日杀狗,吃狗肉,甚至于登高赏菊食蟹,吟诗抒情等。每一个传统节日和每一种民俗风情,都有着特别的寓意,我引导学生把收集到的资料经过小组讨论整理后,再放到课堂探究讨论学习,并指导学生如何"去其糟粕,取其精华",形成写作资源。从搜集资料到实践体验,在实践中学会思考,在学习中有计划地去探究、去整合,并且运用到作文里面。这样的文化传承是意义深远的,学生的人文素养也得到了提高。

3. 加工提炼,发展写作资源

地方方言是地方文化最典型的体现,闪烁着祖国悠久而优秀的传统文化光华。经过时间淘洗而存留下来的地方方言语言精华,无疑可以作为我们作文的生动语言的实录。渔湖地属古潮州之疆域,居民皆操潮汕方言。潮语的渊源为中原汉语,是当代汉语言中最古老的一脉。时至今日潮汕话里还保留了不少我国中古代时期的中原古音、古字和古词汇。因此,在写作教学中可以适当发挥方言的优势。比如广泛流传于本地的歇后语、俗语、格言、潮汕童谣、潮语口头禅、潮剧经典台词等,都可以从文化的角度去援引、去应用。因为这些语言为人们口口相传,雅俗共赏,如若把这些带有文化因子、文化细胞的语言带进作文,加工提炼,整合发展,则可增强文章的趣味性、生动性,也会产生应有的感染力。

在新型城镇化进程中,注重农村课程资源在作文教学中的运用,使写作教学贴近学生生活,回归社会生活,促进了学校教师与学生的发展。学生在写作的过程中,作为一种活生生的力量,自我思考,自我解读,带着个人感受和独特见解,把感受身边新型城镇化建设所带来的兴致、灵感、思考、困惑等融入作文里。作文教学也就在这一过程中追寻着乡土历史文化的视野、意趣、情调,践行工具性和人文性的统一,从而使学生获得文化的熏陶和启迪,进而领略中华优秀传统文化的境界与精神。

参考文献:
    [1] 陈弘平. 广东省揭阳县渔湖镇志 [M]. 揭阳:渔湖镇地方志编纂办公室.
    [2] 何莲. 寻根 [M]. 北京:中国戏剧出版社,2011.
    [3] 胡兴桥. 地域文化与中学语文教学 [M]. 北京:语文出版社,2015.
    [4] 王嵩涛. 中华优秀传统文化与现代语文课堂教学实践研究 [M]. 北京:首都师范大学出版社,2017.

情感教育辑录

希望不会错

2018 年 9 月 12 日　星期三

今天赶着把第一周的周记批阅完，明天可以分发下去，让学生续写。

个别同学的周记内容写得很少，并且书写较差。我希望他们能慢慢把字练好，把文写好。有一位同学的写作本是用两本旧的簿装订的。我想我有必要去了解一下这个勤俭的小伙子。

没想到才上几天课，就有很多同学都在周记里提到他们的语文老师，就摘抄几位同学的周记，权当鼓励一下自己吧。

詹漫宜： 语文老师很幽默，上课生动有趣，深受同学们的喜爱。语文老师跟我们说了好多有哲理的话，其中一句是："做人，做好人；读书，读好书。"这句话使我受益匪浅。

黄家阳： 语文老师让我们要静就静得下来，动也动得起来；不能只会读书，也要会玩耍。语文老师的课幽默风趣，他总是让我们开怀大笑，并在大笑中明白问题。

李思彤： 语文老师那幽默风趣的性格加上生动地讲解课文，让我渐渐喜欢上语文。非常期待以后的语文课！

陈博锐： 给我印象最深的是语文老师，因为我本来是不喜欢语文的。但是自从上了他的课后，我就喜欢上语文课了。他是一个非常幽默而且很有责任感的人，我很喜欢他。

黄晓彬： 语文老师在我们遇到不理解的句子或词语时，便会给我们举一些有趣且易懂的例子。

孙可曼： 在这一周，给我印象最深的就是语文课了。语文老师给了我们人生的启迪，还有一些学习方法，使我们深受鼓舞。

孙立： 我们的班主任是教我们英语的陈老师，还有英俊的数学老师彬老师，以及幽默的语文老师峰老师……语文老师给我留下了很好的印象，又大又好看的黑色行书,可不是一般人能写成的,老师应该是一个书法迷。(字确实写得好,值得鼓励)同时,老师强调要劳逸结合,既要学习,也要放松心情。

看来这学期的开端还算不错的。我一直以为,学生只要能喜欢某一科的老师,这一科就不至于学得太差。

希望这不会错。

致力激发学生的情感

2018 年 9 月 20 日　星期四

史铁生《秋天的怀念》，让人潸然泪下。

但我发现，全班朗读时，竟然有不少学生边读边笑！我受不了：这是怎样的一种情态啊？为什么会这样？不可否认，他们涉世未深，人世沧桑未曾体验，可是毕竟也已接受了多年的校园教育啊。每天，我们都在说"爱的教育"，效果却没有我们想象的好。前一周还教他们应该如何有感情地朗读课文，转眼间不少人就忘了，真是气煞我也。

由此可见，加强情感教育，大有必要。

关注学生的情感活动和生命体验，关注学生的精神培育和人格养成，是新课程改革的目标指向，也是语文的核心素养要求。

"语文学习的能力，更多的是一种言语应用与实践的能力，只有在过程中才能形成和提高；语文学习的方法，只有在情境性的活动中才能领悟和掌握；语文学习的情感态度和价值观，无一不是体现在言语实践与教学过程之中。"① 这就要求教师在言语实践和教学过程中充分挖掘教材中的情感因素，整合发展课程资源，通过营造某种心理氛围和情感场景，使师生之间、师生与文本之间实行情感互动。

我抛开教案，临阵变招。

首先，还是从朗读入手。

我让学生跟着我一句一句地读，一定要让他们学会对一篇文章整体的、基本的感情色彩和声音语调，也即感情基调有所领悟。我努力地读出"符合

---

① 曹明海，陈秀春. 语文新课程的文化建构观 [J]. 中学语文教与学（初中读本）2005（6）：38.

作者平静内敛的叙述风格，努力用丰富细腻的语言读出深沉炽热的感情"[1]，学生跟着缓缓地投入到文本中。

　　文学是语言的艺术，文本中的审美对象通过语言这一载体作用于人的感官，引发人的联想和想象，内化为自身的审美体验并获得再创造。语文教材的课文都是通过精心挑选的文本，都具有极大的教育意义，这就要求教学语言也同样要具有审美性、艺术性和感染力。因此，声情并茂地朗读更容易使学生进入审美状态，获得审美享受，丰富精神世界。一般来说，教师本人教学感情充沛，是比较容易让学生接受的，不是说要把语文课上成表演课，但艺术化的教学内容有利于养成学生的情绪感受形式、情感评价倾向，有利于激发他们的情感智慧；要让课堂具有强烈的感染力，缺少不了饱含情感的讲课语言，这样的语言氛围不仅能很好地让学生准确把握、感悟课文的旨意，引起共鸣，而且能够有效地培养他们的审美能力、情感态度和价值观。

　　其次，我让学生"由己及人"。童心荡漾的学生要真正去理解作者深沉的感情，确实有点勉为其难。由是，我问学生："你们都感冒过吧，大家回忆一下感冒生病时你的感受。"他们即刻说开了，有的说想吃的东西吃不了，有的说不能上学，只能待在家里躺在床上，有的说要打针吃药……总之，都能从回忆感冒中感受到"痛苦"。紧跟着，我让学生想象作者"双腿瘫痪"后的情景。学生沉默了。他们从"感冒的痛苦"转到了另一种"苦痛"的思索中。我鼓励他们大胆说出想象中的"痛苦"，课堂陷入了接近让人窒息的沉闷里。

　　我不忍心复述学生想象出来的情景。但从课堂的生成效应看，学生的这些感受比教参提供的对课文中两次出现的"好好儿活"这个关键语句的"参考答案"要丰富得多。学生从自己的小病理解体会了主人公命运遭受重创后的绝望，到最后充分感受到母亲对儿子期望的理解。

　　如何让学生的心灵能动地介入作品，投入到人物的命运遭遇和情感世界之中，是需要我们教师做很多工作的，有时候"临场发挥"很重要。对于审美文体的教学来说，教师不仅要充分挖掘教材中的情感因素，而且要创设与教材内容相关的情境，引导学生自然地进入作品情境，与作品中的人物"融为一体"，从而把人物或作者的情感内化为自己的情感，获得以情优教的效果。而不仅仅是就文论文，满足于公布既定答案和统一认识，否则再优秀的文学作品也只能给学生留下一些抽象的概念和单一的结论而已。

　　再次，我让学生从课文中母亲对儿子"好好儿活"的期望，进一步思

---

[1] 教师教学用书．语文：七年级上册［M］．北京：人民教育出版社，2017：64．

索：身体健康的我们，又该怎样"好好儿活"？

　　学生的回答丰富多彩，生灵活现，几乎都能明确珍惜生命、珍惜当下的道理，委实难能可贵。

　　不是吗？教育教学活动就应该成为师生一起进行生命体验、共同获得生命成长的过程。这就要求教师适时适地对学生进行引导教育，让他们明白生命的可贵，激发其主体意识，尊重其独特体验，让学生努力保持并发展自我的良好秉性，充分发挥自己的潜能，从而在求知的过程中拥有自信，获得自尊，更加睿智和坚强，而不是让学习和生活的压力消磨掉他们的人生信念和勇气。

　　全班再读《秋天的怀念》，学生们不再轻松，有的同学眼眶都红了……

区　别

2018 年 9 月 26 日　星期三

下课后，一位学生跑过来："老师，你的手机借给我打给妈妈。"他打电话时，我特意走开几步，不想听到别人的隐私。他打完电话后，走过来，直接把手机递还我，掉头，转身，毫不犹豫地走开，留下个青春的背影给我。我愕然，心里默默念着："就这样？一声谢谢都没有！"

不禁浮现另一个镜头：开学第一天，我上完课后到教室旁边的教师办公室坐坐。一位学生双手拿着我的保温瓶走进来："老师，你的保温瓶放在讲台上，忘拿了。"我连声说谢谢，感觉暖暖的。

这两位学生表现出来的教养和礼仪，区别很大。

从日本人重视《论语》说开去

2018年10月17日　星期三

凤凰卫视驻日本记者李淼在2018年9月2日的微博上发布说:"女儿开学,上的第一节'道德'课,教材第一页即《论语》,'过而不改,是谓过矣';《大学》,'日日新,又日新';《后汉书》,'有志者,事竟成'。竟有这么多中国古典。翻了一下,'道德'课没有大道理,讲了四个内容:凝视自我;待人;爱惜生命;共生。"

李淼记者没有说明她女儿是读哪个学段的,但至少我们知道《论语》及其他中国文化经典,在日本受到何等重视。

宋人赵普有"半部《论语》治天下"之说。《论语》不仅影响了中国历史两千多年,而且在世界范围内都产生了重大的影响,被称为"东方的《圣经》"。

钱穆先生说,《论语》自西汉以来,为中国识字人一部人人必读书。

《论语》是我国古代文献中的一部巨著,是中华民族优秀的文化遗产,对我国几千年的政治、思想、文化产生了巨大影响。即使在今天,其精华部分对于中华民族弘扬爱国主义思想,建设社会主义精神文明仍有巨大的现实意义。其宝贵的精神财富,已成为世界文化宝藏的重要部分,不仅是中国的骄傲,也是全人类的骄傲。

党的十九大报告指出:"深入挖掘中华优秀传统文化蕴含的思想观念、人文精神、道德规范,结合时代要求继承创新,让中华文化展现出永久魅力和时代风采。"

2017年1月,中共中央办公厅、国务院办公厅印发了《关于实施中华优秀传统文化传承发展工程的意见》,第一次以中央文件形式专题阐述中华优秀传统文化传承发展工作。可以说,这是建设社会主义文化强国的重大战略任务,对于延续中华文脉、全面提升人民群众文化素养、维护国家文化安全、增强国家文化软实力、推进国家治理体系和治理能力现代化，具有重要意义。意见强调将优秀传统文化贯穿国民教育始终，滋养文艺创作，融入生产生活，并提出了一系列相关重点任务和措施，如构建中华文化课程和教材体系，加强国民礼仪教育，推进戏曲、书法、高雅艺术、传统体育等进校园。

  教育，承载着传承中华文明、复兴中华民族的重任。总结中华人民共和国成立以来语文教学的经验和教训，存在的主要问题就是太重视时文而忽视了文化传统。哪位大作家不是从古典文学中得到了充分的滋养？哪位大科学家不是优秀文化传统的继承者？每位学生从小就应该受到祖国优秀传统文化的熏陶，这不仅是语文教师而且是每个教育者都应该认识到的问题，即传统文化对一个人的成长所起到的不可替代的作用。

  在国家富强、民族振兴、人民幸福的"中国梦"指引下，作为教师，特别是作为一名处在新型城镇化建设大潮中的农村语文教师，该如何作为？作为学校教育，作为处于新型城镇化建设进程中的农村学校教育，该如何作为？也就是说，在当前国家大力倡导传承和弘扬中华优秀传统文化的大背景下，我们应该引领学生感受祖国发展的变化，在民族优秀传统文化中学习人文知识，营造语文课堂、学校良好的人文环境和人文氛围，努力促进学生人文素养的养成。

《〈论语〉十二章》教学反思点滴

2018 年 10 月 19 日　星期五

一

要教好《〈论语〉十二章》，不是很容易。当然，哪些方面必须在课堂上点拨，还是有个大概的：

（1）介绍孔子和《论语》，连带简单阐述儒家的思想及其在中国传统文化中的地位和影响。

（2）掌握一些重点词语和句式。

（3）结合对孔子生平与思想的介绍，正确理解《〈论语〉十二章》的内容，体会其中倡导的修身和为学之道。

（4）《论语》中有不少语句逐渐演变并固定成为成语、格言，积累并感受传统文化熏陶。

（5）深刻理解课文思想内容，对照反省自己。

检查了背诵、默写，考查重点词语的意思、句子的翻译等等，在理解课文的基础上，该来讨论一下了：

（1）你认为孔子所讲的内容中最打动你的是什么？为什么？

（2）结合自身，谈谈你对"学习之道"的理解。

《论语》言简意丰，诸家解说往往也有一定差异。新时代，如何正确理解认识《论语》的价值，引导学生克服畏难情绪，逐步喜爱经典，感受古代思想家和古代典籍的魅力，汲取其中有生命力的内容，以服务于现代社会，是摆在我们教育工作者面前的重要课题。

教学参考书对这方面有简单的指引。首先，《论语》中包含着许多超越特定时代的内容，例如课文所选的十二章，有的谈学习态度和学习方法，有的提出对个人修养的要求，在我们今天都是可以借鉴的，对我们的学习、成长有重要的意义。其次，《论语》在两千多年的中国历史上长期占据着重要的位置，是中国传统文化的核心典籍之一。阅读《论语》，有助于我们更好地理解自身的文化传统。教学中，不仅应当引导学生消除与经典的隔阂，吸取其中的文化营养，而且应该鼓励他们对经典产生兴趣，自主阅读。当然，也要注意，不能像封建时代那样，将《论语》当作圣人之言、绝对真理来信奉，要独立思考，用现代人的眼光来选择看待。

二

"学而时习之，不亦说乎""吾日三省吾身""温故而知新""学而不思则罔""三人行，必有我师焉"……选入教材的《〈论语〉十二章》，大家耳熟能详的大多是指导我们学习的方法、端正学习的态度，即如何修养身心。这很容易让我们想起儒家对君子的培养程式：格物致知、诚心正意、修身养性、齐家治国平天下。

著名学者于丹说："孔子告诉我们的，首先不是如何安天下，而是如何做最好的自己。"儒家认为"修身"是对家国、对社会负责任的第一前提。孔子和他的弟子力争做"最好的自己"，而目的是为了更好地履行对家国、对社会的责任。

难道不是吗？无论学习还是做人，都力争做"最好的、更好的自己"，才能有一种淡定的心态、积极的精神和宏阔的视野。就像孔子评价自己那样——"其为人也，发愤忘食，乐以忘忧，不知老之将至云尔"。这是孔子真实生命过程的写照，也是中国知识分子追求理想人格的写照。毕竟，课堂上的《〈论语〉十二章》相对二十篇、两万多字的《论语》全文不过是鸿爪雪泥。更活泼的人生经验、更睿智通达的人生絮语、更阔大高远的人生理想是需要我们通读全文才能领悟的。

《论语》终极传递的那种朴素的、温暖的生活态度；孔子那种最有行动能力、最有人格魅力的文化担当；怀着乐观积极的心态，让自己快乐的心去辐射他人、温暖他人，甚至从自己身上获得欣慰的生活实践；孔子及其弟子们的博识和洞见、良好的修为自然外现出的谦谦君子风范；无限宽广地拓展世界、无限深刻地去发现内心的引领；"己所不欲，勿施于人"的"忠恕"之道；用平和的心态来对待生活中的缺憾与苦难，像子夏开导同学司马牛"四海之内皆兄弟"那样的劝慰；以"仁者不忧，智者不惑，勇者不惧"化解生命中很多遗憾的内心强大；要想做一个别人愿意和你交流的人，先要有一个敞亮的心怀、"坦荡荡"的心境；"过犹不及"的处世之道，距离和独立对人格尊重的提醒；怎样做君子，如何交朋友，内心的定力与信念是否完满充盈，人生的轨迹和节点能否依次知言知礼知命……穿越了两千五百年的沧桑历史，并不是冷冰冰的圣人语录。这跳荡在纸页上的文字如阳春三月的雨滴，既滋润温暖了我们枯干疲惫的心灵，还抚慰了日常生活的烦恼，又奠基了莘莘少年的成长，真是开卷受益无穷。

易中天说："我是学文学出身的，我觉得面对历史，首先要去感受它的血肉和肌理，其次才谈得上研究。"如果教学相长也可以从这个角度理解的话，复活圣贤经典的温度，让它抚慰精神、熨帖人心，就足以传承五千年的灿烂文化，为复兴一个富强文明的泱泱中华出一份力。

三

1. 学而思

"工欲善其事，必先利其器；士欲宣其义，必先读其书。"我们在工作中只有通过不断的学习，才能提高自身能力和素质，学习首先要勤奋，其次要有科学的学习方法。有个著名的成功公式："勤奋努力＋正确方法＋讲究效率＝成功"，其中把勤奋看成是首要因素，说明要取得任何方面的成功，都必须具备勤奋精神。勤奋不仅是一种精神，更是一种方法，就是要勤学、勤记、勤思。子曰："学而不思则罔，思而不学则殆。"一个人要增长知识和才干，就必须认真读书和思考，两者不可废，要养成经常思考问题和总结知识的习惯，通过自身的知识储备，形成自己有理有据的判断，那就是要勤奋学习，勇于实践，善于总结，定期对自己所感所悟进行梳理和提炼，才能使自己不断温故，从而收获新知。能"悟"，才能有所提高，才能在自我成长的过程中事半功倍；得"悟"，就会豁然开朗，对新问题有新的办法。

2. 思而学

现代人一般都希望得到他人的关爱，得到他人的尊重，但自己付出了什么，却很少去思考。有的人唯我至上，目空一切，任何人都不放在眼里。有的人出口就是脏话、粗话，不管他人接受不接受。爱人者，人恒爱之，敬人者，人恒敬之。如果自己心中没有别人，就难得到别人的尊重，特别是生活中面临诸多不如意的人，忧患多于欢乐的人，更不容易做到自尊自爱，因此我们任何时候都要保持一颗真诚的心，真心赞扬他人，真心对待他人，真心接受他人的好意，要以德报怨、以直报怨。学习《论语》，就是要用论语精神来指导我们的行为。

3. 学而行

每个人一生中都难免有缺憾和不如意，也许我们无力改变这个事实，但我们可以改变我们看待这些事情的态度。《论语》教会我们的第一个态度，就是告诉我们，如何用平和的心态来对待生活中的缺憾和苦难，人首先要能够正确面对人生的遗憾。第二个态度是，承认现实的不足之处，并通过自己的努力去弥补这种不足，这就是《论语》告诉我们对待生活缺陷的态度。在处世之道中，孔子提倡"不在其位，不谋其政"，隐含着的意思就是"在其位要谋其政"。在我们工作中，每个人都有自己的岗位，做好本职工作是前提。社会是一所大的学校，要想在工作中有所作为，真正胜任本职工作，就要多听、多看、多思、谨言慎行，身体力行结合别人的经验才会使自己在工作中游刃有余。孔子所言的"修以安百姓"那样高尚的信仰情怀和坦荡，我们作为一个普通老百姓或许没有能力顾及，我们所要做的就是始于足下，做好自己的工作，如果每个人都能做好个人分内的事，那么整个集体就是一个和谐的集体，是一个积极向上的集体。

"学而不厌，诲人不倦。"于丹在《论语心得》中讲了这样一个故事：一座寺庙里供着一个雕刻得非常细致的花岗岩佛像，每天都有很多人来佛像前膜拜，而通往这座佛像的台阶也是跟它来自同一山体的花岗岩石砌成的，台阶不服气地对佛像提出了抗议："本是兄弟，凭什么人们都踩着我们去膜拜你？你有什么了不起？"佛像淡淡地说："因为你只经过四刀就走上了领导岗位，而我经过了千刀万剐才成了佛。"这个故事告诉人们：我们心中常常自觉不自觉与他人做比较，但其前提是要有可比性，要有科学和理性，通过比较应该是发现差距而产生压力和动力；因有了鉴别而便于定位和确定目标，其目标应是催人向上，奋发有为。

读《论语》，我们领悟到的是一种智慧、一种心态，是对自己的得失缺憾的正确对待，是对身边朋友的理智看待，一种融入在现实生活中的理性道德。

参考文献：

何莲. 寻根 [M]. 北京：中国戏剧出版社，2011.

笑傲江湖有斯人

2018年10月31日　星期三

昨晚跟几位同学吃饭，本来气氛很好。席间，一个消息来得太突然——94岁的金庸先生走了。

沉默。

悲痛！

不一会，朋友圈皆在转发这一让人伤悲的消息。我看到我大学的老师，现在新加坡任教的一位师长也在朋友圈发文悼念；一位在美国的同学也同样在第一时间发文缅怀。毫无疑问，全球华人同悲痛！世间大侠，唯此一人，笑傲江湖，即成绝响！

上午第一节课。

一问，有几位学生也知道查老先生走了，足以证明他们并不孤陋寡闻。班里的大多数同学都看过电视剧《笑傲江湖》，但只有孙培楠同学一人说看过先生的小说，挺遗憾的，仅有一位，而且还记得不是很清晰了。

我告诉学生，我念初中那时候，班里的同学大多都是看过金庸先生的小说的，我就是其中一个。我对传统文化的痴迷，对武功的神往，对爱情的憧憬乃至一部分价值观的形成，都与先生的作品或多或少有关系。不只我，我们那时的同学，对先生的作品都如痴如醉，受之影响至深。男同学们打打闹闹时嘴里都会喊着"六脉神剑""降龙十八掌""九阴白骨爪"等，长大后金庸的作品是被翻拍得最多的，却没有了小时候的感觉。再后来的"90后"，他们也许稍微听说过金庸，知道是一位写出无数武侠经典的老人，可是再后来的孩子们呢？包括我眼前的这群学生，他们的童年已经很少出现金庸的小说了，取而代之的是各种电子产品和网络小说。

那个笑傲江湖的人走了，从此以后世上不再有江湖。

昨夜的同学群里，因为老先生的离去，我们纷纷表达哀念，大家禁不住回忆起读书时代看老先生作品的狂热和查老先生对自己的影响。

"金庸先生是我很尊敬很敬仰的一个人！"

"少年时代，看武侠小说是我特别喜欢特别快乐的一件事！"

"我把金庸先生的小说全部都看遍了，有的还看了两遍以上。"

我们这帮"70后"也讨论了梁羽生、古龙、卧龙生、温瑞安、黄易，还顺带牵出了琼瑶、岑凯伦。但我的哥们儿说："只有金庸先生的小说，几乎是完美的！"因为"……情节设计巧妙，对人物刻画、对景物描述、对各地文化的展示、对传统美德的弘扬……"

"我的价值观、世界观的形成有很大一部分受到金庸先生的武侠小说影响。"

"他构思描绘的是一个我很喜欢的世界！"

"我们那个时代，年轻人的最爱！"

我把上面这些昨晚同学群里的感受告诉学生，学生们都眼睛睁得大大的，不知道他们在想什么？

我还告诉学生，那时我在上课时偷看金庸先生的小说，被老师抓了个现着——书被没收、写检讨、罚扫地。这样的情况并不止一次。学生们都笑了，我知道他们在笑什么、想什么。

确实，毋庸讳言，我对文学的热爱和先生的武侠世界脱不了干系。

一大早，网上一篇又一篇怀念查老先生的文章，深情地诉说查老先生的影响。本来想抄些下来，但实在太多，无法摘抄。

只是因为自己是老师的关系，所以看到六神磊磊的《我再也没有后台了》里面的描述与"老师"有关系，还是禁不住要摘抄几句：

"那个时候，几乎所有的老师家长都反对读你（指金庸先生，笔者注）的书。在我楼上的三班，几个哥们儿因为读你的书被发现了，女班主任让他们写检讨，誓死和你一刀两断，然后还用刀割破手指，按血手印。当年挨了刀的卢同学，现在也成了老师。不知道而今他会怎么对学生述说和你的故事。"

谈 个 性

2018 年 12 月 1 日　星期六

中学教材历经改革，但郑振铎的《猫》一直保留着。对于这篇文章的主旨，人教版的《教师教学用书》列出了有代表性的两个观点。第一个观点是："《猫》中寓有作者对当时社会人生的感触，表现了一个进步知识分子严于律己的精神和仁爱之心。"第二个观点是："无论做什么事情，千万不能凭个人的好恶、私心和偏见加以处置，否则就会出差错，甚至造成无法补救的严重过失。"

第一个观点，学生比较难理解，第二个观点就容易理解得多了，因为从"我"对第三只猫的歉疚之情中，引导学生理解这点并不难。

教完了《猫》一文后，我向学生提出了以下问题，让他们思考和讨论：

（1）学习本文后，你有什么体会和感悟？

（2）你在生活和学习中误解过别人没有？发现误解别人之后，心情是怎样的？

（3）我们应该怎样对待错误，特别是伤害他人的那种错误？

同学们对此进行了热烈的讨论，并且都说出了自己的见解，以陈思彤和黄艺涵同学为例，她们的观点代表了大多数同学的观点，也说明了同学们学习了《猫》一课之后的感悟还是蛮深刻的。

陈思彤同学："我同情第三只猫，更同情作者，因为我知道被人冤枉时的痛苦，也知道冤枉别人却无法弥补时，更痛苦。""日常生活中，不能因为一点可疑的迹象就对某人或某事妄下断语。不能依靠自己的强势对小动物进行随意的惩戒。做任何事情时，不能主观臆断，应该冷静分析后谨慎作出决定。对于弱势群体，我们更应该去关怀他们，而不应该去伤害他们。"

黄艺涵同学："作者之所以产生武断的认定，有很大原因是因为他带着私人的偏见去看猫。因为不喜欢第三只猫，所以当鸟被咬死时，在不分青红皂白的情形下，他便认定是它干的，这对第三只猫是多么的不公平，何况它是一只不会说话辩诉的动物！作者最后也对此做了反思。"其实，在我们的日常生活中，有些人只根据一些可疑的迹象就主观臆断，而不受欢迎的人总是会成为最先被怀疑的对象，我们应该弄清事实，对人对事不存在偏见，不能随意伤害无辜。"

综合同学们的讨论，我向学生做了一个小结：作品借助生动形象的描写，诉说了一个关于猫的动人心弦的故事，淋漓尽致地写出了人的思想感情，揭示了一番做人的道理。我们对作品的深层次的感悟，其实就是作品的主题。有许多作品，从不同角度看，会有不同的理解，这就是所谓主题的多义性。我向学生强调，一定要从小养成客观公正、宽容仁爱、关爱弱小的待人处世原则！

这时，下面又叽里呱啦的，我听到有人在说："要是第三只猫自己能像前面两只猫那样活泼可爱，就不会这样了。"

是啊，还真有道理！

第三只猫因为忧郁和懒惰的性格，导致它被主人误会并最终丧生邻家的屋脊。这确实也有它自身的性格因素。性格决定命运！如果它留给主人的印象不是忧郁和懒惰，是否会走向另一个结局呢？

顺着这个话题，我即时向学生做了教育：天真、活泼是你们作为孩子的天性，千万不要让读书的压力压垮了，要保持积极向上、乐观热情的心态。一个人的性格在很大程度上造成了别人对我们的印象，并最终会影响到别人对我们的态度。同是一个班中，有的同学凭着优异的成绩或某方面的特长赢得了师生的称赞，有的同学因诚实守信得到大家的信任，有的同学虽然成绩不怎么样，却因为拥有一颗乐于助人的心而受到尊重。但也有极个别同学，因表现不好、因孤高自傲、因自私自利等不端正行为而被人疏远。每个人的爱好各不相同，静躁有异，在保持自己个性的同时，修身正己、日益精进、积极乐观，也是我们人生路上永远的必修课。

眼见不一定为实

2018 年 12 月 21 日　星期五

《皇帝的新装》通过描写一个昏庸无能而又穷奢极欲的皇帝被两个骗子所骗，穿着根本不存在的新装游行的荒诞离奇的故事，刻画了一群丑态百出的官员形象，揭露了皇帝和大臣自欺欺人的丑行，讽刺了统治阶级的愚蠢、虚伪和自欺欺人。

学习完了这一课，当然要问一问学生有什么体会，感悟到了什么。特别是要借此让学生结合自身的体验反思，培养他们敢说真话的良好品质。

同学们都畅所欲言，各抒己见，回答得都颇有见地，甚为精彩，课堂气氛热烈。总结起来主要有几点：一是作为一个人，要敢于正视现实，应该保持一颗天真烂漫的童心，无私无畏，敢于说真话。如果每一个人都多一份真诚，多一份爱，那么世界会变得更加美好！二是应该向小孩学习，学习他纯洁无邪，学习他说真话。可是生活中说真话并不是一件容易的事，有时要付出代价。三是要敢于与假、恶、丑做斗争，让真、善、美之花开满人间。这些也是本文在当今的教育意义。由此可见，我们今天倡导践行社会主义核心价值观是多么的重要。

特别说说课堂上的一个小插曲：

林宛同学站起来说她的感悟是："眼见为实，耳听为虚。"应该说，这样的感悟没什么不对，同学们也都给予肯定。我在做了一番点评之后，来了兴致，告诉同学们，有时候就算"眼见"，也不一定"为实"啊。接着给同学们讲了一个典故：

孔子曾经感慨：眼见不一定为实，凭借内心的想法来衡量事物，到头来也不一定可靠。

据《吕氏春秋·审分览·任数》记载，孔子被困陈、蔡之间，有七天都没有尝过米饭的滋味了。估计是疲倦不堪，在白天也躺在床上休息。后来颜回想办法讨来一些米用于煮饭。当饭快要煮熟时,孔子看见颜回竟用手抓取锅中的饭吃。孔子故意装作没有看见,当颜回进来请孔子吃饭时,起身说:"我梦到祖先了,应该用这些清洁的食物先祭祀他们"。颜回忙说:"不行!刚才有灰尘掉到锅里了,我抓了出来,扔掉总不太好,所以自己吃掉了。"孔子感叹反省道:"原以为眼见为实,谁知实际上眼见的未必可信;凭借内心的想法来衡量事物,到头来也不一定可靠。看来要借由一些事物来知道一个人的为人,也真的是不容易啊!"

（原文：孔子穷乎陈、蔡之间,藜羹不斟,七日不尝粒,昼寝。颜回索米,得而爨之,几熟。孔子望见颜回攫其甑中而食之。选间,食熟,谒孔子而进食。孔子佯装为不见之。孔子起曰:"今者梦见先君,食洁而后馈。"颜回对曰:"不可。向者煤炱入甑中,弃食不祥,回攫而饭之。"孔子叹曰:"所信者目也,而目犹不可信；所恃者心也,而心犹不足恃。弟子记之,知人固不易矣。"）

在《孔子家语（卷五）在厄（第二十）》也异曲同工记载：孔子被困于陈、蔡,七日不食,只是这回是子贡将他所贩来的货品,设法运出重围,卖掉,换来一石米。颜回与仲由两人,在一间破屋里负责煮饭,恰巧有团黑灰,掉落在饭上,颜回当即将之吃掉。未料子贡在屋外井边望见此事,心中不悦,怀疑颜回竟然偷偷吃饭,太不应该。就不平地跑到孔子那儿问道:"仁人廉士,到了穷困的时候,也有变节的吗?"孔子说:"若变节,怎配称仁人廉士?"子贡说:"像颜回那么有德行,他应该不会变节吧?"孔子说:"是的,不会变节的。"子贡即告之颜回刚刚偷偷吃饭的事,孔子很觉诧异,说道:"我相信颜回有仁德已经很长一段时间,虽然听闻此事,也不能除去我的怀疑,或许他这么做是有其缘故？你且暂不声张,我来了解缘由。"接下来,孔子问颜回的情节与之前的故事也一样。听完颜回的陈述后,孔子说:"是啊,要是我也会吃的。"颜回出去后,孔子对周围的人说:"我这样信任颜回,不是从今天开始的。"从此弟子们对颜回更加悦服。

（原文：孔子厄于陈、蔡,从者七日不食。子贡以所赍货,窃犯围而出,告籴于野人,得米一石焉。颜回、仲由炊之于坏屋之下,有埃墨堕饭中,颜回取而食之。子贡自井望观之,不悦,以为窃食也。入问孔子曰:"仁人廉士穷,改节乎?"子曰:"改节即何称于仁廉哉?"子贡:"若回也,其不改节乎?"子曰:"然。"子贡以所饭告孔子。子曰:"吾信回之为仁久矣。虽汝有云,弗以疑也,其或者必有故乎？汝止,吾将问之。"召颜回曰:"畴昔予梦见先人,岂或启佑我哉。子炊而进饭,吾将进焉。"对曰:"向有埃墨堕饭中,欲置之,则不洁；欲弃之,则可惜。回即食之,不可祭也。"孔子曰:"然乎!吾亦食之。"颜回出。孔子顾谓二三子曰:"吾之信回也,非待今日也。"二三子由此乃服之。)

最后,我向学生强调:眼见为实,耳听为虚,没错!但有时眼见未必为实。遇到事情,倘若完全相信自己的眼睛,完全相信表面的现象,却不去深入地分析和思考,那么就可能被眼前的现象所迷惑,认清不了事物的真相。社会中充斥着各种讯息,我们大多只能看到或感受到事实的一部分,无法窥探其全部。所谓专家的论述不见得完全正确,历史的记录很多时候是由胜利者所写,人类犹如瞎子摸象般地在探索这个世界,只有认真地进行调查了解、研究,用最真实的心灵去体会事物,感知事物,才能得到事实真相,探求真理,因为,眼见不一定为实。很多时候,面对事物,不尽信所见,不轻易地否定他人的看法或论述,别以为自己真理在握。

在平时,我们老师着重于教,学生重点于学,一定要教会学生学会思考创新,要有自己的见解,不能只被动接受知识而不主动思考,要敢于做一个持"眼见不一定为实"观点的人。

不让学生偏离正确的轨道

2018 年 12 月 26 日　星期三

　　因为之前开展体育测试工作,所以期中考试延至 12 周进行,随后 14 周七年级又到德育基地军训。感觉期中考试刚刚过去,不知不觉就闻到了期末的"味道"。

　　近日与科任老师交流学生情况,大家都感到学生近期的情绪波动比较大,学习情况不稳定,认为体育测试活动和军训等活动多少影响了学生的书面学习情况。当然,大家绝不是否定这些活动,而是觉得应该给学生适时引导,让他们合理安排好学习、体育锻炼和生活的关系。很多班主任老师都非常负责任,在期中考试后进行家访,也通过电话、微信等多种方式与家长保持交流,确保学校与家庭、课内与课外活动互补促进。

　　班主任陈晓珏老师告诉我,有个别学生在期中考试后情绪低落,家长也反映孩子的学习没有比小学时有冲劲,甚至出现厌学的苗头。我不禁想起有学生在周记中写道:在小学的时候,每次学校广播时,都是其内心非常开心的时刻,因为广播里很多时候会传出自己的名字。但到了初中之后,这种情况不再有,心中不由感到失落和无奈。特别是在这个"创新实验分层教学班",强手如林,自己不再如小学一样是班里的宠儿……

　　我和多位班主任老师交流了很多看法,大家各抒己见,也结合实际情况提出了不同的见解,以及一些对策建议。

一、从多背多记到理解贯通

　　进入初中以后,学生的学习由直观的、感性的、零碎的知识点变成了更为完整、系统的知识体系,并更加突出能力要求。小学生的学习主要是眼看、手写、背诵、默写,而到了初中,要求学生对知识充分理解,并学会运用思维去分析这些知识点，去研究琢磨学习的方法，培养自己学习的能力，很多东西都要求学生自己去掌握，老师仅负责教方法和督促。

而小学本身知识量少且时间充裕，所以小学老师的教学进度较慢，讲解更详细具体。但初中科目增多，授课老师增多，每位科任老师的教学方式不同，风格各异，有的学生难以适应，且初中开始强调教学内容的融会贯通，这对学生构成不小的挑战。

二、从被动学习到主动学习

小学阶段的学习主要依赖老师的安排，学生只要完成写字、造句、背课文这些老师下达的简单任务就行。但初中则要求学生自觉主动并且有计划地学习。

一般的学生只是单纯完成学校和老师交给的作业就觉得完成了学习任务，而优秀的学生基本上都有预习课本的学习习惯。很多孩子因个人自学能力的差异，学习吃力，从而导致学习积极性下降，从长远方面影响到初中学习生活的热情。因此，要求学生实现从被动学习到主动学习的转变。

三、从学习随意性到目标性

进入初中以后，由于学习内容和学科的变化，原先的学习方法和习惯要随之改变。原本可能通过短计划就能实现的学习任务和目标，到了初中之后则要有短、中、长的计划，才能实现，可以从制订一周学习计划和安排一周学习任务开始。

四、从学习内容单纯性到多样化

到了初中以后，各科的学习内容和任务差异很大，相比小学的课堂教学，多出了生物、历史、地理、物理、化学等几大学科，学习压力会一下子激增数倍，老师的教学速度也会加快很多。初中的知识系统性比较强，需要学生课后花时间去消化，不然很容易导致成绩下降。由此，有的同学就慢慢出现了偏科现象。所以，我们老师要及时注意纠正学生的偏科习惯，让孩子在课余时间多看看与基础科学相关的书籍，涉猎这方面的知识。

五、从依赖性到独立性

不能再和小学一样，凡事总依赖父母和老师，要多培养学生独立处理问题、自己解决问题的能力。比如每天要按时完成作业，要自己整理物品，不能第二天遗漏。这方面，家长们要逐步放手，由代替完成、协助完成改变为指导完成、督促完成。

六、从"我第一"到"我未必"

如我前面所说，有学生在小学时是班里的宠儿，但到了初中，因为生源广泛、分班问题、学习能力、竞争大等各种原因，不可能再总是名列前茅。个别同学会受到这些问题的影响，觉得自己比不上别人，因此容易产生自卑或厌学心理。对此，我们老师和家长要多和孩子沟通交流，及时对他们进行开导，避免这样的情况发生，为他们指引正确的方向，告诉他们人生不可能处处"我第一"，更多时候是"我未必"。

针对这些情况，包括我在内的老师们都希望，除了学校老师的引导之外，平时在家时家长也要做好辅导工作，让他们更加懂得如何去学习和更好地适应初中的生活。

再者，同学们也由少年儿童转变为初中青少年，在心理方面会进入叛逆期。对此，家长平时除了需要关心孩子的学习成绩以后，还要关心他们的心理健康问题。在这段时间家长对于他们的成绩下降、早恋等情况都要加以引导，帮助他们做出正确的抉择，让他们不至于偏离正确的轨道。

我希望，所有的同学都能有一段美好而难忘的初中生活！

心中有美，一切皆美

2018年12月28日　星期五

讲授《寓言四则》中的《穿井得一人》。

讲解到"国人道之，闻之于宋君"这一句，向学生指出："闻"是"知道、听说"，在这里是"使知道"的意思，是"动词的使动用法"，学生应该是第一次接触到"使动用法"，我就向他们做了解释。坐在最前面的黄哲楠一听这些，很来劲，开心得不得了，一句二句地重复"使动、使动……"，周边的同学体味过来，不禁也随着"嬉皮笑脸"起来。这些"小的们"，总是顽性依旧。一下子就把"使"和"屎"等同起来（注：潮汕方言"使"与"屎"同音）。孙立同学还偷着乐："让哲楠到厕所'使动'……"全班哄堂大笑……

真该好好教训这群小兔崽子，狠狠涮他们一把。

我冷眼一扫，笑声戛然而止。我装模作样清了清嗓子："前些天老师给大家讲了一个《眼见不一定为实》的典故，下面，我再给同学们讲一讲另外一个故事，要不要？"

"要！"全班异口同声。

这是苏东坡与佛门最广为流传的故事，故事是这样的：苏东坡到金山寺和佛印禅师打坐参禅，苏东坡觉得身心通畅，于是问禅师道："禅师！你看我坐的样子怎么样？"佛印回答："好庄严，像一尊佛！"苏东坡听了非常高兴。佛印禅师接着问苏东坡道："学士！你看我坐的姿势怎么样？"苏东坡从来不放过嘲弄禅师的机会，马上回答说："像一堆牛粪！"佛印禅师听了也不生气。苏东坡回去之后特别高兴，认为禅师被自己喻为牛粪，竟无以为答。便到处宣扬他这回胜了佛印。苏小妹听了以后，却对他哥说："哥，你不要再四处乱说了，其实是你输了。"苏东坡不解。苏小妹继续说道："佛印心里有佛，所以他看谁都是佛。你心里有屎，所以看谁都是屎。"（此故事其实出

自明徐长孺的《东坡禅喜集》,经后人演绎成为上面的故事,与原文有所不同,并被赋予了禅意)

故事讲完,我总结成一句——心中有美,一切皆美!

我又意味深长地问了一句:"知道我讲这个故事的目的吗?"同学们都会意地笑了……

哈,我也笑了。我可不想展开评论,以免一不小心被扣上"语言歧视"学生的"罪名",那就麻烦了。

哲楠同学笑了,尴尬地笑了,大家都笑了……

用社会主义核心价值观引领学校德育建设

2019 年寒假

党的十九大报告深刻阐述了社会主义核心价值观的丰富内涵和实践要求,对培育和践行社会主义核心价值观作出许多新的重大部署,充分反映了我们党在价值理念和价值实践上达到了一个新的高度。这对于我们教育工作者做好学校德育工作有着深远的现实意义,也是我们坚持教育为人民服务的宗旨,办好让人民满意的教育的重大历史使命。

一、践行社会主义核心价值观教育的必要性和紧迫性

高度重视对下一代的教育培养,是我们党的优良传统,是党和国家事业后继有人的重要保证。我认为,在当前,我们加强社会主义核心价值观教育的指导思想是:坚持以党的十九大精神为指导,紧密结合全面建设小康社会的实际,紧密结合我市建设"贤德揭阳"的实际,紧密结合我市创建广东省教育强市的实际,积极探索新阶段未成年人思想道德建设的规律,牢牢把握立德树人的核心任务,始终坚持育人为本、德育为先的教育理念,将社会主义核心价值观贯穿学校教育全过程,坚持教育和引导未成年人树立中国特色社会主义的理想信念和正确的世界观、人生观、价值观,养成高尚的思想品质和良好道德情操,努力培育具有综合素质,全面发展的中国特色社会主义的建设者和接班人。加强社会主义核心价值观教育是培育中国特色社会主义事业合格建设者和接班人的重大举措;是提高中华民族整体素质,全面建设小康社会的迫切需要。据资料介绍,我国目前 18 岁以下的未成年人约占总人口的 28%,他们的思想道德状况如何,直接关系到国家的前途和民族的命运。在青少年中开展社会主义核心价值观教育,是举国关注的民心工程,利在当代,惠及长远,牵动亿万家长的心,关系社会和谐安定;是着眼未来的

希望工程，十年树木，百年树人，赢得青年，就是赢得未来；是社会主义精神文明建设的基础工程。俗话说："基础不牢，地动山摇。"未成年人培养教育包括多方面内容，其中思想道德建设又是培养教育的基础，精神文明建设从未成年人抓起，才能本固基实；是齐抓共管的社会工程，全社会各部门要相互配合，各负其责，发挥优势，守土有责，形成合力，才能取得实效。这项工作是一个整体性、层次性的科学，培养教育必须是系统的而不是零碎的，协调的而不是单一的，全面的而不是片面的，这样才能不断开创未成年人思想道德建设的新局面。

二、全面把握社会主义核心价值观的中国特色和时代精神

"富强、民主、文明、和谐，自由、平等、公正、法治，爱国、敬业、诚信、友善"24字核心价值观，具有鲜明的中国特色和时代精神，包含了社会主义基本、核心、重要的价值理念。立足于国家层面提出富强、民主、文明、和谐的价值要求，既是近代以来中国历史发展的根本要求，也是改革开放以来我们党的基本主张和中国特色社会主义的总目标。而立足于社会层面提出自由、平等、公正、法治的价值要求，既体现了中国特色社会主义的内在属性，也体现了社会主义核心价值观的基本价值导向，始终是党和政府奉行的核心价值理念。立足于公民个体层面提出爱国、敬业、诚信、友善的价值要求，既体现了社会主义核心价值观的基本道德准则，也是中国公民基本道德规范的核心要求。这三个层面的价值观是相互联系、相互依存、相互贯通的。因此，党的十八大、十九大报告关于社会主义核心价值观的论述，是中国共产党立足于社会主义核心价值体系建设实践的一大理论创新，在利益多元的社会背景下，为凝聚全体国民的思想共识指明了方向，将会极大地推动社会主义核心价值体系建设。

三、学校践行社会主义核心价值观教育的举措

德育是什么？其实就是和学生心灵的对话。理想的德育，应该是重视在自然的活动中养成学生的德性，让学生在游戏和丰富多彩的自主活动中体验和感悟道德的境界；应该重视让学生与书本为友，与大师对话，在人类优秀文化遗产中净化自己的灵魂，升华自己的人格；应该重视培养学生健康的生活情趣和才艺，丰富学生的精神世界，在美的氛围中推进真和善的教育；应该注重为学生寻找生活的榜样，用真实、感人的道德形象激励学生，培养学

生的英雄主义精神，应该科学合理地设置循序渐进的德育目标，使其兼具现实性和理想性的双维视角，形成层次递进、不断完善的德育体系；使心理健康教育能在学校中安营扎寨；应该教给学生自警、自诫、自励等自我教育的方法，使学生在陶冶情操、磨砺意志的过程中形成"不教之教"的自律习惯。当前，学校要认真贯彻落实党的十九大精神，践行社会主义核心价值观教育，把这项工作落到实处，我认为可以从以下几个方面着手。

（一）学十九大精神，突出践行重点

学校是践行社会主义核心价值观教育的主渠道。首先，我们要认真学习、全面领会党的十九大精神实质，倡导"富强、民主、文明、和谐"，增强责任感和紧迫感。利用行政会议、科组会议、班主任会议等集中学习和研讨，把学校的社会主义核心价值观教育规划好。各部门、各年级应制定具体实施方案，定期召开德育工作会、研讨会，既轰轰烈烈，又扎扎实实，保证不走过场，不敷衍了事。校长要对社会主义核心价值观教育工作负总责，党组织、工会、团委、少先队要充分发挥自身作用，所有教职员工都要教书育人、管理育人、服务育人。齐抓共管、形成合力、加强领导、各司其职。深入做好调查研究，了解德育工作的新情况，重视、舍得在德育上的人、财、物的投入。在社会主义核心价值观教育的内容上，统筹协调，突出三个重点：一是宣传党的十九大精神，开展社会主义核心价值观教育；二是宣传《中小学生守则》和《中学生日常行为规范》，大力加强文明行为习惯的养成教育；三是宣传"贤德揭阳"，加强爱乡、爱国教育。

（二）发挥教师作用，突出践行主体

教师是学校教育的主体，是教育活动的组织者和实施者。践行社会主义核心价值观教育，倡导"爱国、敬业、诚信、友善"，教师是关键。第一，要切实加强教师职业道德建设，贯彻国家一系列有关教育的法律法规，使教师"敬业"而"友善"，热爱学生、言传身教、为人师表、教书育人。第二，党员教师应当成为育人的表率。要选派德才兼备，具有创新精神和较强工作能力的人员作为学校德育工作的骨干。在岗位津贴、学习进修、职称评聘和表彰奖励等方面应给予优先考虑。第三，打造一支高素质的班主任队伍，选派思想素质好、业务水平高、奉献精神强的优秀教师担任班主任，形成人人争当班主任，个个能当班主任，能够当好班主任的好风气。同时，定期培训班主任，不断提高班主任老师的教育管理水平。第四，发展校外辅导员，聘请老干部、老专家、老教师、社区干部等队伍，形成一支专兼结合，校内外结合的关心下一代工作队伍，充分发挥他们的作用。

（三）立足课堂教学，突出践行内容

课堂教学是实施社会主义核心价值观教育的主阵地。努力做到计划、课时、教材、师资的"四落实"，做到社会主义核心价值观教育进课堂、进教材、进头脑的"三进"工作，"倡导自由、平等、公正、法治"，入情入理、入脑入耳，主要有以下几个方面。第一，宣传贯彻先进的教育理念和先进的办学思想，并指导学校的德育工作。第二，加强思想政治课教学，改进教学方式和形式，采用未成年人喜闻乐见、生动活泼的方式开展教学，多用鲜活通俗的语言，多用生动典型的事例，多用疏导和参与的方法，从学生最关心的问题入手，寓教于乐，强调学生的真实情感、真实收获和真实体验。应该说我们在思想上从未忽视德育，政治课一直上着，大会小会也是经常开，对学生说教也不少，为什么效果一直不好？主要是方法不到位。在教学内容上，要把心理、伦理、法律、国情、经济、哲学等内容有机地整合，突出爱国主义教育、集体主义教育、社会主义教育、艰苦奋斗教育、革命传统教育、中华传统美德教育和潮汕文化教育等。做到政治课程建设与德育评价改革相结合，课堂教学与课外活动相结合。第三，加强学校德育并不是多开几个会、多上几节政治课，而是各学科应有机渗透思想品德教育。人文社会学科如语文、历史可选择讴歌党的领导和社会主义制度、讴歌革命领袖和英雄模范人物的经典名篇，多穿插介绍潮汕特别是揭阳的优秀人物。数学、物理、化学、生物、地理等学科应结合教学内容，增补中国科学家的科学精神和民族精神的内容，介绍揭阳籍的中科院院士的优秀事迹等。艺术（音乐、美术）课应有较多的爱国主义歌曲，经典民乐、民歌，以及中国戏剧、戏曲、潮州音乐等，美术课应增加中国画、书法艺术欣赏的内容；揭阳是著名的国画之乡，美术课完全大有可为。体育课应增加太极拳等中国传统武术文化内容。

（四）开展主题教育，突出践行形式

（1）活动是教育的形式和载体。中华优秀诗词、格言、名篇佳作的诵读活动；以爱国主义为主旋律的歌咏活动；请老英模、解放军讲革命故事，做事迹报告；请地方学者讲揭阳的历史故事；组织学生观看反映伟大民族精神和"我是揭阳人"的影视片等；号召学生参与"志愿者""扶残助残"等社会公益活动和社区服务。

（2）利用节日进行教育活动。民族的传统节日和多个重要节日、纪念日，以及未成年人的入学、入队、入团、成人宣誓等具有特殊意义的重要日子，都蕴藏了宝贵的思想道德教育资源。抓住时机，整合资源，组织丰富多

彩的主题校（班）会、队会、团会，举行各种庆祝、纪念活动和必要的仪式。

（3）按照社会主义核心价值教育的内容积极开展校外教育活动。在保证安全的前提下，定期组织学生参观爱国主义教育基地，瞻仰革命圣地和遗址、纪念馆、烈士陵园等，丰富学生节假日参观、旅游活动，如参观揭阳学宫、汾水战役纪念碑、榕江公园烈士陵墓等，参观城市、农村和名胜古迹，了解改革开放和揭阳建市二十周年的成就和本地悠久的历史文化。组织开展征文、演讲、讲座、知识竞赛、社会调查等教育活动。

（五）打造校园文化，突出践行载体

这是践行社会主义核心价值观教育的一个重要环节。如坚持升降国旗制度，每周一以及重要节日、纪念日、大型集体活动必须举行庄严、隆重的升旗仪式，全体师生都应会唱国歌；积极开展创建安全文明校园活动，充分利用广播、校讯通、校园网、橱窗、板报、文化长廊等宣传阵地，做到环境育人，校园内张贴、悬挂革命领袖和中华民族杰出人物画像，制作体现民族精神的灯箱、语录牌等，营造浓厚的校园氛围。这方面各校完全可结合实际，因地制宜，发挥所长。

（六）创建卫生城市，突出践行效果

当前，我市上下正大力创建全国卫生城市，宣传、培育和践行社会主义核心价值观要与创建全国卫生城市有机结合起来。面对青少年学生，学校是最好的宣传阵地，我们一定要以高度的政治敏锐性和强烈的事业责任感，广泛运用教书育人这个平台，发挥课堂教学的主阵地作用，向教师、学生、家长等群体开展深度阐释、解读，用以引领社会思潮，凝聚社会共识。有条件的可以邀请有关专家上辅导课，加强社会主义核心价值观和新时期揭阳精神的宣传教育，使之更好地走进校园，让广大师生读懂、了解并自觉践行社会主义核心价值观，突出践行效果。

总之，在校园践行社会主义核心价值观教育，意义非同寻常，影响十分深远。中央的精神很好，关键是落实。我们一定要振奋精神，求真务实，开拓创新，牢牢把握立德树人的核心任务，始终坚持育人为本、德育为先的教育理念，将社会主义核心价值观贯穿学校教育全过程，探索教育新思想和教育新方法，增强教育改革发展意识，努力把广大师生培养成为社会主义核心价值观和建设全国卫生城市的践行者、传播者，为创建教育现代化强市和全国卫生城市尽一份责、出一份力，做出应有贡献。

那一个普通的年份

——读《1897 年的中国》

2019 年 4 月 23 日　星期二

张志公先生曾说:"一个语文老师,不读书,不看戏,不旅游,不交友,才是最大的不务正业。"[①] 作为一名语文教师,我们在语文教学上,只有不断更新自我,与时俱进,以学生发展为本,才能真正地服务于每一个学生。

明天就是期中考试了,今天适逢世界读书日,就来篇读书笔记吧。

当初在书店第一眼看到《1897 年的中国》(约翰·斯塔德著,李涛译,山东画报出版社,2004 年 5 月第 4 版)这本书时,我一下子就想起了黄仁宇的《万历十五年》,即刻把它收入囊中。

1587 年,是中国历史上原本极其普通的年份。但是,黄仁宇以该年前后的史实及生活在那个时代的人物为中心,抽丝剥茧,梳理了中国传统社会管理层面存在的种种问题,并在此基础上探索现代中国应当汲取的经验和教训,凸显了一个史学家的非凡眼界。一个生活于 19 世纪的美国旅行家约翰·斯塔德,本来是与黄仁宇无可作比的。但他在清末的一个普通年头,游历了中国,拍摄了大量的照片,并在回国后写成著作,以一个外国人的眼光,对当时的中国社会做了较为客观的叙述,向那时的美国人讲述在中国的见闻,确实也是不简单,这与黄仁宇"叙事不妨细致,但是结论却要看远不顾近"的"大历史观"不谋而合。这是我要特别称道的一点。

1897 年的中国,距离 1840 年发生的鸦片战争过去已经接近一甲子。此时的东方古国,外强入侵,内乱纷起,民不聊生。整个中国社会动荡不安,清王朝的统治摇摇欲坠。记述这段历史的书不计其数。平时接触的书籍和史

[①] 林高明. 奔赴生命的欢会 [N]. 中国教师报,2012 - 02 - 22 (8).

料，大多是以政治的变迁为主线的。而在美国人约翰·斯塔德的书中，清末的民俗风情、社会现象赤裸裸地呈现在眼前。作者开篇即点出："一个如此历史悠久、人口众多和成就辉煌的古老帝国，即使曾经也出现过错误，怎能不是一个吸引世人兴趣的国家呢？"补鞋匠、挑夫、轿夫、苦力、剃头行当、算命、街头小食、中医、妇女留指甲、缠足、重男轻女、行刑、科举考试、抽食鸦片甚至李鸿章的名片等等都被作者活灵活现地收入笔下。没有清明上河图的繁华欢闹和小桥流水，只有清末民初的颓唐破旧。整个广州城，"没有一条漂亮的大道，一个开阔的广场，甚至是一条可以称得上整洁优美的小街"。举目都是苟延残喘的情绪和绝望沮丧的气氛，透露出这是一个注定要改朝换代的局面。

当作者来到黄埔港时，他发出了对鸦片战争相当客观的评述："1840年的那场战争，其真实原因是英国人试图强迫中国接受鸦片，而在伦敦市场却无人敢出售这种东西，即使在今天它仍然要被打上毒药的标签。"中国人封建、愚昧落后的思想让作者惊讶，也让今人叹息。一个德国商人告诉作者，他的一个中国苦力，在为他服务了25年之后，最近的薪水才涨到每个月10美元。这个仆人当然非常高兴，兴奋得大叫大跳："现在，我打算再娶一个老婆。多年来，我一直想娶两个老婆，却始终没有能力负担，可是现在，每个月10美元，我终于能够得偿所愿了！"呜呼，这是多么的可悲，让人无法理解和想象，更让人憎恨。

孔子曰："人而无信，不知其可也。"作者在书中特别提到了中国人的诚信，并给予极高的评价。因为英国和德国的商人告诉他，中国的商业信誉是最高级的，而且在这方面比日本人好。"你了解的日本人越多，你就会越少喜欢他们。而你了解的中国人越多，你会越少讨厌他们。你可以永远喜欢日本人，你也可以永远讨厌中国人，但是，你所抱有和表达这些感情的程度却会不断递减。"饱受外忧内患煎熬的中国人，恪守信用的优良传统仍然让外国人敬佩不已，这样的文字让我沉重的心情终于得到了些许安慰。

作者不是什么思想家和革命家，只是一个普通的旅行家，但他在仅仅游历了香港、广州等地之后，在本书的结尾竟得出了高深的论断，预见非凡，这不由得让我肃然起敬了。我也非抄下来不可了："这个古老帝国能够猛醒焕发新的活力，能够在脆弱的脉络中注入新鲜血液激活她呆滞的肌体吗？我想，只有一种可能，就是在即将到来的新世纪中，依靠新的进步政党来克服国家弥漫的迟暮的保守风气，加强广大的内地与海洋的联系，利用富饶的矿产，开发丰富的自然资源，使自己发展成为世界的强国之一。"我觉得作者简直就是一个预言家了。在作者写下这段文字的24年后，也就是已经"到来的新世纪中","一个新的进步政党"——中国共产党横空出世了。从此，这个"新的进步政党"如作者所说，"克服国家弥漫的迟暮的保守风气"，带领这个国家的人民，不断探索，不断前进，"使自己发展成为世界的强国之一"。

以古鉴今。《1897年的中国》以一个外国人的眼光记录了一百多年前世纪之交的中国社会多层面的状况。书中不乏好的建议，也难免有一定的偏见和错觉。对于今天的中国——一个正在实现中华民族伟大复兴、一天比一天强大的国家，我们已有足够的底气和度量来回顾已为陈迹的一切。从中我们可以审视历史，温故知新，最终达到提高民族素质的目的。

"看了这些，而自省、分析、明白哪几点说得对，变革，挣扎，自做工夫，却不求别人的原谅和称赞，来证明究竟怎样的是中国人。"这是鲁迅先生在评论另一位美国人明恩溥所著的《中国人的素质》一书时所发出的警示。权且引用，作为结尾。

懂得感恩　与爱同行

2019年5月12日　星期日

　　今天是母亲节。这是一个感谢母亲的节日。

　　参天之树，必有其根；潜川之水，必有其源。家有宗族派系，人有繁衍源头。我们知道，子女的"生命之源"是父母，父母的"生命之源"是祖父母，祖父母的"生命之源"是曾祖父母……我们都是炎黄子孙，我们的祖国缘祖而称。尊祖敬祖，乃国人之美德。

　　感恩是中华民族的优良传统。我国第一部诗歌总集《诗经》早有"投桃报李"典故的记载，"二十四孝"所弘扬的笃孝典范千古传颂，唐诗佳句"谁言寸草心，报得三春晖"妇孺能诵，"鸦有反哺之义，羊有跪乳之恩"已成训条，"滴水之恩，涌泉相报"的俗谚口口相传，"衔环结草"的报恩故事流传至今……这些集中反映了先人对"感恩"的认同和崇尚。"忘恩负义之人"与"恩将仇报之徒"从来就为人们所唾弃，"知恩图报"向来就是良心和道德的重要标准。

　　为人子女者，自当饮水思源，尽人子之责，不忘其本，我们切忌忤逆之道，绝不许有凌虐长者或欺负弱幼及其他一切不义之举。

　　当今政通人和，国泰民安，社会和谐，百废俱兴。国家倡导忠孝文明，世人居安思祖。人之肤发生命，受之于父母，根之于祖宗。饮水不忘挖井人，丢本忘祖枉为人。无祖宗骨肉生养，哪有我辈化人入世？无先人开基创业之功，哪有后代承业立身之地？

　　在母亲节到来之际，让我们教会学生学会感恩，懂得感恩，与爱同行。

让孩子们成长得更好

2019年6月3日　星期一

"六一"国际儿童节，不单少儿开心，家长们更是忙得不亦乐乎，为自家的孩子精心经营着什么活动或礼物，充当孩子愉悦的马前卒，大人小孩一起乐呵呵。

"六一"刚走，高考即到。考生的背后，是千万家长的倚门而望。从"六一"到高考，我们看到的，更多的是家长的身影。所以，我们完全有理由反思。

大多数人在童年、青年时代都有自己的梦想。无论梦想是否成真，在经历了生活的众多洗礼之后，人们会越来越趋向于现实。但是，当成为父母后，很多人过去的梦想又飞回来了，然后嫁接到孩子身上，为孩子设计梦想、规划人生，希望孩子拥有自己失去的一切。因此，不管孩子有没有兴趣，反正就让孩子参加各种各样的"兴趣班"；不管孩子愿不愿意，反正就非要让其选填哪个志愿学什么专业。父母把自己的某种失落、遗憾与满腔期望都投入到孩子身上。在相当一部分家长看来，孩子处在重视教育的好时代，如果再经历像他们那样的遗憾，简直是罪过。于是，父母在孩子的学习、生活上投入毫不吝啬，期望可想而知。

殊不知，当家长把梦想寄托于孩子的时候，孩子也就在无形中承载着成人的压力。很多父母为孩子放弃了自我，为孩子贡献一切，把孩子照顾得无微不至的同时，孩子并不为所动，甚至会愈加排斥父母的奉献，这多少让父母伤心、流泪、不解。其实，孩子在渐渐长大的过程中，总在自动地调节着与父母的合理距离，而父母却仍然想把孩子圈在自己身边，让孩子失去自我成长空间。

让爱变得更加理性吧。让孩子在自己的天地里，去领悟责任和义务。正如习近平总书记在同全国各族少年儿童代表共庆"六一"国际儿童节时所说："孩子们成长得更好，是我们最大的心愿。"

乡土教育辑录

老舍和潮汕的情缘

2018 年 9 月 6 日　星期四

　　学习《济南的冬天》，当然要介绍作者了。介绍作者，当然最好就是能运用课程资源，拉近文本与学生的距离，引起他们的兴趣，增强亲切感，这样，记忆自然就牢固了。

　　1962 年 4 月初，老舍与著名剧作家田汉、阳翰笙、张庚等南来潮汕，一路旖旎风光、风土人情、欣欣向荣的景象，以及独具魅力的潮剧都给他们留下了深刻和良好的印象，为他们的创作提供了丰饶的生活素材与灵感。此行，他们都留下了十分动人的诗篇。

　　老舍先生此次的潮汕行，创作了不少歌颂潮汕的诗歌。其中，最让人津津乐道的是他赠予广东潮剧院的两首七绝《赠广东潮剧院》。

　　其一："莫夸骑鹤下扬州，渴慕潮汕几十秋。得句驰书傲子女，春宵听曲在汕头。"这一首写他游潮汕夙愿得酬的欣然，还有对潮汕的喜爱之情，欣赏潮剧时陶醉的愉悦心境。可谓通篇都围绕一个"喜"字来展开。

　　其二："姚黄魏紫费评章，潮剧春花色色香。听得汕头一夕曲，青山碧海莫相忘。"这是专为潮剧而写的，这南国奇葩、独特的戏种令他沉醉，这里有新鲜的艺术冲击，有让人流连忘返的美丽印象与心心相印的难忘。其间或许不无客气之处，却也多少可见老舍先生对潮剧的钟情与入迷。

　　在普宁，他有诗咏《流沙观潮剧》："春宵鼓板动流沙，绝唱倾城放百花。古调新声春永在，岭南儿女尽名家。"

　　又有一首是《赠澄海艺香潮剧团》："鲜花翠柏喜同堂，澄海春风百卉香。一曲宋元遗韵在，冠山韩水此情长。"如此一而再地咏赋潮剧，这可以说是较少见的，由此可证，精彩的潮剧令老舍等艺术家倾倒，他们是由衷地赞赏潮剧。

　　这几首写潮剧的诗，有几个意象，老舍先生不惜一而再地重现：其一是春宵,这是良辰。其一是鲜花,不但符合春天的节令,也是潮剧蓬勃与灵秀生动的表演给老舍深刻的艺术体会——或许潮剧因此也有了"南国鲜花"的美誉。其一是古调新声,潮剧起源于南戏,溯源古老,声腔、表演有着宋元遗韵的感觉,而这古调却也不是泥古不化的,随时代变化,它吸收了民间朝气蓬勃的元素,融合时代的精神,所以它充满了创造性的活力。

上面的四首诗都是歌咏潮剧的,老舍先生咏叹潮汕的诗还有以下五首。

其一:《向中共汕头地委献诗》:"柑柚花香迎客舟,一帆春雨到汕头。海门回望群峰涌,港口雄开万里流。弦管倾城唐宋曲,嵌雕绝技鬼神愁。红棉白鸟诗情在,况有潮声微似秋。"

其二:《流沙水库》:"山抱西南北,东迎晓日开。梯田荣桔柚,水电耀楼台。宝血青峰在,流沙雪浪来。英雄真不朽,世代奋风雷。"

其三:《过澄海三大桥》:"昔从澄海到汕头,野水荒沙旅客愁。众志成城争跃进,万家移石断中流。人民智慧虹为路,堤岸光辉月入沟。寒食秧苗千顷碧,飞花满县冠山游。"

其四:《汕头工艺美术陈列馆》:"潮汕文化最风流,虹彩霞光映碧秋。品罢工夫茶几盏,欣看珠玉满琼楼。"

其五:《潮州文化馆》:"南国如山河,潮州文采多。四时皆竞秀,无处不飞歌。池暖芙蓉水,江流翡翠波。凤凰茶试罢,溪畔戏雏鹅。"

学者林伟光撰文,说读黄苗子的书《世说新篇》,其中的"老舍的诗"一文中收有一首《经过汕头赠梅阡》:"橘柚花香迎客舟,一帆春雨渡汕头。海门四望千峰涌,港口雄开万里流。弦管倾城唐宋曲,嵌雕绝技鬼神愁。红棉白鸟诗情在,况有潮声微似秋。"此诗与以上的几首相比,意境及内涵都更为阔远。包罗的内容更丰富,写出了潮汕的海光山色,花果飘香,港口、海门莲花峰的宏大气象,以及嵌瓷木雕的精美绝伦和潮剧的悠悠古韵,尤其这一句"红棉白鸟诗情在",多么富于情趣,有情有景,有趣味有诗情,不但景色如绘,而且诗情画意交织,是诗更是一幅生动的画卷。

这首诗,在潮汕鲜见人提起。此诗老舍先生写来赠予梅阡,应该是值得称道的。梅阡(1916—2002),不是潮汕人,乃天津人,生前是中国戏剧家协会理事、北京人艺导演,曾改编执导过老舍的名作《骆驼祥子》。老舍敦守古礼,很会广交朋友,不少人都深深地感受到他的挚诚。每年花开时节,他都会邀请朋友到家赏花饮酒。或许因为梅阡改编执导过他的作品,老舍与其结下了深厚的友谊,所以,老舍先生才把这首写汕头的得意之作写赠给他。

老舍生于北京,满族人,其父亲是北京城的一个守门兵卒,死于清末八国联军入侵之役，这在老舍先生的《正红旗下》里有生动的描写。老舍后来虽也留过洋，回国后也到大学当教授，成了作家，但心中始终有一种平民思想，热爱民间文艺，乐与艺人交友，他还写过曲艺作品呢。这一艺术取向也使他热爱京剧等传统戏曲。因此，他对潮剧表现出了浓厚的兴趣与热爱，也就显得顺理成章了。而他对潮汕恐怕也不是完全陌生的，或恰如上诗所说的"渴慕潮汕几十秋"，这可能是写实。于是，这回终于得偿所愿，当然其快何如了。何况，又刚从萧瑟满目的北方来，这"橘柚花香"，风物都令人耳目一新的南国海滨城市，又如何不令他感觉处处生动、处处新鲜，并由衷地欣喜？我们常说，言为心声，这首诗可以说正是心声之作。

老舍先生海内海外走过的地方不少，什么奇妙的风光没有见过，却如此喜爱和欣赏潮汕，这不能不说是一种缘分。

上面这些内容，我只是在课堂上简要地向学生介绍老舍先生曾到潮汕、歌咏潮汕、和潮汕的情缘。详细内容是我自己作为备课辅助资料和课外资源学习之用。

参考文献：

[1] 林伟光. 老舍，动人诗篇留潮汕[N]. 汕头都市报，2014-01-15.

[2] 倪学用. 渴慕潮汕几十秋！老舍曾写诗咏叹潮汕[N]. 潮州日报，2017-03-16（6）.

郭沫若和潮汕的情缘

2019年1月2日　星期三

统编新教材七年级上册第22课是《天上的街市》，作者郭沫若。诗人通过联想和想象，让牛郎织女在天街闲逛，寄托了对美好生活的向往。牛郎与织女的故事，大家非常喜欢，我们整个民族都是喜欢的，所以才有七夕节。牛郎与织女的故事呼唤美好，向往美好的爱情、美好的未来。

牛郎与织女的故事和嫦娥奔月的故事催生了中华民族千年的飞天梦想，这个梦想在我们今天终于实现了。

学生有梦想，有无限的遐想，有无限的追求！我们有梦想，有中华民族的"中国梦"！

郭沫若在其革命生涯中，曾南下潮汕。前面已有了《老舍和潮汕的情缘》，这一篇就依样画葫芦，定名为《郭沫若和潮汕的情缘》。

1927年，郭沫若同志参加了周恩来、朱德、贺龙等同志领导的"八一"南昌起义，并担任了革命委员会主席团成员、宣传委员会主席以及第四方面军政治部主任，随部队南下。在途中，由周恩来、李一氓同志介绍，郭沫若光荣地加入了中国共产党，成为无产阶级先锋战士。

起义军经过艰苦转战，进入广东后便直指潮汕地区，9月23日占领潮州，第二天又进占汕头，起义军总指挥部设在潮州西湖畔的涵碧楼，当时汕头地区的工农群众也积极起来暴动。是时，在广东地区的反革命部队陈济棠、徐景唐、黄绍竑、钱大钧等部从四面八方涌向汕头，妄图扑灭新兴的革命力量。那时，身任起义军宣传委员会主席的郭沫若同志，经常深入前线，做宣传鼓动工作，他得知陈济棠的反动武装向汤坑进攻的紧急军情后，立即飞驰到涵碧楼向周恩来等同志报告，起义军竭尽全力去汤坑一带阻击御敌，终因寡不敌众，经过激战后，不得不转移撤退，离开潮汕。

1965年，他旧地重游时，曾亲手书写了"涵碧楼"三个苍劲挺拔的大字，又兴致勃勃地手书七律一首："弹指光阴卅八年，潮安每在梦中旋。楼台倒映涵虚碧，旗帜高扬似火燃。一夕汤坑书附羽，千秋英烈血喷烟。今来重到金山望，日月更新别有天。"（见南方日报 1979 年 9 月 30 日周万平《涵碧楼前木棉红》）当时，有同志请郭沫若同志解释诗意，他深有感触地说：身处"日月更新别有天"的现实之中，可不要忘记了"旗帜高扬似火燃"的日子。

南昌起义军到达潮汕时，为鼓舞士气和向群众宣传，拟在潮汕筹办《红旗报》日刊，郭沫若同志曾将筹备办报任务授给梁工甫（现名梁若尘）同志负责，并拨给一笔经费去组织出版。梁工甫偕同两位同志四处奔波，本已就绪。后因形势变化很快，部队撤走。郭沫若同志经惠来神泉港转道香港，一个月后去了上海。《红旗报》就此未能与读者见面，宣告结束。

1965 年夏天，郭沫若重访普宁流沙，亲临普宁"八一纪念馆"（经中宣部批准，普宁市的"八一"南昌起义南下部队指挥部军事决策会议旧址被确定为全国爱国主义教育示范基地，这也是揭阳首个全国爱国主义教育示范基地），追述当年流沙会议情况，并挥毫题《革命纪念馆》诗一首：

三十八年如转瞬，流沙胜地我重来。当时烽炬传千里，从此风雷遍九陔。正道沧桑凭掌握，新天日月费安排。而今美帝疯狂甚，纸虎须教化作灰。

参考文献：

[1] 罗雨林，韩于西. 郭沫若同志在广东片断 [EB/OL]. 广州文史网，http：//www.gzzxws.gov.cn/.

[2] 潘一兵. 揭阳首个全国爱国主义教育示范基地在普宁挂牌 [N]. 揭阳日报，2017-11-23（1）.

潮汕女婿杨振宁

2019 年 2 月 18 日　星期一

　　《邓稼先》的作者是杨振宁。很奇怪的是，课文注释只是介绍了邓稼先，却没有介绍作者杨振宁的情况。后来我仔细地"研究"了七至九年级统编新教材全部课文对作者方面的注释，发现教材只对过世的课文作者做介绍，对于健在的课文作者都是没有介绍的，估计编者应该是遵循了传统"生不立传"的原则吧。

　　作者杨振宁与邓稼先同窗数载，有着 50 年的友谊，文中对亡友的深情，是常人所没有的。既然教材没有对杨振宁做任何介绍，教师当然要给予补充了。

　　杨振宁的事迹，就是用几节课来讲也讲不完，这也不是课文的重点关联。重点要补充的应该是其和邓稼先的深情厚谊，这对于加深课文的理解是大有裨益的。

　　简单介绍了他的事迹以及补充了课文没有涉及的与邓稼先的渊源之后，我开玩笑着对学生说："按照我们潮汕人的习惯，或许你们都是这位著名的科学家的舅仔或姨仔。"

　　学生一时愕然。下面有人低声说："难不成他老婆是潮汕人？"

　　正是！

　　杨振宁的父亲叫杨武之（1896—1973），是数学家、教育家，原西南联大教授。杨振宁的原配是杜致礼，乃著名抗日将领、国民党高级将领杜聿明的长女。

　　我简单告诉同学们杨振宁的第二任夫人翁帆是地地道道的广东潮州人，婚后他们相敬如宾。

　　杨振宁的好朋友、中国科学院院士、理论物理学家葛墨林对翁帆评价很高。他认为，杨先生的健康身体，跟翁帆婚后的悉心照料绝对分不开。"翁帆绝对是有功劳的。"葛墨林说,翁帆对杨先生照顾很细,杨先生冬天出门前,翁帆一定为他系上围巾;逛公园,走十几分钟路,翁帆就坚持要歇一歇,找一块石头,扫得很干净……①

  在这里,我要特别强调:我没有向学生渲染杨振宁那跨越年龄差距的爱情,我只是想拉近学生与这位科学大师的距离,也权当运用一下地方课程资源吧。

---

① 吕永岩. 告诉你一个真实的翁帆[EB/OL]. (2018-08-15)[2019-08-16] http://net.blogchina.com/bloglarticle/949832752.

鲁迅：潮汕的半个女婿

2019 年 2 月 22 日　星期五

写下这个标题，标志着我公开加入了"标题党"。

第 3 课是《回忆鲁迅先生（节选）》，作者萧红。

贯穿全文的，有一位"许先生"。课文的注释是："指许广平（1898—1968），广东番禺（今广州）人，鲁迅夫人。"

前几天才介绍了科学大师杨振宁是潮汕女婿，现在来说说鲁迅先生的夫人许广平与潮汕的渊源。很多潮汕地方学者追根溯源，把许广平列入潮汕人的范畴。这样一来，鲁迅先生也就是另一个潮汕女婿了。对这一归属，我不大敢苟同，但也来凑凑热闹。

据资料介绍，许广平的祖籍是汕头市月浦街道沟南村。现位于汕头市北部边缘的沟南村创建于南宋末年，全村面积只有 1.5 平方千米，人口不足 2 000 人，居民均为许姓。村史上清楚地记载，清乾隆三十七年（1772），沟南许氏第 15 代孙许永名迁移到广州（旧称番禺）落籍经商，繁衍后代，成为广州的一个名门望族。

许广平是沟南许氏第 20 世子孙，出生在广州高第街，祖父许应骙是清代浙江巡抚。左联作家、潮汕人许美勋老师生前曾谈及 20 世纪 30 年代在上海开办南强书店这段历史，他回忆说，那时书店专门出版发行进步书刊，因而与鲁迅先生一家有所来往，记得每年春节，鲁迅先生的夫人许广平总要说几句潮州话，做几道潮州菜，以示不忘故乡情。

潮汕早期领导妇女运动的蔡楚吟女士也曾回忆许广平的一些情况。蔡楚吟在上海时，曾多次应许广平邀请到鲁迅家做客。在鲁迅家，蔡楚吟与许广平用潮州话交谈，又品工夫茶。不过许广平潮州话说得并不流利。有一次，鲁迅曾跑过来问她们，你们两人叽里咕噜说的是什么话？许广平说，我俩说的是家乡的潮州话；我祖籍是潮州，也算是潮州人啰！

尽管有的潮汕史学家认为许广平是潮汕人，但我认为，这样的归属虽有源可溯，但毕竟也有 5 代人的历史了。把许广平视为潮汕人，毕竟有点牵强。但许广平的祖上确是潮汕后裔，拥有潮汕血统，因此把许广平看成半个潮汕人也还说得过去吧。何况许广平身上确实还留存着潮汕人的某些特性，比如遇到潮汕老乡偶尔还会说几句潮汕方言。这也是我说鲁迅先生是"潮汕的半个女婿"的原因了。

以上，不外乎让学生多点兴趣，多些亲切，增强记忆，借助课外资源对课内知识进行巩固和理解。

参考文献：

[1] 潮汕沟南许氏家族的最强朋友圈 [EB/OL]. 行走潮汕网，2016－02－17.

[2] 王冲寒. 许广平故乡沟南村原是名人辈出地[EB/OL]. (2002－07－22)[2019－08－16]. http://news.sina.com/cn/c/2002－07－22/1204644321.html.

周敦颐曾到潮汕

2019 年 5 月 10 日　星期五

统编新教材七年级下册第四单元第 16 课《短文两篇》，分别是刘禹锡的《陋室铭》和周敦颐的《爱莲说》。

周敦颐曾任广东转运判官，在潮汕大地上留下了可贵的足迹。

周敦颐，字茂叔，原名敦实，号濂溪，是湖南道州营道（今湖南道县）人，出生于北宋天禧元年（1017）。他曾筑室于庐山莲花峰下的小溪畔，从事研读，取家乡的濂溪之名来称这条小溪，后世学者便尊称他为濂溪先生。

周敦颐读书明理，善于思考，少时为其舅父龙图阁学士郑向所赏识。后来被郑向推荐出任分宁县（今江西修水县）主簿，掌管审判犯人之事。周敦颐到任后，即着手调查县里久拖不决的积案，一审而决。老百姓称许说："老吏也比不上他呢！"

初露才华的周敦颐，不久升任江西南安军（治所在今江西大庾县）司理参军。周敦颐的上司转运使王逵，以专横出名，从来没有人敢同他论理抗命。他坚持要将一个罪不当死的犯人判死刑，周敦颐不避权势，独力相争。王逵不听，周敦颐把笏板一丢，说："这样的官我当不下去！以枉杀一个人来迎合上司，这样的事，我是永远也不会做的。"王逵还未遇过这样的抗阻，反有所醒悟，于是进行复判。结果，犯人得免一死。后来，周敦颐出任南昌知州，办事精明刚直，富家、大姓、黠吏、恶少都不敢以身试法。

熙宁元年（1068），周敦颐调任广东转运判官，提点刑狱，从江西到广州。那时，周敦颐已 50 多岁了。他主管广东的司法，以"洗雪泽物"为己任，他不避南方炎热，瘴雨蛮烟，到处明察暗访，到过韶州、端州、潮州等地了解情况。

他在广东的题诗留存至今不多，在潮汕地区的潮阳灵山寺内，有《题大颠堂壁》诗："退之自谓如夫子，《原道》深排佛老非。不识大颠何似者，数书珍重更留衣。"

这分明是对排佛的韩愈结交和尚的行为有所不解,用委婉的诗句加以责难,但从中也可一窥他尊儒反佛的思想。

周敦颐在粤任内,因疲劳过度而致病,他考虑到自己年近花甲,要求调到靠近向往已久的地方庐山任职。熙宁四年(1071),调知南康军(治所在今江西星子县),次年退休,移家庐山,从事著述。熙宁六年(1073)逝于庐山住所。

周敦颐是宋明理学的创始人,著名理学家程颢、程颐都是他的学生。他继承《易经》和部分道家以及道教思想,提出了简单而系统的宇宙构成论。其所著《太极图说》,被宋儒推为宇宙和人生的最精简的说明,后经朱熹发挥,遂成程朱理学的理论基础。前人评周敦颐"言约而道大,文质而义精,得孔孟之本源"。大文豪苏轼作《故周茂叔先生濂溪》诗,对他甚为推重;诗人黄庭坚称其"人品甚高,胸中洒落,如光风霁月"。

据潮阳地方志编纂委员会出版的有关潮阳姓氏介绍的图书,潮阳地区的周姓几乎都是周敦颐的后裔。周敦颐的第七代裔孙周梅叟(1211—1265)在守潮期间,为了"以道学淑人心",便利用先人周敦颐的名誉,加上他与潮地的"情结",在潮州城筑建了元公(周敦颐之谥号)书院,并祀张载、程颢、程颐、朱熹四贤于内。

参考文献:

李小松,陈泽弘. 历代入粤名人[M]. 广州:广东人民出版社,1994.

杨万里情寄潮汕

2019 年 6 月 14 日　星期五

第六单元的四首课外古诗词诵读，收入了南宋诗人杨万里的《过松源晨炊漆公店（其五）》。这位在文学史上，与陆游、范成大、尤袤并称"南宋四家""中兴四大诗人"、并创立了清新活泼的"诚斋体"的大诗人，与潮汕竟有一段不解之缘，他曾多次撰诗盛赞潮汕风物，被誉为潮汕人的好朋友。

杨万里是吉州（今江西吉安）人。字廷秀，号诚斋。他生于南宋建炎元年（1127），家境清寒。绍兴二十四年（1154），他 27 岁，考取进士。最初担任赣州司户，又调任湖南零陵县丞。这时候，抗金名将张浚谪居永州，闭门谢客。杨万里多次专诚登门拜访，才得其接见。张浚以正心诚意的学说勉励他。杨万里对前辈这一番教导心悦诚服，终身奉行，将自己的书室命名为"诚斋"，自号诚斋野客。后来，宋孝宗亲笔给他题匾"诚斋"，诚斋先生的名字就叫开了。

绍兴三十二年（1162），高宗禅位给孝宗，张浚被召回朝为相，向朝廷推荐杨万里，任命他为临安府教授，杨万里因守父丧没有赴任。服满，改任奉新（今江西奉新）知县。他到县后，对欠交赋税的老百姓张榜公布名单，禁止官吏入乡扰民，深得民心，税收丰足，县内大治。乾道六年（1170），得到宰相陈俊卿、枢密虞允文的推荐，杨万里被征为国子博士。后来，升任太常博士、太常丞兼吏部侍右郎官，转将作少监。出任福建漳州知州，不久改任常州知州。

淳熙六年（1179），杨万里调任提举广东常平茶盐。恰逢福建盗贼沈师骚扰南粤，杨万里率兵镇压，道出翁源，到了惠州、梅州，风餐露宿，出敌不意，一战而擒贼首，被孝宗赞扬其有"仁者之勇"，授广东提点刑狱。杨万里在潮州、惠州外围构筑工事，既清剿盗贼巢穴，又守扼要地，境内很快得到太平。

在广东任职期间，杨万里足迹遍及广东各地，写下了不少描写岭南风物的诗篇。

据《宋史》记，孝宗淳熙八年（1181）十二月，杨万里来到潮汕，留下了不少歌咏潮汕风物的诗篇，抒发了他热爱潮汕的情怀。

杨万里咏潮诗中，最为潮人所津津乐道的当为《揭阳道中》《韩山》《韩木》几首。

其时，杨万里从广州经循州（今河源龙川）、梅州进入潮汕，沿途为潮汕风物所吸引，有感而作，热情吟咏，写下了不少优美流畅的风景诗，描绘了潮汕的秀丽风光。

进入潮汕平原，杨万里顿觉心境开阔，在揭阳道中所见与他处大不一样，由是写下了《揭阳道中》一诗："地平如掌树成行，野有邮亭浦有梁。旧日潮州底处所？如今风物冠南方。"诗人看到了潮汕景物宜人、商旅众多、交通方便，故发出了衷心的赞美，对潮汕风物给予高度热情的颂扬。全诗虽仅四句，但字字句句言简意深，饱含着对潮汕的深情厚谊。在诗人的笔下，潮汕地势平坦、土地肥沃、绿树成荫，原野上有供驿使和旅客歇宿的馆舍，水滨建有桥梁。昔日的潮汕是一个被人瞧不起之地，如今风物冠绝南方，是一个值得赞赏的地方了。杨万里这首诗描绘宋代潮汕风物，意义十分重大。唐代韩愈未到潮汕之前，一直把潮汕当作"瘴疠之乡"，直至离潮时，才对潮汕表现出留恋之情。到了杨万里生活的南宋时期，潮汕的经济、人文已有较大的发展。杨万里的这首诗，客观地描绘了当时潮汕的风土人文，不仅是写景的绝妙好诗，而且有诗史价值，对于研究潮汕的历史具有重大作用。

杨万里在潮州谒韩祠、登韩山、观韩木之后，对韩愈促进潮汕文化发展的功绩赞扬备至。《韩山》："老大韩家十八郎，犹将云锦制衣裳。至今南斗无精彩，只放文星一点光。"《韩木》："笑为先生一问天，身前身后两般看。亭前树子关何事？亦得天公赐姓韩！"《谒昌黎庙》："南海行几遍，东潮欠一来，若无韩子庙，只有粤王台。文字天垂日，兴亡草上埃，聊吹鳄溪水，洒起六丁雷。"

除此之外，杨万里笔下的潮汕风土人情诗还有《潮阳海岸望海》《登南州奇观》《除夜宿石塔寺》《壬寅岁朝发石塔寺》《过金沙洋望小海》《海岸沙行》《宿万安铺》《正月三日宿范氏庄》《食蚝房》《食车螯》等。

杨万里反映潮汕历史方面的诗篇，或叙事描景，或记事抒怀，展现了潮汕历史风貌，这在当时无疑起到了宣传潮汕、扩大潮汕知名度的巨大作用，于后人则是了解南宋时期潮汕地区的社会风貌、基本建设和文化状况的历史资料。概言之，杨万里的咏潮诗有着极高的史料价值，是诗人馈赠给潮汕人民的一份珍贵的文化遗产。

潮汕人完全有理由为拥有杨万里这样的朋友而自豪。

参考文献：

［1］李小松，陈泽泓. 历代入粤名人［M］. 广州：广东人民出版社，1994.

［2］蓝汉钊. 杨万里笔下的潮汕风物［M］//陈泽，吴奎信，潮汕历史文化研究中心，汕头特区晚报社. 如今风物冠南方. 香港：艺苑出版社，2002.

［3］潮汕历史文化研究中心，汕头特区晚报合编. 人情物态顿趋新［M］. 香港：天马出版有限公司，2009.

［4］潮汕历史文化研究中心，汕头特区晚报合编. 山光水色尽文章［M］. 汕头：潮汕历史文化研究中心，汕头特区晚报社，2013.

［5］陈创义. 杨万里诗里的潮汕风情［N］. 汕头日报，2015－08－30（07）.

［6］孙淑彦. 名人与潮汕［M］. 北京：中华工商联合出版社，1998.

从济南扯到渔湖

2018 年 9 月 7 日　星期五

《济南的冬天》第 3 自然段："小山整把济南围了个圈儿,只有北边缺着点儿口儿。这一圈小山在冬天特别可爱,好像是把济南放在一个小摇篮里,他们全安静不动地低声地说:'你们放心吧,这儿准保暖和。'……"老舍先生把济南三面环山的地理环境描写得太形象了,并运用想象的手法,赋予山以人的性情,寓情于景。但对于刚刚从小学跨上初中这级台阶的孩子们来说,却难以理解,因为他们的地理知识实在贫乏。我用粉笔在黑板上画了一个椭圆,圆中写上"济南"二字,擦去了上边部分,然后在这三边画上了山的形状。同学们倒是懂得地图上面的方位是北,只不过我自己看上去都觉得挺对不住大家的,这图画得实在惨不忍睹,只怪当初在村里读书时美术课是没开设的,也不像现在这年头到处都有美术培训班。当然,即使有培训班,我也是不可能去培训的。毕竟,家里没钱。老舍先生描绘山景实在形似、神似。我绘山景实在形不似,神都没有。没奈何,我也来打比方。我问:"我们渔湖的四面是什么?""是山。"有几位同学小声回答。天气好的时候,站在学校的高层上,向四面望去,还真见四面周边都是山——但事实并非如此。粤东地区第二大河流——榕江如一条玉带把渔湖环绕,榕江南河、北河在这里交汇形成"双溪嘴"。"双溪明月"乃明清时代揭阳古八景之一。渔湖三面环水,唯一的陆地出口就是北面的榕城。这地理方位和老舍先生笔下的济南简直就是神似,只是这"山"换成了"水"罢了。我从榕城的榕华大桥做起点说起,往西而下至南是京冈,到双溪嘴,到东边塘埔榕东大桥,沿上至东寨村、西寨村乃直到北河大桥。学生们来自渔湖的各个村落,大都生长在榕江边。一下子豁然开朗。懂了!

我意犹未尽,干脆让学生把第 3 自然段的"济南"换成"渔湖",把"山"换成"水",即变成:榕江整把渔湖围了个圈儿,只有北边缺着点儿

乡土教育辑录

口儿。这一圈清水在冬天特别可爱,好像是把渔湖放在一个小摇篮里,他们安静不动地低声地说:"你们放心吧,这儿准保暖和。"……

学书画者,临摹只是重要的途径和手段。写文章,是不可以抄袭的,但是可以模仿和借鉴的。我这么一套用,学生们都开心地笑了……

感受美就是一种人文精神的体验。老舍先生笔下济南冬天的山水之美,我们从中可以感受到他的热爱之情,感受到一个大作家的温润情怀,感受到他对祖国河山真挚的爱。

《全日制义务教育语文课程标准(2011年版)》指出:"各地区都蕴藏着自然、社会、人文等方面的语文课程资源。要有强烈的资源意识,去努力开发,积极利用。"

不知道我这算不算运用课程资源?但相信经我这么一折腾,学生应该就此明确了家乡渔湖是三面环水的,也第一次听说了渔湖在古时有"水寨"和"渔湖十八湾"之说。

愿学生们都能发现身边的美,爱乡,爱国!

走近家乡名人

2018 年 10 月 16 日　星期二

学习《〈论语〉十二章》，想跟学生提一下"孔子学院"，证明孔子思想在当今国际的地位和影响力。

孔子学院，即孔子学堂（Confucius Institute），它并非一般意义上的大学，而是推广汉语和传播中国文化的交流机构，是一个非营利性的社会公益机构，一般都是下设在国外的大学和研究院之类的教育机构里。孔子学院最重要的一项工作就是给世界各地的汉语学习者提供规范、权威的现代汉语教材，提供最正规、最主要的汉语教学渠道。孔子是中国传统文化的代表人物，选择孔子作为汉语教学品牌是中国传统文化复兴的标志。

这里，我不失时机地"切入"了一位家乡名人。

全班 39 位同学，有一位姓姚的，姚丹青。我心中暗喜，当着全班同学问他："是不是我们渔湖新寮姚村（即仙阳村）人？"

"是。"

"你们村有一位乡贤，是著名华人经济学家，现在也在国内大学任教，他曾获得'孔子学院先进个人奖'。你知道吗？"

姚丹青同学有点惶恐："不知道。"

其实不要说姚丹青同学才是七年级的学生，就是他们村里的一些大人，对此也不是很清楚。我碰见过一些新寮姚村的人，问起"姚树洁"这个人时，有的知道，有的则一无所知。这是很令人遗憾的。

我对于姚树洁先生，倒是很"熟悉"。我有关注他的博客，他的每一篇博文，我都认真学习。我从心底里敬重他！

姚树洁，何许人也？

综合百度百科来回答：

姚树洁，1960 年 1 月 1 日出生，广东省揭阳市渔湖镇仙阳村人，重庆大学经济学教授，重庆市首席专家（经济学），长江学者特聘教授，英国诺丁汉大学当代中国学学院院长，经济学教授，著名华裔经济学家，西安交通大学特聘讲座教授，全英中国专业团体联合会副主席，联合国开发计划署和世界银行经济顾问。20多年来，兼任联合国粮农组织、世界银行、亚洲开发银行、欧盟等多个国际多边组织的高级经济顾问，到过20多个国家工作。1997—1998年担任全英中国经济学会主席。2012年以后，兼任中国软科学学会高级顾问，海南大学理事会常务理事。2014年起作为长江学者特聘教授全职在重庆大学工作。2006年，《亚太经济文献》刊登Lu Ding和Kwek Bin Chong的文章《1991—2003年中国经济研究趋向：作者、学报和研究领域》，该文统计出在国际上中国经济问题研究领域最有影响的学者排名，姚树洁教授排名第八。

姚树洁教授是英国诺丁汉大学当代中国学学院院长，于2013年获得"孔子学院先进个人奖"。

也就是说，广东省揭阳市渔湖镇仙阳村人姚树洁，在传播孔子思想和中国文化上做出了杰出贡献！

这是我们渔湖人的骄傲！

孔子生活的年代已十分久远，但孔子的思想和影响一直延续下来。只是这些对学生而言，实在太陌生，也太生涩难懂。当我引出"姚树洁"这位乡贤，进而简介了孔子学院之后，一下子就激活了孔子与当前的联系，激发了学生学习的兴趣。

我交给了渔湖仙阳村的姚丹青同学一个任务：回家请教父母或村里的长辈，了解姚树洁教授的事迹，与同学们分享。

丹青同学欣然接受了任务。

从用潮汕方言教读文言文谈起

2018 年 12 月 4 日　星期二

应该说，第 18 课蒲松龄的《狼》从字义、句意上而言是不算深奥的。因为大多数同学在前面的考试中，课外文言文失分严重，所以我课前让学生预习，交代先不看注释，看看能否大致读懂课文，不懂的字句可以猜一猜。根据同学们反馈的情况，倒是大都说基本能看出故事梗概，还算不错。

教完《狼》这一课，有两处值得说说。

其一，用潮汕方言解读"缀"和"倚"；其二，关于文言文断句的技巧。

先说其一，用潮汕方言解读"缀"和"倚"。

缀：

缀，《说文解字》："合箸也。从叕从糸。"《古汉语常用字字典》（商务印书馆，1979 年 9 月第 1 版）：缀，zhuì，①缝合，连接。②装饰，点缀。③chuò（辍）。通"辍"，停止，废止。《现代汉语词典》（商务印书馆，1996 年 7 月修订第 3 版）：缀，zhuì，①用针线等使连起来。②组合字句篇章。③装饰。《普通话潮汕方言常用字典》（李新魁，广东人民出版社，1979 年版）：缀，zhuì，①缝。②连接。潮汕方言读音：［duê3 兑 3，cueg4 辍，此弯 4］。

潮汕方言中，当"缀"读为［duê3 兑 3］时，意思就是"紧跟"，（另有一意为"学"），如"缀行""缀紧""缀着伊"。而《古汉语常用字字典》竟没有"紧跟"这一含义，甚奇。

《狼》："一屠晚归，担中肉尽，止有剩骨。途中两狼，缀行甚远。""缀行甚远"课文中注释为"紧跟着走了很远。缀，连接、紧跟"。这根本就是潮汕方言中"缀行"的含义了，现代汉语则无此义。

乡土教育辑录

倚：

倚，"依也。从人。奇声。於绮切"。《古汉语常用字字典》：①斜靠着。②偏斜。③随着，合着（音乐）。④椅子。⑤jī（机），怪异。⑥jī（机），通"奇"。《现代汉语词典》：①靠着。②仗恃。③偏，歪。《普通话潮汕方言常用字典》：①靠着。②仗恃。③偏。潮汕方言读音：[i2 衣 2，ua2 我]。

"倚"字最常用的义项就是"靠着"。《狼》中"屠大窘，恐前后受其敌。顾野有麦场，场主积薪其中，苫蔽成丘。屠乃奔倚其下，弛担持刀。狼不敢前，眈眈相向"。此处的"倚"是"斜靠着"的意思。在潮汕方言中，"倚"有两个读音，分别为①[i2 衣 2]；②[ua2 我]。潮汕方言中第②个读音非常常见，平常口语就有"倚墙""倚椅""倚腰""倚势"等，其意就是"斜靠、靠着"。由此，我特别向学生指出，用潮汕方言（潮州话）来读文言文，真的妙不可言！其音、其意，有很多皆为古汉语的原义。

潮汕方言，指流行于粤东一带的闽方言，旧时称潮州话或潮州方言。这是因为粤东闽方言地区过去的政治、经济、文化中心都在潮州。潮州话过去有"府城话"之权威，因而是粤东闽方言的代表语。① 民国以后，汕头崛起，潮汕地区的政治、经济、文化中心很快由潮州、汕头两地并举过渡为以汕头一地为中心。于是方言渐而改称为"潮汕方言""汕头话"。1960 年，广东省有关部门选择了汕头话作为潮州话的方言代表点，确立了汕头话在潮汕话中的标准方言地位。② 林伦伦在《潮汕方言与文化研究》一书中论及"潮汕地区早在秦汉时便接受了中原汉语和古闽语的影响"。

基本公认的结论是：潮汕地区早在秦汉时便接受了中原汉语和古闽语的影响，至魏晋六朝时期，闽语已在潮汕地区流行。唐代至宋代，逐步形成了文读系统；发展至明代，文读系统已臻定型，这个文读音系几乎与现代相同。而同时，由于文读音系的影响，以及宋元时代的战乱、明清时代的移民等原因，潮州话形成了自己区别于闽南方言其他次方言（如漳州话、泉州话等）的特点，终于在元明时代之后发展成为一种独立的次方言。潮汕方言作为闽方言的一种次方言，保留了古闽语的很多特点，实际上也有古吴越语、古汉语的特点。因而，瑞典著名汉学家高本汉（B. Karlgren，1889—1978）说："汕头话是现今中国方言中最古远、最特殊的。"③

---

① 林伦伦，吴勤生. 潮汕文化大观 [M]. 广州：花城出版社，2001：212.
② 陈泽泓. 潮汕文化 [M]. 广州：广东人民出版社，2006：35.
③ 高本汉. 中国音韵学研究 [M]. 赵元任，罗常培，李方桂，译. 北京：商务印书馆，1940.

与现代汉语比较，潮州方言词汇有其突出的特点：

一是保留了较多的古汉语词汇。常用词如：东司（厕所）、雅（美丽）、毛（头发）、惊（怕）、猛（快）、拍（打）等。好用单字词，也是古汉语的遗留。如猴（子）、（老）虎、石（头）、鸟（儿）。又如以"阿"字为称谓的词头，也是古汉语构词方式，如阿公、阿父、阿兄、阿弟等。潮汕方言采用古汉语的一些字、词，很多古汉语字、词的音、义在现代汉语中都发生了演变，甚至被别的字代替，而在潮汕话中保留下来的古汉语词汇，反被今人认为是土话、土字、土音。如潮人称"吃粥"为"食糜"，称"喝茶"为"食茶"，称"吃东西"为"食物件"，称"逛街"为"行街"，称"游神"为"营老爷"等。

例如，《广韵》："眵，目汁凝也。"章炳麟《新方言》："今人谓眼中凝汁为眼眵，眵读作矢。"矢与屎同音，很多人不认识"眵"字，所以把眼眵写成"目屎"，这从音、义来看，都还是可以的。① 《玉篇》："目汁出曰涕。""目汁"就是眼泪，也为潮汕话所保留。又如李商隐《行次西郊作》："未知何日旋。""旋"是回归的意思，普通话除"凯旋"的"旋"有这一意义外，其他多不这样用，而潮汕话却有"老水鸡倒旋""旋倒返"等的说法，保留了这一古义。

二是特殊的构词方式。一些单音字重叠可以构成形容词，如猴猴（瘦小）、柴柴（迟钝）、外外（格格不入）、天天（不用心）。一些双音词词序倒置，可能是土著古语的遗留，如风台（台风）、历日（日历）、鸡翁（公鸡）、狗母（母狗）、鞋拖（拖鞋）、闹热（热闹）等。

三是在构词上和使用借词上反映了中外文化交流的密切。表述外来物品词语常前缀"番"字，如番梨（菠萝）、番瓜（南瓜）、番薯（甘薯），又如红毛灰（水泥）、亚铅（钢线）等都有鲜明的外国特色。

四是有不少方言具有地方特色。如无日（阴天）、菜栽（菜苗）、地豆（花生）、姿娘（妇女）、歇戏（终止）、悦着（喜欢）、挽齿（拔牙）、食桌（赴宴）、地块（哪里）、做年（干什么）等。也有一些指字会意，生动形象的方言字、方言词，如猪头肥（腮腺炎）、注屎（批评）、目涩（疲劳欲睡）等。还有一些比正称更加明白易懂，推敲起来别有深意的新的土造词语，如轻铁（锌）、臭丸（卫生丸）、饼药（肥皂）、涂炭（煤球）、电毛（烫发）、食教（信仰）、踏脚车（骑单车）等。

语言文字能力是文化素质的基本内容，推广普及普通话是素质教育的重

---

① 王永鑫. 语言论稿［M］. 北京：中国文联出版社，2002.

要内容。语文教师要责无旁贷地当好推广普通话的先行者。同时，作为地方教育工作者，在推广普通话的同时，也有必要研究地方方言，把方言学应用到语文教学中来，因为地方的优秀文化传统是中华优秀文化传统的分支。潮汕方言运用得好，能够使教学起到事半功倍的作用，让学生在古代汉语、现代汉语、方言习惯中融会贯通。

郑智勇在《浅谈文言文教学中的潮汕方言优势》和陈传佳在《方言学在语文教学中的应用》中都对潮汕方言读音在语文教学上的运用做了分析，所举例子大同小异，现综合辑录整合以下，权当学习。

潮汕方言读音在语言教学上的优势。吕叔湘先生在《语言的演变》中说："旧体诗都是押韵的，可是有许多诗现在念起来不押韵了。"吕叔湘先生是针对普通话而言的，但对潮汕方言来说，却并不如此。用潮汕方言念，好多普通话读起来并不押韵的古诗，却仍然是押韵的。如白居易的《赋得古原草送别》："离离原上草，一岁一枯荣。野火烧不尽，春风吹又生。远芳侵古道，晴翠接荒城。又送王孙去，萋萋满别情。"普通话"荣"［róng］、"生"［shēng］、"城"［chéng］、"情"［qíng］并不押韵，可用潮汕方言念，都是押韵的："荣"［êng5］、"生"［sêng1］、"城"［sêng5］、"情"［cêng5］。

潮汕方言保留着古音的入声字，它的阴平、阳平（一、五声）清一色是古平声，其余六个声调都是仄声，以此判别平仄，其准确度是普通话的四音所不能比拟的。如李白《送友人》："青山横北郭，白水绕东城。此地一为别，孤蓬万里征……"在《语言的演变》中，吕叔湘先生说"郭""一"是阴平，"白""别"是阳平，与古汉语这四个字为入声字不同，所以普通话念起来就"平仄不调"。但这四个字潮汕方言仍然是入声字，都属仄声，以潮音来读这首诗，丝毫没有"平仄不调"的感觉，反而富有音乐感。

语文教师在教学生古诗平仄知识时，可凭借方言优势，用潮汕方言读古诗，给每个字打上平仄，凡是潮汕方言是阴平、阳平的就是平声，其他六个声调字都是仄声，这样就能把已分派三声的入声字仍归入仄声。至于古诗的押韵，也同样可以借助潮汕方言来帮忙。

不过说实话，现在很多年轻的教师，包括语文教师，有很多都搞不懂潮汕方言的"八音"，这是很遗憾的事情！

前面已经列举了潮汕方言的很多词语都保留有古汉语的痕迹，而借助方言的特点，义可显出潮汕方言在对文言词语意义的理解方面也占有一定优势。以大家都熟悉的课文为例：

（1）《察今》："时已徙矣，而法不徙。"其中"徙"在潮汕方言的意思为"转移,移动"。

(2)《邹忌讽齐王纳谏》:"妾之美我者,畏我也。""畏"在潮汕方言的意思为"怕、惊"。

(3)《赤壁之战》:"因拔刀斫前奏案……""斫"在潮汕方言的意思为"砍、劈"。

(4)《茅屋为秋风所破歌》:"床头屋漏无干处,雨脚如麻未断绝。""雨脚"在潮汕方言的意思为"雨点"。

(5)《孔雀东南飞》:"举言谓新妇。""新妇"在潮汕方言中的意思为"媳妇"。

诸如此类,假若我们语文教师能对方言的研究有所涉猎,能认识到方言中保留有古汉语的宝贵财富,并在语文教学尤其是文言文教学、古诗文教学中大胆利用潮汕方言对学生做适当的提示、讲解,就能帮助学生轻而易举地掌握一些看起来很难的知识点,收到很好的教学效果,这也是适当运用地方课程资源的一种方法。

再用潮汕话读文言文

2019 年 5 月 15 日　星期三

今天教《陋室铭》。

课前用普通话带读，然后我又用潮汕话朗诵，示范读给同学们听。读完，全班报以热烈的掌声。

我也要求学生用潮汕话来读。可是，我的天，学生竟都读得"疲惫不堪"，有很多字都不会念出潮汕音调。我说：潮汕人可不能不会说潮语啊！

洪思琪同学在本周的周记中以《用潮汕话读文言文》为题写了小随想：

今天，我们读了《陋室铭》这篇几乎所有中国人都知道的文言文。老师让我们齐读了一遍普通话版的《陋室铭》后，又用潮汕话读了一遍给我们听。老师读完后，我们全班都给予了热烈的掌声。但我觉得潮汕话版的《陋室铭》真的是太难读了。谁知，下一秒老师便要求我们用潮汕话来读一遍课文。果然不出我所料，同学们朗读的过程真是"不忍直听"啊。

从"双兔傍地走"走近潮汕话

2019 年 3 月 18 日 星期一

一

《全日制义务教育语文课程标准（2011 年版）》指出："自然风光、文化遗产、风俗民情、方言土语，国内外的重要事件，日常生活的话题等也都可以成为语文课程的资源。""语文教师应高度重视课程资源的开发与利用，创造性地开展各类活动，增强学生在各种场合学语文、用语文的意识，通过多种途径提高学生的语文素养。"

教完了《木兰诗》，拿几点出来卖弄。

第一，讲到诗的最后一句"双兔傍地走，安能辨我是雄雌"时，课文的注释专门对"走"做了解释：跑。我明白无误地告诉学生，用潮汕话来读和理解古汉语是最棒的！因为，潮汕话的"走"就是"跑"的意思，想都不用想！

第二，教完了全篇课文后，我饱含感情地用潮汕话朗读全诗，特别是读出了押韵的音。读完，同学们报以热烈的掌声……

第三，讲讲课程标准里面所说的"方言土语"，以期"提高学生的语文素养"。

二

潮汕著名学者林伦伦教授在潮州广播电视网"红桃粿"专版曾以《木兰诗》中"万里赴戎机，关山度若飞。朔气传金柝，寒光照铁衣。将军百战死，壮士十年归"为例，对潮语对应古汉语读法做了精彩的演说："机"与"飞""衣""归"三字押韵，潮音都应该读［ui］韵母。因为：（1）"几（幾）"字属于中古音的"止"摄"微"韵字，这个韵母的字里，潮音文读韵母为［i］，白读为［ui］，这是个对应规律。（2）"衣"字也属于中古音的"微"韵字，所以也符合韵母文读为［i］、白读为［ui］的规律。除了在《木兰诗》中之外，在不少古体诗中，仍然需要读［ui］韵母。

三

我国著名语言学家王力曾说潮汕话乃古汉语。而精通古文化的郭沫若也说："潮汕话是中国古语保留得最多的一种方言。"

中央电视台大国人文纪录片《我是潮汕人》称："潮州话是唐以前可以追溯至先秦的中国古代汉语的遗存之一，是中国最古老的官方语言之一，是秦统一之后不断被改造被吞噬的语言正宗。"

网上有不知真假的流传，说的是著名作家、编剧王朔曾笑称："秦始皇讲一口潮汕话。"他甚至举了一个例子，用潮州话朗读"关关雎鸠，在河之洲。窈窕淑女，君子好逑"。鸠、洲、逑都押韵，读起来抑扬顿挫，如同吟唱一般。可惜秦朝不过两代，没把潮州话给发展成国语，不然现在全中国都讲潮州话，多有架势，而且用潮州话讲"我爱你"，也不至于那么肉麻兮兮。

语言学界泰斗赵元任曾于1939年在上海申报馆发行的《中国分省新图》第4版、第14页《语言区域图》的图例上把新地图的"汉藏语族"改为"汉藏语类，"中国语系"改为"汉语系"。图中"汉语系"分为"北方官话区、上江官话区、下江官话区、吴方言、皖方言、闽方言、潮汕方言、客家方言、粤方言"九个单位。

外界公认潮汕话是"古汉语的活化石"，现今中国各方言中仍以潮阳话读古诗最押韵，诸如"松下问童子，言师采药去，只在此山中，云深不知处"等古诗用潮汕话来读最接近古音且完全押韵，古诗在唐中期以前数量颇巨，时下若非有一定古汉语基础的人很难完全把握韵律，而这对潮汕人来说并非难事。

当代学界一致认为"潮州话"继承魏晋时期的古代汉语，称其为晋话不为过也。而今潮汕话是基本完全保留古汉语入声字的方言。

举些例子可以略窥潮汕话在古汉语身影：（1）古人说"吃"，全部都用一个"食"字解决，如食饭、食糜、食水、食馒头……而今只有潮汕话保留了这一点，而在普通话等则早已是吃饭、喝粥、饮水、啃馒头。（2）在现今潮州方言语汇中有不少见之于秦汉或唐宋的古籍中，如"东司""翘楚""姿娘""腰佝""书册""眠起""起厝"等。（3）潮汕话还保留了许多神传文化中修炼与信仰的内涵，如出世（出生）、老去（逝世）、未来事先知（指具有宿命通功能、能预知未来之事）、圣公嘴（指有功能的人说的话能把事定住）、还有冤业（冤孽）、"道"（道行）"等。（4）潮汕人祖先远离烽烟四起的中原来到安定和平得多的潮汕地区，过上了较安稳的生活。而中原的战火基本上没有波及这"世外桃源"，中原地区的变革也就与这一地区关系不大。在这地区居住的中原汉人，他们原来的生活习俗和所操用的话语也就大体保留下来。潮汕地区的"时年八节"（春节、元宵、清明、端午、中元、中秋、重阳、冬节）就是古代习俗的延续。同时，古汉语的许多特点也在潮汕话中表现出来。(5) 潮汕话的确很难学，由此有些人说"潮汕话很土"，其实，"潮汕话是古，不是土"。潮汕话有八个声调，分别为阴平、阴上、阴去、阴入、阳平、阳上、阳去、阳入。读法如"分、粉、训、忽、云、混、份、佛"。（用潮汕话读出）这与古汉语的八音读法是一样的。而现代汉语却只有四个声调。一句"潮汕话最难学"（用潮语）就让他们满头雾水，目瞪口呆，即使练得舌头打结也难以正确说出。(6) 潮汕话因具有古汉语的特点，特别是八声读法，有些用普通话读起来不押韵的古文，若用潮汕话来读，会变得很押韵、朗朗上口。(7) 潮汕话保留古汉语八声读法的同时，也保留了大量的古词用法和大量单音节的古词。如沽酒（打酒）、行（走）、走（跑）、勿（不要）、伊（他或她）、目（眼睛）、新妇（媳妇）、索（绳）、齿（牙）、铰（剪）、箸（筷子）等。这些词在古汉语和潮汕话里大量使用，其中一些常用词是现代汉语少用或不用的。

四

上周，陈博锐同学在周记里写道，语文老师在上学期讲《狼》一课时，说以后有机会跟我们讲讲潮汕方言的知识，至今还没有讲噢。今天教了《木兰诗》，顺水推舟讲了一点点方言知识。哈，算是"还愿"了吧。

愿学生从此有兴趣去了解潮汕方言，珍惜自己的方言文化，热爱家乡的优秀传统文化，热爱中华民族的优秀传统文化！

方言的春天来了

2018 年 12 月 7 日　星期五

今天，到韩山师范学院伟南国际会议中心参加"首届潮汕文化教育与传承研讨暨成果展示会"。

"首届潮汕文化教育与传承研讨暨成果展示会"由韩山师范学院和潮汕三市教育局主办、韩山师院潮州师范分院承办、潮州市人才驿站协办。其目的是为了传承和弘扬中华优秀传统文化，增强广大师生的文化自信，推进潮汕文化教育与传承。

韩山师范学院黄景忠副校长在会上首先发言。

记得我暑假到韩山师范学院参加空港区中学校长培训班的时候，黄景忠教授还是以教务处主任的身份给我们做了题为《学校的办学理念与特色》的讲座。当时我被他严谨而又亲切、专业却不失风趣的风格，特别是他身上所体现出来的人文情怀，深深地折服了。讲座后我由此写下了题为《让现代教育充满人文情怀》的学习心得。没想到才几个月过去，黄教授已荣升为副校长，真是可喜可贺。黄教授强调，首届潮汕文化教育与传承研讨暨成果展示会，是在坚定文化自信的新时代下，在学习习总书记视察广东重要讲话精神的背景下召开的。师资队伍建设是传统文化进校园的"牛鼻子"，为了解决这一关键问题，韩山师范学院与潮汕三市教育局共同主办了这个具有首创意义的研讨活动。期待老师们将研讨会的成果带回各自县区和学校，在更多的学校、更大的范围内开展活动，播下潮汕文化教育的种子。这也是举办这场研讨会的初衷！

接着，广东省人民政府参事林伦伦教授为大家做了题为《春天来了：谈谈方言及地方文化教学的政策及理念》的讲座。我在读大学的时候就拜读过林伦伦教授的大作，我的书架上有很多林教授的著作。如今能近距离地聆听这位潮汕大家的讲座，我深感荣幸。林教授借助 PPT，图文并茂、深入浅出地向大家介绍了开展方言及地方文化教育的政策支撑，使大家明白开展区域文化教育是一项具有一定高度，既接地气、又符合新时代要求的工作。

广东外语外贸大学严修鸿教授做了题为《汉语方言词语的文化性及其在教学中的运用》的讲座，拓宽了老师们开展方言文化教学的视野，对于保护传承方言与文化，进行方言文化教学具有借鉴和启发意义。

暨南大学博士生导师伍巍教授做了题为《诗词格律简谈》的讲座，充满着语言学的理性美、文学的诗意美和口吐莲花的语言美的多重魅力！启迪大家如何开展中华经典诗词诵读活动，如何进行古诗教学。

其间，韩山师院潮州师范分院学前教育卓师班学生现场表演了中班语言《鸭囝会撑船》（潮汕童谣）教育活动，该院潮汕文化教研中心还展示了一系列教改成果和潮汕童谣音乐、表演、MV、动画等原创成果，现场掌声阵阵，气氛热烈。

会上，为推广潮汕文化教育与传承的经验及成果，粤东三市九位中小学校长、特级教师、教研员也就本校、本区潮汕文化教育的实践分享了各自的做法与经验。我作为揭阳市的代表，在会上做了题为《整合乡土历史文化，发展语文课程资源》的发言。这是我第一次在高校的殿堂上发言，班门弄斧的感觉特别强烈！我从自然环境、名胜古迹、蕴藏着祖国历史的文言文、丰富的经济资源、传统节庆、民俗风情、乡土文化名人、戏剧艺术等方面结合平时的教学实践，就（渔湖）乡土文化资源与语文教学的融合谈了粗浅的看法。

我特别强调：一个语文老师，必须充分地了解和学习地方历史文化，并能够整合发展成课程资源，适时适地地弘扬我们潮汕地方优秀传统文化。无论教育的现代化进步到什么程度，我们都必须教育学生要发现身边的美，要记住乡愁，要爱乡。这也是语文教学应该承载的任务。因为，一个热爱家乡的人，不会是一个不爱国的人！

主持人、韩山师院潮州师范分院林朝虹教授最后总结说，这次研讨活动具有时代性，因为研讨会是在坚定文化自信的新时代下，在中共中央、国务院提出"保护传承方言文化"的春天里，在高等教育与基础教育协同创新的新师范建设的进程中举行的，所以具有强烈的时代意义。其次是首创性，潮汕文化如何进校园、如何进课堂、如何传承，把潮汕文化教学当成基础教育的教学创新的一个主题来研讨，这在以前未曾有过。再次是丰富性，同时今天的活动也具有"播种"的意义。

方言的春天来了！

我深感兴奋和激动，收获满满。

愿潮汕文化教育的热土上，硕果累累！

元宵晚会闻潮音

2019 年 2 月 20 日　星期三

课前 5 分钟。

我问学生，昨晚有谁看了中央电视台的元宵晚会？全班没有一个人看！也难怪，今天还要上学，大家昨夜都不敢看电视，何况昨天还有大把的作业。昨晚我在家怂恿小孩看晚会，他也不受诱惑，一心做他的作业。

我顺便再问春节有多少人看春晚？同样，全班 39 人竟然都没有人看；春节期间有多少人看过《中国诗词大会》？有 7 人举手；有多少人看过《流浪地球》？共 5 人看过。我告诉大家："我们现在手上的这本语文课本第 23 课《带上她的眼睛》，作者刘慈欣就是《流浪地球》原著的作者。""哇……"坐在最前面的林培楠说："我有看电影，也看过《流浪地球》的原著。"这就太好了，我即刻给予了表扬。

从学生的反应来看，可以肯定的是，学生平时的课外资源接触并不多。这应该跟家庭因素有很大关系。

我从央视元宵晚会的节目《观灯》谈起，给学生介绍了潮剧的一点小知识。

潮剧，广东四大名剧（粤剧、潮剧、汉剧和雷剧）之一，因形成于广东潮汕地区而得名，俗称"潮调""潮音戏""白字仔戏"，明末已在闽南的诏安、云霄、平和、东山、漳浦、南靖等地广为流传，与梨园戏关系密切。2006 年，入选第一批国家级非物质文化遗产名录。被誉为"南国鲜花"。

和春晚一样，央视元宵晚会同样备受关注。这是继广东粤剧登上央视春晚后又一广东名剧登上央视元宵晚会，也是央视元宵晚会创办 34 年来，潮剧这一古老剧种的首次精彩亮相。此次演出节目为潮剧经典剧目《荔镜记》之《观灯》：元宵灯下遇佳人，荔镜铸就美姻缘。

《荔镜记》出于大闽南地区的潮州及泉州一带，主要为曲牌（剧本）形式，用戏剧来表演。潮剧《荔镜记》又名《陈三五娘》，内文词语用潮州话及泉州话混合着写，可谓最早的一部闽南语作品，是潮剧最具代表性传统剧目。

故事讲述明朝福建泉州人陈三，送兄嫂往广南上任，时逢元宵佳节路过广东潮州，在元宵灯会上与富家千金黄五娘邂逅，一见钟情，互相爱慕。黄父贪财爱势，将五娘允婚富豪林大，五娘不满，心中愁闷。陈三重来潮州，路过五娘绣楼，五娘在绣楼投以荔枝和手帕示爱。陈三乔装磨镜匠人，进入黄府，陈三在磨镜时，故意将镜摔破，借口赔宝镜，卖身为奴。经过一波三折，益春机智相助牵线，陈三和五娘终逃走私奔回泉州。此剧带有鲜明的反封建礼教色彩，讴歌男女自由婚姻，打破封建社会庸俗的男女婚姻安排，全剧具有浓郁的地方文化特色，至今常演不衰，剧中的《观灯》《藏书》《留伞》《订约》已成为潮剧的经典之作。

此次在央视元宵晚会上演出的《荔镜记》之《观灯》是很出彩的一段戏，也是很经典的片段，其中，闺门旦、小生、小旦、女丑（丑生），代表潮剧的四个行当，一一在全国观众前展现。潮剧作为一个古老的剧种，有580多年的历史，它的唱腔、音乐都形成了自己的特点和地方的特色。由于是用方言演出，潮剧比其他地方剧种推广难度更大，能够登上央视元宵晚会是很了不得的。事实上，潮剧也曾多次登上央视戏曲频道。

我告诉学生，作为地地道道的潮汕人，我们应该为家乡感到高兴和自豪。

潮剧是潮汕文化的精华，是最具地方特色的标志，更是联结海内外潮人的纽带。渔湖被称为"戏剧之乡"，其传统戏剧之兴盛和发展，考自1958年在揭阳渔湖明墓出土的嘉靖年间南戏剧本《蔡伯皆》手抄本，距今已有400多年的历史，这是潮剧界公认的戏曲史上难得的珍品，也是中华文化史上的瑰宝之一。由此可见，渔湖戏剧史可溯至明代中期以前。明末清初，渔湖戏剧已趋兴盛，各大乡村均有自己的戏班。时至今日，渔湖潮剧团仍享誉潮汕，潮剧的传统剧目均得到了很好的传承，各村庆祝节日或社庆，都免不了请来剧团到村社表演，以示庆贺。

拓展语文课程资源，还是要紧密联系课堂教学。就举几个学生都知道的著名人物对潮剧的评价来加深印象。

田汉在1957年潮剧首次上京汇报演出时，赋诗潮剧团赠别，写道："争说多情黄五娘，璇秋乌水各芬芳。湖边细柳迎环佩，江上名桥走凤凰。法曲久曾传海国，潮音今已动宫墙。难忘花落波清夜，荡气回肠听'扫窗'。"田汉于1962年南下广州，适逢澄海县艺香潮剧团在广州演出，他连看了两场表演，赋诗三首赠艺香剧团。其中有一首写道："热情如火兰生香，古调新声再发扬；鼓舞东南亚洲气，剧坛应共谢潮阳。"

老舍、曹禺、阳翰笙、李健吾、张庚、徐平羽、周恒、吕复等著名作家、戏剧家和文化界领导人，于1962年4月到广州参加全国话剧歌剧创作会议后，应汕头地委邀请到汕头参观游览，重点是观看潮剧。他们到普宁、澄海、汕头等地，观看了潮剧一团、青年剧团、艺香剧团和汕头戏曲学校等演出的12个剧目，对潮剧印象很好，纷纷赋诗或赠语。

曹禺到汕头后才第一次看到潮剧。他在汕头地委举行的座谈会上激动地说："看了潮剧之后，就有了个感觉，为什么那么多的华侨爱好潮剧呢？原因就在于潮剧的地方色彩非常浓厚，看了使人念念不忘。这是个了不起的剧种，它了不起的地方，就是不懂潮州话的人，没有看过潮剧的人，比如我看后就感到很合胃口，就被吸引住了。"

老舍对潮剧的唱腔音乐评价很高，他说："中国戏曲最大的缺点是音乐拿不出去。京剧出国就不大唱，只能演武戏。潮剧就不同，潮剧的音乐很丰富，恐怕还保留有唐宋的音乐。这些东西就得好好发扬它，将来在国际上可以有地位的。"老舍此行赋诗10首，有3首是专题赠潮剧的。其中《赠广东潮剧院》写道："莫夸骑鹤下扬州，渴慕潮汕几十秋。得句驰书傲子女，春宵听曲在汕头。姚黄瑰紫费评章，潮剧春花色色香。听得汕头一夕曲，青山碧海莫相忘。"

阳翰笙《赠广东潮剧院》写道："古树新花向日红，栽培雨露仰东风。璇秋明慧群星灿，艳竞千枝南国中。"

张庚（原中国戏曲研究院院长），看了潮剧，也被迷住了。他赋诗道："逶迤五岭自西来，行向东隅一望开。已见百工多巧技，更兼曲艺擅奇才。李三遇鬼倾场噱，庞女逢夫彻骨哀。愿将此生潮汕老，好将良夜傍歌台。"

教育部统编新教材九年级语文下册第五单元"舞台人生"，要求学生能够"阅读戏剧作品，把握戏剧冲突和戏剧人物，对作品有自己的理解和感受"。学习这个单元，当然是该适当引入潮剧这个课程资源了，我这是提前给学生预热。

参考文献：

[1] 李春花. 潮剧《观灯》将亮相央视元宵晚会 [N]. 南方都市报，2019 – 02 – 18.

[2] 李明. 潮剧首登央视元宵晚会 [N]. 深圳特区报，2019 – 02 – 19.

[3] 杜松年. 潮汕大文化 [M]. 北京：中国科学技术出版社，1994.

传承乡土文化教育

2019 年 3 月 23 日　星期六

一

教育部统编新教材七年级语文下册第二单元的"写作实践"第二项是:"在《土地的誓言》里,作者以饱满的热情描绘了他那美丽而丰饶的家乡。你的家乡是什么样的?你对它怀有怎样的情感?以《乡情》为题,写一篇作文。不少于500字。提示:(1)关于家乡,你应该有许多内容可写:家乡的景色、物产、风俗,以及你在家乡的生活……不必面面俱到,要有侧重地写作。(2)直接抒情应基于相关的记叙、描写,顺势而发;间接抒情时,所写内容要与表达的情感相协调。(3)写完初稿后,读给同学听听,看看你的作文是否能打动人。如果效果不好,和同学讨论,看看问题出在什么地方,然后做出相应的修改。"

教育部统编新教材九年级下册第三单元的"写作实践"第一项是:"古老的建筑、独特的物产、美丽的传说……这些都可能是你家乡的名片。试以《家乡的名片》为题,写一篇作文。不少于600字。提示:在你熟悉的范围内确定写作的具体内容,或景点,或物产,或名人,或民风民俗,所选对象要足以代表家乡的某种文化、风貌或精神……"

《全日制义务教育语文课程标准(2011年版)》强调:"应该重视语文课程对学生思想情感所起的熏陶感染作用,注意课程内容的价值取向,要继承和发扬中华优秀文化传统和革命传统,体现社会主义核心价值体系的引领作用,突出中国特色社会主义共同理想,弘扬以爱国主义为核心的民族精神和以改革创新为核心的时代精神,树立社会主义荣辱观,培养良好思想道德风尚,同时也要尊重学生在语文学习过程中的独特体验。""各地都蕴藏着多种语文课程资源。学校要有强烈的资源意识,认真分析本地和本校的特点,充分利用已有的资源，积极开发潜在的资源，特别是人的资源因素和在课程实施过程中生成的资源因素。"

看得出，新教材是特别注重"继承和发扬中华优秀文化传统和革命传统"的，在有关乡土文化教育这方面的安排不少。地方优秀文化传统是中华优秀文化传统的分支，传承乡土文化当是乡村教育的使命之一。

一说到乡土文化教育的话题，我的脑海里总是浮现出艾青的诗句："为什么我的眼里常含泪水？因为我对这土地爱得深沉……"

著名学者钱理群教授说："引导我们的孩子去了解自己生于斯、长于斯的土地，去发现、领悟、认识其中深厚的地理文化和历史文化，去关心这块土地上的普通人民，和他们一起感受生命的快乐和痛苦，并把这一切融入自己的灵魂与血肉中，成为自我生命的底蕴与存在之根。这将为他们一生的发展，奠定一个坚实的丰厚的精神底子。"① 在钱理群看来，人的生存状态大概有两种，或者离开本土"漂泊"，或者"坚守"。"本土"这个概念，可以是故乡，可以是对一个人的精神成长影响较大的地方，也可以是祖国。每个人都会根据自己的条件做出各自不同的选择。无论是漂泊者还是坚守者，如果心中拥有自己精神的"家园"，有民族文化的"根"，那么，漂泊中也会有乡思，有心灵的归属和依靠；困守中也有认同，不会因为对日常生活的不满而牢骚满腹或麻木不仁。

"认识我们脚下的土地！"

不可否认，在以农耕文化为主导的乡村文明向以工业化为主导的城市文明演进的过程中，乡愁何在几乎成为一个"中国式盘问"，也成了众多游子的心头之痛。在新型城镇现代化鼓点频催、乡愁无处安放、乡土文化不断被城市文明蚕食的语境下，我们该如何是好？

教育是能够唤醒个人经验最佳的语境，对于中小学生来说尤为如此。而要给学生们从小烙印下乡土文化的印记、培植乡愁的基因，教育应该承担起这样的使命。对于处在新型城镇化进程中的农村学校，进行适当的乡土文化教育是极其必要的，也是一点都不困难的。因为我们的大多数老师和学生就是来自于农村，乡村的一土一木对于他们来说是再熟悉不过了。我们也完全有条件安排乡土教育体验，适当的乡土文化综合实践活动，即使不能做到"尽善尽美"，但对乡土文化的传承和乡愁氛围的营造，大有裨益。同时，也使教育的功能得到了进一步延伸，和生产劳动进行了有效衔接，让学生对生

---

① 冯癫.《贵州读本》将地域文化引入中小学语文教学［N］. 中国青年报，2003－11－20.

于斯、长于斯的农村，有了更加深刻的认识。而这往往是课本上学不来的。

乡愁是精神故乡的象征。而总有那么一天，这里的很多学生在成人后离开家乡，到其他城市的星空下漂泊、打拼，也会在"每逢佳节倍思亲"的诗句中，打捞起母亲的白发、父亲的叮咛，会在"我寄愁心与明月"的意境中，回忆起故乡的一草一木吧。特别是文化的落差有可能让他们"痛彻心扉""泪眼朦胧"时，这就是乡愁的一种释放。

让学生们从小了解农耕文明，让乡土文化得以诗意栖居，这在新型城镇化风起云涌的当下，也许是一种别样的教育智慧。

二

日前，韩山师院潮州师范分院林朝虹教授把著名潮籍学者、北京大学中文系教授陈平原在潮师的演讲稿《如何谈论"故乡"》转发在"《潮汕文化读本》研讨群"上。林教授评价："智慧与知识巧妙交织，乡土情怀与教育情怀交融。"夜深之时，我细读该文，一再拜读，如沐春风，竟有泪而出……感动于一个知名学者对故乡家园浓浓的爱与执着的教育情怀！陈平原教授的这篇文章，对于我正在进行研究的"新型城镇化进程中农村语文课程资源整合发展研究"课题是大有启发和借鉴作用的。

2019 年 3 月 11 日，陈平原教授自掏腰包，购买 1 000 套《潮汕文化读本》捐赠给潮州市部分中小学。他说："既然孩子们想读、爱读，我就决定自费购买 1 000 套读本赠送给一些学校，让更多孩子了解和感受脚下的这方热土，培育热爱祖国、热爱家乡的情感，树立对潮汕优秀文化的认同感、自豪感和自信心。"林伦伦教授认为，此次赠书活动不仅是作为潮州人的陈平原教授家国情怀的体现，也有助于更多孩子领略家乡文化的魅力，进一步传承和弘扬优秀传统潮汕文化。①

我本身就是陈平原教授的粉丝，家里有很多陈平原的著作。15 年前，我在书店的一个角落看到陈平原的《大英博物馆日记》（山东画报出版社，2003 年 9 月版），翻阅到里面所记："墙上所挂大幅木雕，远远望去，一口咬定是来自潮州；别的不敢说，潮州木雕中的镂空雕刻，配上五彩饰金，自信还是能够辨认的。小时候曾多次参观工艺美术展览（那是学校组织的，目的是培养学生们对家乡的热爱），长大后又耳濡目染，对潮州的木雕、刺绣、陶瓷等工艺品，略有感觉。妻子不太相信我的眼力，还嘲笑此乃'谁不夸俺家乡好'……""有趣的是，在这幅五彩斑斓的地图上，有潮州，而没有清

---

① 吴冰. 助力 78 所中小学开展乡土教学 [N]. 潮州日报，2019-03-12（12）.

代中期便已迅速崛起的汕头。欣赏这明显不合史实与比例的地图,作为潮州人,我很得意。"看到这些,我就毫不犹豫地买下了。为什么?因为亲切!

华为创始人任正非在接受英国广播公司采访时说:"我最喜欢的还是农村,这辈子最遗憾的是没去做农民。我看书、看新闻,很多时候都是看农业怎么种庄稼。"① 在现代化高速发展的今天,我们不应该忘却乡愁,我们应该记住并留下乡愁!我觉得,潮汕学子乃至潮汕文人是有福的,当今有陈平原教授这样无私热爱乡土的大师在指引着我们。

致敬陈平原博士!

附:

如何谈论"故乡"②

陈平原

如何谈论"故乡",这是一门学问,也是一种心境。什么是故乡,简单说就是自己出生或长期生活的地方。《史记·高祖本纪》:"大风起兮云飞扬,威加海内兮归故乡。"李白《静夜思》诗:"举头望明月,低头思故乡。"杜甫《月夜忆舍弟》:"露从今夜白,月是故乡明。"故乡又叫家乡、老家、故里、桑梓等。可别一听"乡"字,就以为是山村、边地或县以下行政单位;这里的"乡",也可泛指自己生长的地方或者祖籍。比如,你出生在北京或上海,那就是你的故乡。

科举考试时代,籍贯很重要;现代社会不一样,人口流动得很厉害,原籍哪里已没有多少意义了。以前填各种表格,都有籍贯这一栏,现在你拿护照看,改为出生地了。可这也不保险,很多人出生不久就离开,故乡的记忆照样很模糊。你低头思的是哪一个故乡,很难精确定义。

1924 年,周作人写《故乡的野菜》,其中有这么一段:"我的故乡不止一个,凡我住过的地方都是故乡……我在浙东住过十几年,南京东京都住过六年,这都是我的故乡;现在住在北京,于是北京就成了我的家乡了。"这个态度我很喜欢——你曾经长期生活过的地方,无论乡村、小城或都市,都是你的故乡。

你我的故乡,很可能不止一个。因为,最近四十年中国城市化进展神速,据国家统计局的数据:中国的城市化率,1949 年是 10.64%,1979 年为 19.99%,2018 年时已经是 59.58% 了。也就是说,当下中国,有一半以上

---

① 任正非接受 BBC 采访纪要 [EB/OL]. 环球时报-环球网,2019-03-20.

② 陈平原,1954 年生于广东潮州,北京大学中文系教授、教育部长江学者特聘教授、中央文史研究馆馆员。本文刊登于 2019 年 3 月 19 日《南方都市报》。

人口生活在各大、中、小城市。很多人都跟你我一样，儿时在农村或小镇，每天与青山绿水为伴；念大学后，洗净了泥腿子，变成了城里人。今日繁华都会里很多衣冠楚楚的"成功人士"，往上推一辈或二十年，都是"乡下人"。这些有农村生活经验的"城里人"，整个生命被裁成两截，一截在城，一截留乡。因此，今人的怀乡，大致包含三层意思，一是生活在都市而怀念乡村，二是人到中老年而怀念儿时，三是在互联网时代而怀念农业文明或工业文明。

在网络文化越来越发达、虚拟产品越来越多的时代，谈论"在地"且有"实感"的故乡，不纯粹是怀旧，更包含一种文化理想与生活趣味。谈故乡，不妨就从自家脚下，一直说到那遥远的四面八方。今天就谈四个"乡"——乡音、乡土、乡愁、乡情。

学语言或文学的，喜欢抠字眼，"乡"通"向"，四乡应该就是四方。《国语·越语下》："皇天后土，四乡地主正之。"或者《庄子·说剑》："中和民意，以安四乡。"这么说，四乡就是指四方。可我从小就说"四乡六里"，或者"四乡邻里"，那里的"四乡"，方向之外，似乎还包含距离。长大后游走四方，方才知道这是潮汕话，别的地方并不这么说。所谓"四乡六里"，我的理解是看得见、走得到、摸得着、不太遥远的四面八方——包含地理、历史与人文。

一、关于"乡音"

"少小离家老大回，乡音未改鬓毛衰"，唐人贺知章的诗句众口相传。此君浙江人，唐武后证圣元年（695）中进士、状元，而后长居长安，晚年回到故乡，写下《回乡偶书二首》。在朝当官，必须说唐代的国语（雅言），这跟自小熟悉的吴越方言有很大差别。几十年后回去，还能"乡音未改"吗？我很怀疑。在外谋生者，游走四方时，必须跟使用国语或各地方言的人打交道，不知不觉中，乡音就改了。前些年我在港中大教书，某次参加香港潮州商会雅集，恰好汕头电视台来录节目，希望大家都为家乡说几句。在场的人要不粤语，要不普通话，只有我自告奋勇，用自认为标准的潮州话侃侃而谈。可很快地，我就意识到自己语言笨拙乏味，都是简单的判断句，像初中生一样。事后反省，口音没变，语法没问题，但我离开家乡四十年，这四十年中涌现的大量新词及新的表达方式，我都必须在脑海里翻译一遍，才能磕磕巴巴说出来。这不太流畅的"乡音"，还能说"未改"吗？当然，贺知章生活的时代，语言变化没有今天这么大，但长期在外生活的，说话不可能不受周围环境的影响，"乡音"其实很难保持纯粹。

这种尴尬局面，是方言区长大的人所必须面对的。我在《作为学科的文学史——文学教育的方法、途径与境界》（北京大学出版社，2016年版）中，专门讨论为何20世纪二三十年代的北大课堂一定要发放讲义，主要原因是教授们乡音很重，北方学生听不懂。所谓"某籍某系"，特指浙江籍学者在北大中文系占绝对主导地位，他们都很有学问，但讲课不无问题——有讲义那就好多了。

等到20世纪80年代我在北大教书，沟通没有问题，但南方口音依旧是个遗憾。可我没有自卑感，甚至半开玩笑说，北方朋友太可惜了，他们缺少方言与国语之间的巨大张力，语言敏感度不够。

20世纪八九十年代中国电影里的领袖人物，为何选择讲方言而不是普通话？中央文史研究馆开会，我提出这个问题，有知情人回答：当时电影主管部门曾召集各地影院负责人征求意见，问银幕上的毛泽东、周恩来、邓小平，到底该怎么讲话。80%以上的人认为，毛泽东应该讲湖南话、邓小平应该讲四川话，因为此前的电视新闻或纪录片已做了大量铺垫，大家对他们的声音有记忆，让他们在银幕上改讲字正腔圆的普通话，不好接受。当然，考虑到接受度，讲的都是改良过的方言或方言腔的普通话。正是在这种大背景下，大学老师上讲台，不用测试普通话，学生能听得懂就行。

最近这些年，常有年轻的潮籍朋友来访，若不特别说明，单从口音已经分辨不出来了。家乡普通话推广得很好，但因经济、文化等因素，方言使用减少，可能是个大趋势。幼教提前，影视发达，与此相应的是童谣少了，乡音稀了。

以广东为例，广府、潮汕与客家三大方言区，其实兼及文化、经济与政治。若编地方文化读本，我不看好笼而统之的"岭南"，而主张按方言区来编。《潮汕文化读本》（广东教育出版社，2017年版）出来后，这个思路基本上被认可了。

《潮汕文化读本》各册前面的"致同学们"，原来有一段话：

举个小小的例证，与"乡音改鬓毛衰"的上一辈乃至上几辈人相反，而今走出家乡的大学生，普遍乡音不明显。一方面是学校推广普通话，已经取得很大成绩；另一方面，为了日后闯荡世界，方言区的孩子们也都自觉不自觉地远离方言。以至于到了今天，谈及如何保护文化的多样性，必须从方言、童谣及地方戏曲入手。这一点，是以前从未想过的。

推广普通话与关心方言，二者如车之双轮，最好能并驾齐驱，因其背后的思路是国际化与地方性、国家与乡土、经济与文化。

最近为"潮州民间文学丛书"撰写总序，杨睿聪的《潮州俗谜》《潮州的习俗》和沈敏的《潮安年节习俗谈》阅读起来没问题，丘玉麟的《潮州歌谣》已经有些陌生了，到了方言小说《长光里》（张美浥、钟勃），更是不得不借助注释。才不到百年时间，方言已经出现如此变异，下一代能否读懂并接纳方言作品，是个问题。而没有文学滋养及学问熏陶的方言，会变得粗糙，且苍白无力。在这个意义上，不仅方言学家，一般读书人也都有责任关注方言在当代中国的命运。

二、关于"乡土"

20多年前，在京都大学访学，有一天某日本教授问我，假如你是明清时代的读书人，从潮州到京城赴考，要走多少天，是水路还是陆路，路上怎么住宿，会不会被黑店老板做成人肉包子，还有，万一有机会参加殿试，你们潮州人能与皇帝沟通吗？说实话，当时被问住了，因我从没想过这些问题。

多年后，读翁辉东等编《潮州乡土地理教科书》（1909年版），第五课"位置二"："居广东省城东北，相距一千六十里；北京之南，相距七千二百里。"这里说的不是空间的直线距离，也不是今天大家熟悉的铁路或公路，而是根据当年的驿站路程统计的。假如你是潮州府的读书人，一路过关斩将，有机会到京城参加会试及殿试，那你该怎么走？查《明会典》及明隆庆四年休宁黄汴撰《一统路程图记》，大概是这么走的，从凤城水马驿（潮州）、经过产溪水驿（丰顺）、灵山马驿（潮阳）、程江驿（梅县）、榄潭水驿（梅县）、北山马驿（惠来）、武宁马驿（惠来）、大陂马驿（惠来），继续往西走，来到广州，再折往北，经过清远县、英德县、曲江县、大庾县等，出了广东，再往北一直走，走走走，来到了今天河北的涿州，60里就是良乡县，30里到达卢沟河，再走40里，终于进了顺城门。记得1904年清廷颁布《奏定初等小学堂章程》，规定小学一、二年级应注重乡土教育，其中地理课程的教学宗旨是"养成其爱乡土之心"，具体内容包括"方向子午、步数多少、道里远近，次及于附近之先贤祠墓、近处山水"等，再加上"舟车之交通"，逐渐由近及远。现在交通发达了，近处搭高铁，远处乘飞机，沿途的风光及险阻均被忽略，家乡的位置也就变得十分模糊。

我之所以关注乡土教育，有学理思考，有历史探究，也有现实刺激。

去年在韩山师院潮州师范分院讲《乡土教材的编写与教学》，我提及现代中国著名社会学家、民族学家、教育学家潘光旦的《说乡土教育》（1946年版）。这篇半个多世纪前的文章，感叹"近代教育下的青年，对于纵横多少万里的地理，和对于上下多少万年的历史，不难取得一知半解"，可唯独对于自己的家乡知之甚少。你问"他从小生长的家乡最初是怎样开拓的，后来有些什么重要的变迁，出过什么重要的人才，对一省一国有过什么文化上的贡献，本乡的地形地质如何，山川的脉络如何，有何名胜古迹，有何特别的自然和人工的产物",他很可能瞠目结舌,不知如何应对。

不瞒大家,我在北大接待家乡来的优秀学生,经常碰到这种尴尬的局面,很想跟他们聊聊家乡的事,可聊不下去。谈移民路线、方言形成或韩愈治潮的虚实,那属于历史,不懂可以原谅;说1991年潮汕三市分立的故事,以及当下各市的发展情况,他们也都没有我知道得多,而我已经离开家乡40多年了。换句话说,今天的孩子们,从小心无旁骛,一心只读圣贤书,好不容易考上了北大、清华,更是胸怀全世界,不把小小的家乡放在眼里。高考压力山大,教材日趋一统,城市迅速扩张,科技日新月异,对于年青一代来说,故乡变得可有可无。

从晚清的提倡乡土教育,到我们编写《潮汕文化读本》,都是关注当地的自然环境、人文历史、文学艺术、物产及人情等。只不过时代不同,今天的读本可以编得更精致,也更实用。从家庭、邻里、地区,说到社会、国家、世界,如此由近及远的目的,是希望保留学习认知过程中的温度与情感。在一个越来越同质化的时代,多元文化的保存以及个人的独特体验,其实很重要。但就像我在《潮汕文化读本》的"致同学们"中所提醒的:"有关乡土的缤纷知识,并非自然习得,同样需要学习与提醒、关怀与记忆。"

刚才提及杨睿聪1930年印行的《潮州的习俗》,那书虽在潮州制作,封面设计挺好看,还请了钱玄同题写书名,书中更以补白形式,引入周作人、江绍原、何思敬以及《国立中大民俗周刊》的言论。其中启明《水里的东西》称:"我们平常只会梦想,所见的或是天堂,或是地狱,但总不大愿意来望一望这凡俗的人世,看这上边有些什么人,是怎么想。社会人类学与民俗学是这一角落的明灯,不过在中国自然还不发达,也还不知道将来会不会发达。"这段文字,乃周作人1930年5月所写的"草木虫鱼之五",收入《看云集》。主旨是谈论"凡俗的人世",从自己家乡的"河水鬼"以及日本的"河童"说起,辨析传说与信仰背后的历史与人情。"我愿意让河水鬼来做个先锋,引起大家对于这方面的调查与研究之兴趣。"其实,谚语、童谣、节庆、习俗、信仰、禁忌等,都包含深刻的民心与哲理,关键是能否读懂它们。借用周作人为另一个潮汕人林培庐编《潮州七贤故事集》所写的序言(1933):"'歌谣故事之为民间文学须以保有原来的色相为条件',切忌将其文艺化,也不要忙着褒贬。第一是实录,第二是阐释,第三才是传承。可以剔除过于荒诞不经的部分,但建议放长视线,不要太急功近利。所谓'旅游开发',并非传播乡土文化的最佳路径,因其容易走向过分商业化。"

三、关于"乡愁"

朋友们见面,聊各自的故乡,有眉飞色舞的,但更多的是忧心忡忡——

尤其是从农村走出来的。去年起,我带着老学生们续编"漫说文化"丛书(共十二册),收改革开放40年来各专题的散文随笔,其中《城乡变奏》这一册,含"城市记忆""城市之美""我的家乡""故乡疼痛"四辑,很明显,前两辑文章好,可选的也很多;谈故乡这一辑最弱,选了刘亮程、梁鸿、南帆、梁衡等八篇,还是不太满意,感觉没超过五四时期乡土小说的立场与趣味。

今天众多乡愁文章的模型,乃鲁迅1921年所撰小说《故乡》。"我冒着严寒,回到相隔二千余里,别了二十余年的故乡去。时候既然是深冬;渐近故乡时,天气又阴晦了,冷风吹进船舱中,呜呜的响,从篷隙向外一望,苍黄的天底下,远近横着几个萧索的荒村,没有一些活气。我的心禁不住悲凉起来了。啊!这不是我二十年来时时记得的故乡?我所记得的故乡全不如此。我的故乡好得多了。"不仅仅是故乡颓败的感慨,鲁迅更反省"我"和闰土关系微妙而又不可逆的变化,追怀"海边碧绿的沙地"以及"深蓝的天空中挂着一轮金黄的圆月",思考着地上的路是如何形成的。这当然是故乡书写的经典,但不该是全部。

鲁迅1935年在《中国新文学大学·小说二集》的"导言"中,谈及"乡土文学"的特征:"蹇先艾叙述过贵州,裴文中关心着榆关,凡在北京用笔写出他的胸臆来的人们,无论他自称为用主观或客观,其实往往是乡土文学,从北京这方面说,则是侨寓文学的作者。"

侨寓他乡,怀念故土,在书写乡愁的同时,隐含着"炫耀他的眼界"。无论小说、散文、诗歌、戏剧,文体可以不同,谈"故乡"的心情与趣味相通。可此类话题谈多谈久了,容易滑向矫情。等而下之的,用怜悯的眼光及高高在上的姿态,俯瞰故乡贫瘠的土地以及不甚富裕的民众,欣赏自己的同情心。

鲁迅没提到的是,假如这个"乡土"不是偏远的贵州、榆关或山阴,而是上海、广州或北京,该如何书写,以及能否纳入"乡土文学"的论述范围。这就说到文章开头提及的"故乡"不仅是边地或乡村,还可以是都市或像潮州这样的小城。

十几年前指导一位韩国留学生撰写博士论文,她一反国人基于京海对立的预设而将二三十年代的北平描写成"乡村气十足的城市",借用好些当年韩国游客的文章,说明在那时的韩国人看来,北京已经很都市、很繁华了。请记得,城市的大小与繁华程度,只是相对而言。我儿时生活在汕头农校,那是在洋铁岭下,在少年的我看来,潮州就是了不起的城市了。只要是远走他乡,即便从小生活在大都市的,也都会有乡愁。

不仅远走高飞的，几十年不离本乡本土的人，同样有自己的乡愁。比如感叹时光流逝，今非昔比。今天中国的城市或乡村，对照40年或100年前的模样，当然是面目全非了。怎么看待这种巨大的变化，可不能一味感怀"过去的好时光"。

这就说到乡愁的可爱与可疑。比如饮食，很多人感叹现在的食品不如以前好吃。尤其是游子归乡，都说这不是以前的味道。其实，儿时的记忆并不可靠，时间会过滤掉很多尴尬与不快，一次次追忆，强化了你我对故乡食物的美好印象。如果真的是"古早味道"，你还不一定喜欢呢。再说，有什么理由要求故乡几十年不变？我们的口味及食品，其实都在变化，既要适应个体的味蕾，更得适应时代的风气。如何兼及想象中的故乡风味与现代人的感官享受，还有今天的都市怎么改，小城如何建，新农村应该是什么样子，这都是需要认真探索的。

今天的中国，诗意与问题兼有。谈故乡，不能太文艺腔，还得有历史感与现实关怀。否则，会显得很矫情。"乡愁"，这本是个很好的词，挺优美的，可近些年似乎被用滥了。记得《中国在梁庄》和《出梁庄记》的作者梁鸿，在一次演讲答问时脱口而出："……不是说不爱'故乡''乡愁'这些词了，而是因为它叙说太多太多了，我们反而把它忘掉了。如果今天一定要谈'故乡'对我意味着什么，我说，实在是难以承受之重。"（腾讯文化，2015年3月17日）确实，就像梁鸿提醒的，今天谈故乡，聊乡土，说乡愁，切忌把它抒情化、田园化、牧歌化。

四、关于"乡情"

为何桑梓情深，因为那是我的家乡，谈论它、了解它、传播它，与其说是为了家乡，不如说是为了自己。很多人客居异乡，猛然涌上心头的是"三十功名尘与土，八千里路云和月"，该到为家乡做点事的时候了。读书人除了知书达理，还讲剑及履及。坐而言，起而行，若你真想改造社会，不妨就从自己熟悉的故乡做起。

我在北京已经生活了35年，照周作人的说法，北京也是我的故乡。2001年起，我好几回在北大讲授"北京研究"专题课，主持相关国际研讨会，出版《北京记忆与记忆北京》等。有感于很多人在北京生活多年，对这座八百年古都及国际性大都市毫无了解，也不感兴趣，前些年我撰写了《宣南一日游》（2012）："可惜不是北大校长，否则，我会设计若干考察路线，要求所有北大学生，不管你学什么专业，在学期间，至少必须有一次'京城一日游'——用自己的双脚与双眼，亲近这座因历史悠久而让人肃然起敬、因华丽转身而显得分外妖娆、也因堵车及空气污染而使人郁闷的国际大都市。"

  了解自己的故乡或脚下的土地,这不仅是知识积累,更是情景交融。学问讲求切己,如今的人文学者,很多人悬在半空中,表面上知识渊博,可那是电脑检索得来的。读书人的"接地气",常被解读为占据道德制高点的"关注底层",我的理解更为平实,那就是贴近时代,关注日常,接近民众生活,获得真实感受。

  比起北京来,潮州更是我的故乡,若有可能,当然愿意为其添砖加瓦。虽然2001年教育部颁布《基础教育课程纲要》,提出国家、地方、学校三级课程管理的概念,乡土教育于是有了某种生存空间。但因没有硬性规定,远离高考成绩,在实际教学中,往往被忽视。有机会和朋友们合作编写《潮汕文化读本》,对我来说,无关业绩,更多的是还愿。这个过程很开心,至今想来,仍是美好的记忆。

  有理想有才学的人,常常幻想一出手就惊天动地,否则,宁愿袖手旁观——这种心态很不好。每代人都有自己的得意与失意,不能坐等条件成熟。一眨眼,半辈子就过去了。凡过分追求完美的,结果很可能什么事情都干不成。

  胡适1929年12月为新月书店的一本新著撰写序言,引了佛经故事里的"鹦鹉救火":鹦鹉不问自家能力大小以及成功与否,只因"尝侨居是山,禽兽行善,皆为兄弟,不忍见耳"。这则故事的结尾很光明,"天神嘉感,即为灭火";可现实生活中,这样的感天动地极少见。做好事而不求回报,只是为了尽心尽力,这才是真正的乡情。

  故乡确实不尽如人意,可这怨谁呢?你是否也有一份责任?对于远走高飞且在异乡取得很大业绩的你,在表达爱心与倾注乡情时,请尊重那些在当地的奋斗者。说实话,家乡的变化,最终还是得靠坚守在本乡本土的朋友们。远在异乡的你我,即便能助一臂之力,也不能代替他们的思考与努力。错把故乡当他乡,还没下马就哇啦哇啦地发议论,以为可以复制你成功的异乡经验,那是不对的。误认的结果必定是乱动,最后很可能双方都不开心。理智的做法是,退后一步,明白自己的位置与局限,除了坚持《深情凝视"这一方水土"》(《同舟共进》2006年第4期),再就是因应故乡朋友的呼唤,小叩大鸣,在某个特定领域,略尽绵薄之力,如此而已,岂有他哉?

新型城镇化须构筑历史之美

2019年4月10日 星期三

据今天的《揭阳日报》报道,"日前,市政府批准并公布了第七批揭阳市文物保护单位22处,至此,我市拥有的市级文保单位达到了115处"①。其中,渔湖(现空港经济区凤美街道办事处)的塘埔官渡遗址就被确定为市文物保护单位。

一个有魅力、有风骨的城市必须有着鲜明的地方特色;而一个有着鲜明地方特色的城市必须有着自己独特的记忆。文物,就是一座城市文化记忆的重要载体。每个文物背后,都有一段古老的故事,都有一段鲜活的记忆,闪烁着动人的光芒。

记忆是智慧的基础,是新的思考的起点和参照系背景。记忆是文化的积淀,有助于我们知道文化的优势和劣势,城市的重要记忆能够加强自身对环境的归属感。一个人失去了记忆无法思考,也不能提高;有了记忆才会多思,没有记忆就不会有深刻的思考,更不会有理性的思考。

每个时代都会在一个地方留下自己的痕迹,由一系列代表不同时期的历史上遗留下来的建筑、人文景观、自然风貌,以及当地的风俗习惯等历史坐标点串成了城市记忆,成为一个地方魅力的最佳表现方式。城市需要记忆,居于其中的市民也需要记忆。一个现代化的城市同样需要保护城市的文化遗产,保护历史的延续性,保存城市的记忆。但是,随着现代化建设的不断推进,城市的记忆被划分为支离的碎片、孤独的符号。如果历史上的坐标能获得一定数量的复制以及被重新诠释,那么城市的记忆符号就会在被连续记取的过程中获得新的意义,城市的历史文化也将在发展中保持前后的连续性和

---

① 城市之美在于记忆的留存——第七批揭阳市文物保护单位扫描[N]. 揭阳日报,2019-04-10(9).

整体性。

　　塘埔官渡遗址（含鸢坡庵）位于空港经济区凤美街道塘埔村、炮台镇塘埔村，为我市南粤古驿道的主要遗址。塘埔渡肇建于南宋初年，是揭阳历史最为悠久，承载历史事件和历史人物最丰富，在经济社会发展中最有影响的古渡，对于研究揭阳交通、驿道建设及其变迁等，有着高度的价值。鸢坡庵位于揭阳空港经济区炮台镇塘埔村西北面，清康熙三十三年（1694）由揭阳县令蔡端倡建，是炮台区域内较早较大型庵庙建筑，它保留着清代建筑风格，是研究本地区佛教民俗文化和庵庙建筑艺术的实物资料。该庵前约5米为官道，向西约50米是塘埔渡（鸢坡渡），对岸为凤坡渡，是古揭阳县通往潮州府官道要津。鸢坡庵和中国近代史"清朝开眼看世界第一人"林则徐有着非同寻常的渊源。清道光三十年（1850）农历十月十三日，朝廷钦差大臣林则徐奉旨驰赴广西，在该庵歇息，抱病夤夜过渡后，于同月十九日在普宁洪阳病逝，相传林则徐"寿至鸢凤相交处"。

　　建筑大师贝聿铭曾经说过："一座城市如果没有了旧的痕迹，就好比一个人失去了记忆。"光阴不可逆转，但通过文物保护，我们却可以留住城市发展的印记，延续历史的记忆。人们从历史中走来，又将留下新的历史。唯有站在历史的肩头，我们才得以眺望未来。

　　为了使古迹免于湮没，塘埔官渡遗址经过修葺，整饰亭碑，配套新景，成为市文物保护单位，在新型城镇化大力推进的进程中，留住了家乡渔湖的记忆，留住了揭阳城市历史的一处记忆，确实让渔湖人欣慰，也必将启迪后人热爱家乡。

　　补记：我特别到塘埔官渡遗址参观，有一个遗憾不吐不快，就是看到这处被确定为市文物保护单位的历史遗址，竟然是在原来的位置上，把当初渡口的一间渡口厝推倒，新建一个特别漂亮的亭，亭上挂着"塘埔官渡"的牌匾。我纳闷，为什么不保留原来的建筑，而要新建呢？我认为，作为一处历史遗址，新建的再漂亮的现代建筑，也抵不过一块历经风霜雨雪的老石头、一间老厝！

你知道揭阳有多少文物保护单位吗

2019年4月11日 星期四

揭阳位于广东省东南部潮汕平原，为粤东古邑。深厚的文化积淀使这里并不缺乏丰富的历史文物和旅游资源，我们有着省政府命名的首批历史文化名城，有着"小戏之乡""国画之乡""中国民间艺术（潮州音乐）之乡"等美誉，有着首批国家非物质文化遗产，有着始建于宋绍兴十年（1140）的"粤东古建筑明珠"、又是广东省唯一的"周恩来同志革命活动旧址"的揭阳学宫，有着建于明天启元年（1621）的古邑标志性建筑、揭阳古八景之一的"谯楼晓角"进贤门，有着1 400多年历史的揭西"三山国王"庙，有着建于宋绍兴十年的揭阳东门城隍庙，有着传说创建于商朝、供藏有20 600多尊缅甸刻造玉石佛像的普宁南岩古寺，有着宋代创建的"潮汕三大名刹"之一的双峰寺，有着黄岐山风景区，有着揭东的埔田竹林和风门古径，有着惠来的客鸟尾石笋区和亚洲第一航标灯塔，有着被誉为"岭南第一瀑"的揭西黄满礤瀑布、京明度假村和大洋云景湖度假村，有着目前国内最高、面积世界最大的榕江大型音乐喷泉，有着……够了！有着这些，已足够显示出这是一个多美的地方，多好的地方！

可是，我们也看到，综合开发利用、多元化的经济价值高、效益好的揭阳旅游业还没有真正建立起来。是没有统一规划旅游资源？是资金缺乏？是人们观念还没有真正改变？是综合服务不配套？还是别的原因？

唯有民族的，才是自己的，才能吸引世界。我们完全有必要从不同角度挖掘、弘扬潮汕文化和揭阳特色文化，发挥资源优势，将其转化为现实的生产力。我曾经去过桂林，在广西师范大学，导游专门把我们带到一处景点，这里是古代学子考试的地方，经过导游生动煽情的讲解，旅游者纷纷拿出相机，流连忘返。当时我就想，揭阳学宫一点都不逊色于此处，为何人家"有变"（能），我们"无变"（不能）？

我想，到重庆旅游的人晚上要去茶馆听评书看川剧，为什么来揭阳不可以去茶馆品工夫茶看潮剧？到九寨沟等少数民族聚居地，晚上还要去藏族、羌族等同胞的住处参观、一起跳舞喝青稞酒，为什么来揭阳不可以带外地游客去行彩桥看"安仔灯"学舞龙跳英歌舞？到北京参观了故宫还要参观四合院，为什么来揭阳不可以走过了进贤门后参观潮汕府第最基本的构成单位"下山虎"和"四点金"，领略"驷马拖车""百鸟朝凤"的潮汕民居风采？到成都除了一定要到武侯祠还要到锦里一条街去吃"张飞肉"和购物，为什么来揭阳游览了城隍庙之后找不到有一条围绕文物、景观、遗迹、潮州音乐、木雕、潮菜、传统小吃、工夫茶、抽纱、刺绣、剪纸、花灯等潮汕特色的"一条街"？到桂林阳朔要去西街逛夜市食鲤鱼喝啤酒，为什么在揭阳不可以也让外地人逛夜市吃粽球嚼牛肉丸咬乒乓粿喝啤酒……

到外面旅游的人都知道，有些旅游胜迹其实也不怎么样，很可能是因为一个人一首诗一种民情风俗一个传说甚至一句话让人流连驻足，再通过导游编上一个个故事加以演绎，化腐朽为神奇，配上吉祥喜庆的寓意，这样已足以让人们向往之。

作为揭阳人，我们是否清楚地知道自己的家乡有多少值得骄傲的历史文物保护单位呢？我市有揭阳学宫、古榕武庙（关帝庙）和丁氏光禄公祠（丁日昌旧居）等3处文物单位是国家级文物保护单位，这都是揭阳珍贵的城市名片。到目前为止，我市境内共有各级文物保护单位321处，其中全国重点文物保护单位3处，省级文物保护单位29处，市级文物保护单位115处，县级文物保护单位174处。① 博大丰厚的文物资源不仅是揭阳文明的重要组成部分，也是我市可持续发展的宝贵资源。由此可见，不是我们没有好的东西，是我们能不能把现有资源和潜在资源有所利用，有所开发，有所拓展，有所创新，爱我所爱，为我所用，把地方特色文化变成实实在在的公共产品和道德资源。

补记：

2019年5月1日，广东省人民政府网发布了《广东省人民政府关于公布第九批广东省文物保护单位的通知》（粤府函〔2019〕96号），揭阳共有9处文物入选。从所属的行政区域看，榕城区4处、揭西县2处、普宁市1处、空港经济区1处、惠来县1处。包括古墓葬1处：赖长墓（含墓道碑）；

---

① 该数据根据2018年9月1日揭阳市文广新局公布的《揭阳市文物保护单位一览表》和2019年4月10日《揭阳日报》上刊登的《第七批揭阳市文物保护单位》统计得出。

古建筑7处：西门许氏宗祠（含许氏庶祖祠）、旧寨陈氏家庙、百兰山馆、顶联大夫祖祠、宋厝围宋氏宗祠、邹堂郑氏宗祠与牌坊、海角甘泉；近现代史迹及代表性建筑1处：棉湖战役东征军指挥部旧址。至此，揭阳拥有省级文物保护单位达38处。

值得一提的是，被揭阳民间誉为揭阳风水塔的"涵元宝塔"也被列入省级文物保护单位。

涵元宝塔，又称龟山塔、（渔湖）京冈塔，位于汕头市潮阳区金灶镇龟山峰顶，为揭阳历史文化名城的标志性建筑，是揭阳古八景"元塔登高"。

涵元宝塔由明朝揭阳知县冯元飚倡建，建于潮阳境内。坐东南向西北，高43米，登塔顶可俯视榕江。始建于明天启七年（1627），建成于明崇祯十二年（1639），属砖石结构的八角楼阁式塔。塔坐东南向西北，高433米，空心、八面七层，内有螺旋形石阶可登塔顶，每层有门户通出塔廊。塔门刻有"涵元宝塔"四字。塔尖原有一铜质压顶，20世纪40年代中期遭雷击而残破。塔南有石刻碑记5块，保存完好。

涵元宝塔动工兴建的第二年，揭阳的郭之奇、黄奇遇、宋兆禴、辜朝荐同榜考中进士，被誉为"戊辰四俊"。涵元宝塔建成之后，揭阳更是人文鼎盛，英才辈出，先后涌现了林德镛、郑大进、杨钟岳等一大批文才武将。涵元宝塔在揭阳人心目中，被视为揭阳的文笔和风水宝塔。

1991年潮汕地区进行行政区划大调整。在那之后，以榕江为界，涵元宝塔所临的榕江两岸变成了汕头市与揭阳市两地地界。

尽管涵元宝塔历史悠远，但直到1992年才成为文物保护单位。在潮汕分市后，涵元宝塔也从原本"揭阳八景"之一，变成了汕头潮阳列入重点文物保护对象的名胜古迹。

如今的涵元宝塔本身损坏的程度也较为严重，塔身多处出现了较大面积的损坏，情况不容乐观。

建设美丽家园

2019年4月22日　星期一

今天是世界地球日。

"把生态文明建设放在突出地位，融入经济建设、政治建设、文化建设、社会建设各方面和全过程，努力建设美丽中国。"党的十八大报告中第一次提出"美丽中国"，让国人倍感兴奋。习近平总书记在党的十九大报告中强调指出："加快生态文明体制改革，建设美丽中国。"

打造美丽中国，从中央到地方一级的政府层面上，就是推进生态文明建设。作为普通老百姓，我们热切期待，一个美丽的中国，一个美丽的家园都会如约而至。

天蓝，地绿，花红；小桥，流水，人家，是千百年来中国人的理想家园状态。"仁者乐山，智者乐水"，徜徉于山水之间，则一直是中国文人梦寐以求的理想生活方式。道家主张人应以尊重自然规律为最高准则，强调"道法自然"，从而达到"天地与我并生，而万物与我为一"的境界。佛家认为万物是佛性的统一，倡导众生平等，广结善缘，珍惜生灵。天时，地利，人和，顺四时而变，求阴阳平和，都是中国传统文化的绿色内核。

古人特别重视对环境的保护和利用。"风水学"堪称中国的"特色文化"，倘若抛开风水学说中掺杂的玄学成分和神秘色彩，透过那些艰深晦涩的文字和名词术语，回归到风水学说的本源，不外是在城镇、村落、住宅等选址时对地质、地貌、水文、日照、方向、气候、气象、景观等一系列自然地理环境因素做出评价和选择，采取相应的规划设计措施，创造适于长期居住的良好环境。所以，"风水学"完全可看作是古代的"环境学"。不难看出，亘古及今人们的追求是如此之一致。只是，18世纪工业革命之后，人类进入工业文明阶段，人们日趋现代化的生活，很多是建立在"征服和掠夺"行为上，人与自然的和谐相处受到了极大的挑战。其实，人们并不愿意这样。人们更愿意拥有符合中国"风水学"的环境家园状态。

　　家园的概念可大可小，小至我们的每一个家庭，生我们养我们的地方，乃至我们所在的城市，大至我们的祖国，乃至整个地球。

　　一个地方的美丽，我想并不能看高楼的多少，而是要看道路上的绿化带是否繁茂和街边商店播放的音乐是吵人还是幽婉动听。

　　一个地方的美丽，我想并不仅仅在于是否有飞机场和高速公路，而是要看公路上人流与车辆是否平安畅通。

　　一个地方的美丽，我想肯定不是体现在走在路上的少女裙子短得不能再短和懂得运用英语对话的声音越来越多，而是这个地方的历史文化古迹是否保存得很好并发扬光大，那些刻着古人碑文的东西是否还在，是否有人看得清道得明。

　　事业很重要，爱情很重要，权力很重要，金钱很重要……很重要的东西很多，每个人都可以列出一大堆。国内生产总值（GDP）是能证明很多重要的问题，但是，清新自然的空气指数，有时会显得更重要、更高贵。因为，这是建设美丽中国的基本要素。

　　一个家庭能融洽和谐，不管富贵贫穷，就是一个美丽的家园。

　　一个地方既有山有水有田，也有柏油路有火车站甚至有飞机场，花香鸟语鸡鸣狗叫的田园原始韵味和现代工业文明产业交相辉映，自然风光和都市景象浑然天成，那真是一个美丽家园。

　　既要青山绿水，也要现代文明。

　　美的山水、美的环境需要有美的人文和美的心灵。有美丽家园才有美丽中国。构筑美丽的小家园，建设美丽的大中国，需要从我做起，从你做起，从每一个家庭做起，从美丽家乡做起。

整合乡土历史文化　发展语文课程资源①

党的十九大报告指出："深入挖掘中华优秀传统文化蕴含的思想观念、人文精神、道德规范，结合时代要求继承创新，让中华文化展现出永久魅力和时代风采。"在大力推进新型城镇化建设的今天，所带来的生活城市化无疑会给原本纯朴的农村学校教育带来新的困难和前所未有的挑战。因此，在农村迈向新型城镇化的转型进程中，整合乡土历史文化，发展语文课程资源，加强优秀传统文化教育，塑造人文精神是时代赋予我们的责任。

学校教育具有浓厚的地域性特点，地方乡土历史文化与学校的教育教学存在着千丝万缕的联系，甚至是根源性的血脉关系。语文教学在教材之外开发课程资源，最亲近的母体莫过于地方乡土历史文化。《全日制义务教育语文课程标准（2011年版）》指出："自然风光、文化遗产、风俗民情、方言土语，国内外的重要事件，日常生活的话题等也都可以成为语文课程的资源。""各地都蕴藏着多种语文课程资源。学校要有强烈的资源意识，认真分析本地和本校的特点，充分利用已有的资源，积极开发潜在的资源。"针对这一情况，我结合平时的教学实践，就学校所在地（渔湖镇）的乡土历史文化资源与语文教学的融合谈谈几点粗浅的看法。

一、新型城镇化进程中农村课程资源在语文教学中的运用

渔湖地区是潮汕平原著名的"鱼米之乡"，面积虽然只有44.22平方公里，但却有着丰富的历史文化底蕴和资源，是揭阳历史文化资源较为丰富的地区之一。我经过长时间的调查研究实践，觉得其中的许多乡土历史文化及成果都可以作为我们语文教学的课程资源。

---

① 本文发表于国家级刊物《教学管理与教育研究》2019年第11期。

(一) 自然环境、名胜古迹

教育部统编新教材八年级语文上册第六单元设计了"身边的文化遗产"的综合性学习，要求学生推荐和评选本地的文化遗产。渔湖地区文物古迹众多，被誉为"葫芦宝地"，京冈社区曾是宋代创建揭阳县城之地。榕江南北两河依托着渔湖这个历史上的潮汕水寨，区域内河道众多，河网密集，迂回曲折，绿树成荫，植被茂盛，有水路"九曲十八湾"之说。在这里能觅得揭阳古八景的两处芳踪，即"元塔登高"和"双溪明月"。有千年历史的化龙古桥、建于明天启七年的涵元宝塔、朱熹所题堂匾"隐相堂"、乾隆御赐"福"字匾的翰林府、登瀛五马坊、将军第、梦龙涤爪碑、林则徐生前经过并留下"寿至鸾凤相交"传说的凤坡官渡、1927年中共揭阳县委第一次党代会江夏会议旧址友梅轩、一区农会会址春泽公祠等。这些都是实实在在的"身边的文化遗产"，我曾在教学中让学生推荐评选本地的文化遗产并实地考察、搜集资料、撰写报告，指导学生入情入景地感受地域文化的魅力，培植对家乡的情感，产生对家乡的热爱之情，并由此升华到对民族文化的认同感和对祖国的热爱，从而达到单元要求的教学目标。

(二) 蕴藏着祖国历史的方言

潮汕的先民（土著）属古闽越族。潮语的渊源为中原汉语，是当代汉语言中最古老的一支脉。时至今日潮汕话里还保留了不少我国中古代时期的中原古音、古字和古词汇。语言学家王力曾说潮汕话乃古汉语。而精通古文化的郭沫若也说："潮汕话是中国古语保留得最多的一种方言。"因此，在文言文教学中可以适当发挥方言的优势，帮助学生尽快掌握文言知识。如"猴上树"（《红楼梦》）；"妾之美我者，畏我也。"（《邹忌讽齐王纳谏》）"床头屋漏无干处，雨脚如麻未断绝。"（《茅屋为秋风所破歌》）"举言谓新妇"（《孔雀东南飞》）等。以上各例加点词语在潮汕方言中的词义仍与古汉语相同。在潮汕方言中"爬"为"猴"，"怕"为"畏"，"雨点"为"雨脚"，"媳妇"为"新妇"。像这些例子，在文言教学中只要对学生稍为提示，学生就能轻而易举地加以掌握，印象深刻。

(三) 丰富的经济资源

教育部统编新教材七年级语文下册第二单元的主题是"家国情怀"，本单元的写作任务明确要求学生在学习《土地的誓言》后，写作"家乡的景色、物产、风俗，以及在家乡的生活"。我指导学生分组调查、考察本地经济，然后按照单元要求写成调查报告或小论文。学生兴致勃勃地搜寻资料，写出了诸如《渔湖的特色经济》《开发建设和保护耕地——关注渔湖农业经济的调查报告》等文章，然后进行展示、评议，还制作了关于"渔湖经济"的手抄报。有的学生还搜集到20世纪70年代左右盛传渔湖的民谚："港角出名做粪箕，后河出名破竹篾，江夏出名卖药丸，刘厝出名擎灰匙，庵前出名织网儿……"（其中的"港角""后河""江夏""刘厝""庵前"均系渔湖的五个乡村村名）以此证明渔湖的许多村落很早就形成了自己的特色经济，特具说服力。通过这样实践探究性的学习，拓宽了学生的知识面，既提高了听、说、读、写的技能，又提高了应用文的写作能力。

（四）传统节庆、民俗风情

教育部统编新教材语文八年级下册第一单元就是"民俗风情"，这个单元的教学目标就是要让学生"感受到多样的生活方式和多彩的地域文化，更好地理解民俗的价值和意义"。道德起源于风俗习惯，又寓于风俗习惯。中华民族的一些传统节日是民族的宝贵文化财富，也是培养学生人文素养的有效载体。渔湖地处榕江平原，历史悠久，累代来自中原的汉族移民带来了汉人文化。渔湖人民礼义传家，民风习俗醇美，寻找和探究这些民间风俗文化可作为语文作文教学和语文口语交际的一大素材，作为学生课外学习的资源。因此，我经常利用语文研究性学习或综合性学习的形式，以某个传统节日为主题，带领学生挖掘出具有本地特色的文化资源。比如清明节，渔湖民俗要蒸"朴子果"，用朴子树叶和米粉，渗水加糖，发酵蒸熟而成，故有"清明食叶"之谚；七夕节，渔湖习俗是凡出嫁且产子女的女儿家，俱于当日煮粉条、甜花生仁等，送至娘家孝敬父母，称"煮初七"。年满十五虚岁的少男少女于七月初七日"出花园"，这是一个独具地方特色的习俗，是本地人的成人节，它的文化意义在于提醒青少年已经成年了，必须肩负起相应的责任；重阳节，渔湖旧俗多于是日杀狗，吃狗肉，甚至于登高赏菊食蟹，吟诗抒情等。每一个传统节日和每一种民俗风情，都有着特别的寓意，我引导学生按"为什么—怎么样—感想"的线索进行自由分组探究，挖掘出具有本地特色的文化资源，学生把他们搜集到的资料经过小组讨论整理后，再放到课堂探究讨论学习，而教师只是起指导的作用，指导学生如何"去其糟粕，取其精华"。

（五）乡土文化名人

教育部统编新教材七年级语文下册第一单元是学习"杰出人物"的主题，这个单元的教学目标是让学生"感受到他们的非凡气质，唤起我们对理想的憧憬与追求"。渔湖历史上名人辈出：宋代开潮汕"士知向学"之先河的陈希伋，人称"南宋一代潮海之醇儒"的理学家郭叔云，号称"潮州戊辰四俊"的明代名臣、官至礼部尚书的黄奇遇,清代以吏治文才出名的袁炼,佘志祯,雍正武进士孙奋扬等。迨至清代,渔湖文武进士9名,举人64名、贡生66名。现当代,又涌现出追随孙中山先生、后任同盟会广东分会会长的孙丹崖;岭东画坛先驱孙裴谷、孙星阁;中国著名地理学家、发现第四纪冰川遗迹的北大博士林超;香港大学首任华人校长黄丽松;奥运世界冠军孙淑伟、中科院院士陈小明、著名华裔经济学家姚树洁;等等。

在教学实践中,我有意识地以乡土文化为依托,开展领略本土文化魅力、学习名人事迹、弘扬名人精神、与乡贤对话、不辱乡贤后代之称的系列实践活动,从课内到课外,从课外到现实,学生近距离接触名人乡贤,阅人世沧桑,知真善美,陶冶性情健全人格。

(六)历史悠久的戏剧艺术

教育部统编新教材九年级语文下册第五单元"舞台人生",要求学生能够"阅读戏剧作品,把握戏剧冲突和戏剧人物,对作品有自己的理解和感受"。学习这个单元,是该适当引入潮剧这个课程资源了。

潮剧由南戏演变而来,是广东三大地方剧种之一,也是全国十大剧种之一,是潮汕文化的精华,是最具地方特色的标志,更是联结海内外潮人的纽带。渔湖被称为"戏剧之乡",其传统戏剧之兴盛和发展,考自1958年在揭阳渔湖明墓出土的嘉靖年间南戏剧本《蔡伯皆》手抄本,距今已有400多年的历史,这是潮剧界公认的戏曲史上难得的珍品,也是中华文化史上的瑰宝之一。由此可见,渔湖戏剧史可溯至明代中期以前。明末清初,渔湖戏剧已趋兴盛,各大乡村均有自己的戏班。时至今日,渔湖潮剧团仍享誉潮汕,潮剧的传统剧目均得到了很好的传承,各村庆祝节日或社庆,都免不了请来剧团到村社表演,以示庆贺。

在学习这个单元之中,我们可以按照"表达交流活动"的要求,把全班同学分成几个小组,改编和表演本单元的戏剧。在此基础上,再让同学们利用课余时间,自导自演潮剧。像《蓝继子》《扛石》等潮剧,这些剧目都是教育子女应该孝敬父母和尊敬长辈的,对学生有很好的教育意义。在乡土音乐韵的陶醉下,学生自然会表现出前所未有的兴趣,对戏剧艺术的热情大大增加,学习会更加主动,更加起劲,这与他们体会家乡的文化精华有着密切的关系。

(七)源远流长的书画艺术

渔湖建置既久,文风称盛,国画书法人才素不乏人,乾隆《揭阳县志》载明代渔湖京冈孙益"擅书法,尤工楷书,一时士人多宗之"。至清代,进士孙奋扬、袁炼、举人孙俊的书画作品均"珍如拱璧"。近代则有岭东画派开拓者孙裴谷、名画家十万山人孙星阁、林受益、陈文希、郭笃士、黄天秀、孙文斌等，均享誉海内外。我在上课时，总是适时适地地介绍本土的书画艺术成就，让学生接受本土文化的熏陶，培养他们的审美情操和爱乡爱国之情。

以上内容都是对当前的语文教学教材进行补充和拓展。合理地整合和发展这些乡土历史文化资源，不但有效地提高了学生的语文学习能力，而且也让学生进一步认识了本土文化乃至中华传统文化的丰厚博大，吸收民族文化智慧。我认为，一名语文教师必须充分地了解和学习地方历史文化，并能够整合发展成课程资源，适时适地地弘扬地方优秀传统文化。无论教育的现代化进步到什么程度，我们都必须教育学生要发现身边的美，要记住乡愁，要爱乡。这也是语文教学应该承载的任务。因为，一个热爱家乡的人，不会是一个不爱国的人！

二、新型城镇化进程中农村课程资源在语文教学中的价值

一个民族的文化，不仅展现在圣经贤传中，同时也深蕴于民众生活的巨流间，这雅俗两层面是关联互动的。随着新型城镇化进程的加速，农村的文化受到了极大的冲击，农村新城镇建设问题已日益成为整个社会关注的焦点。在新型城镇化建设与推进过程中，对包括学校教育在内的农村教育资源进行整合和建构成为不容忽视的重要课题。因此，结合语文的性质特征，在新型城镇化进程中对农村语文课程资源整合发展研究具有极强的现实意义和重要的指导价值。

（一）乡邦人文让学生信服，使教育产生巨大作用

丰富的历史文化遗产、名胜风光、民俗风情和乡贤佚事，给学生打开了一扇了解乡土传统历史文化的窗口，引导学生踏进优秀传统文化的门槛。与学生生活有密切联系的乡土文化，学生在心底信服，有强烈的亲切感和认知感，弥补了课内学习内容与生活联系不够密切的不足，也培养了学生的社会实践能力与收集处理信息的能力。

（二）激发了学生爱乡爱国之情，增强了弘扬乡土文化、建设家乡的责任感

在语文教学中引入乡土历史文化资源，让学生深切感受家乡文化的博大精深。学生通过对所获得的认识和体验的理性分析、升华，培养了自身初步

欣赏、审视、判断文化现象的能力，培养了爱乡爱国的情感、态度和价值观，增强了热爱家乡、建设家乡的历史责任感。

（三）学生获得了丰富的文化积累，提高了学语文的兴趣

一次次的乡情乡音情感体验，在潜移默化中，充满人文气息的语文课成了学生欢迎的课堂。有一些原来不喜欢语文课的学生，现在不仅喜欢而且还经常在课余搜集乡土历史资料，阅读有益身心发展的书籍，畅游书海，感悟文化知识。

（四）推动了语文综合实践活动的开展

在新型城镇化进程中，让学生走出校门，走进社会，走进大自然，走进历史，体味文化，推动了语文综合实践活动的开展。锻炼了学生的观察能力、分析能力、想象能力、记录能力、口头和书面表达等能力。引导学生对乡土文化现象主动地观察和探索，有利于增强学生对文化现象的探索兴趣，培养创新精神，有利于学生认识乡土文化中的文化传统内涵，实现文化内涵与学生素养的结合。

（五）将乡土文化教育同校本课程开发相结合

把语文课堂作为传承文化传统的主渠道，以校为本，充分挖掘社区的人文教育资源。在提高教师开发课程的能力和提高学生历史文化素养的同时，使文化传统教育规范化、科学化、实效化。

三、新型城镇化进程中农村语文课程资源的整合发展形式

（一）课堂上的渗透

课堂是学生学习的主要阵地，课堂上对乡土课程资源的利用是至关重要的，起到潜移默化的作用。

（二）以乡土历史文化为主题，加强校园文化传统环境建设

利用学校宣传栏、黑板报和走廊墙壁等对乡土教学资源进行展示，让学生接受乡土文化的陶冶。

（三）开展以乡土文化为主题的学生作品交流展示活动

如在国庆、春节等节日举办乡土文化摄影展；暑假布置写游记、采风笔记的活动；寒假开展以乡土文化为素材的征文比赛等。这些活动的开展，可以激发学生了解乡土文化的兴趣，增强他们热爱家乡的情感。

（四）指导学生自办乡土历史文化手抄报

班级每月展览一次，学校每月评比一次，将优秀作品张贴在校园文化长廊内交流，让师生共同品味成功的喜悦。

（五）编成校本教材

把丰富多彩的乡土历史文化资源编成校本教材，由教师主编，并指导参与实践探究活动的学生参加编写。

（六）创建乡土历史文化专题微信公众号

创设"乡土历史文化"微信公众号。充分利用微信平台的信息资源，主要面向教师和家长，搭建乡土历史文化教育成果展示平台，分享语文课程资源，指导学生获取相关信息。

蕴含于乡土历史中的优秀文化传统既是历史经验的沉积，又是新时代的序曲，岁月的流逝只会使其精华更加熠熠闪光。在我们身边，可利用的语文课程资源是无处不在而又丰富多彩的。当前，新型城镇化的建设方兴未艾，我们应结合农村向社区转变的实际，进一步开阔视野，提高课程资源的识别意识，合理整合和发展社区得天独厚、富有特色的乡土历史课程资源，并把这些资源运用到课堂上来，使语文教学充满生机和活力，努力促进学生人文素养的提高，积极探索新型城镇化进程中农村语文课程资源整合发展的路子，让农村学生在新型城镇化进程中得到更好的教育。

参考文献：

［1］陈弘平. 广东省揭阳县渔湖镇志［M］. 揭阳：渔湖镇地方志编纂办公室.

［2］傅丽霞，王子象，王洪斌. 文化传统教育［M］. 东营：中国石油大学出版社，2007.

［3］吴善女. 让语文教学彰显历史传统文化的独特魅力［EB/OL］. 广东基础教育发展网.

［4］何莲. 寻根［M］. 北京：中国戏剧出版社，2011.

［5］王嵩涛. 中华优秀传统文化与现代语文课堂教学实践研究［M］. 北京：首都师范大学出版社，2017.

后　　记

　　叶圣陶先生谈教师的"本钱"时说："教师之所必须自励者，一则自己善读善作，心知其所以然，二则能真知语文教学之为何事（如何以须教学生阅读、何以须教学生作文之类），而不旁骛耳。"所谓"真知语文教学之为何事"，就是指真正掌握语文教学的规律，真正懂得语文教学的性质、任务、目标、要求等等。叶老认为，这是语文教师必备的素养。

　　早在1978年实行的《全日制十年制学校中学语文教学大纲》（试行草案）就提出："课文要仔仔细细地读，字要规规矩矩地写，练习要踏踏实实地做，作文要认认真真地完成……经过坚持不懈地刻苦磨炼，才能养成良好的读写习惯，获得较强的读写能力。"1992年的教学大纲，仍在"教学中要重视的问题"中提到上述四项要求。对于以上所引内容我是特别有体会的。课改之后的"课程标准"在各方面的表述上变化很大，但我认为万变不离其宗，因为任何一个民族的语言文字都是其深刻的民族精神的积淀，语文教学的本真就在于教导学生正确地认识自然、认识社会、认识人生，落实立德树人根本任务。由是，作为基层一线的老师，做课题研究的目的就是要服务于教育教学。要"踏踏实实地做、认认真真地完成"课题研究，虚心学习，积累运用，让课题研究有实实在在的应用价值，发挥最好、最大的教学效应。

　　为了更好地总结课题研究的经验与不足，从课题项目被确定为广东省教育科研"十三五"规划重点课题的那一天起，我就为自己定下了一个任务：在研究期间每周要写几篇笔记。这个目标基本达到了。我在过去的一年多时间里，围绕日常的教育教学活动做了反思和总结，力求以"实证"和"体悟"为主，尽量避免一些教育研究存在的对象空泛、研究方法空洞、对教学实践应用价值不高的弊端。作为课题主持人，我通过七年级的语文教学实践，把着眼点放在教学过程的局部，以稳步提高教学质量为原则，取得了很好的教学效果，对于提高我本人乃至课题参与者的教学水平起到了积极的促进作用。课题研究是先导，语文教学终归要所教内容明明白白，教学过程清清楚楚，教学手段多种多样，教学效果优良显著。

原先我是按照时间顺序来做笔记的。在交付出版之际，按照主题的不同把文章分成了四辑。除此笔记，还有许多东西需要思考，我笨拙的笔端难以表达深远的理论，虽付出艰辛的努力，但仍觉得不太满意。不过，我也愿借此与基层一线的老师共勉，期望能带来一些观念、一点启迪，由此产生更先进的教育思想、更完美的教育智慧，这也是我的一点心意。

不忘初心。过去的这些日子，累并快乐着！我要衷心感谢家人、领导、同事、朋友的帮助和关爱；感谢所有教过我的老师！感谢广东省人民政府参事室参事、潮汕方言与文化研究著名学者，曾任汕头大学、广东技术师范大学副校长、韩山师范学院校长林伦伦教授！林教授在百忙中为我的书作序，于我是一个莫大的鼓励和鞭策；感谢广东省人民政府督学、华南师范大学硕士研究生导师罗易！罗导师一直关心着我的进步，勉励我成长，他为拙著取名，又惠赐墨宝，题写书名，并建议我不要拘泥于时间的排序，宜按内容分类成辑，再为我联系出版事宜等。师长的奖掖和厚爱，将激励我继续前进！

感恩！

林烨峰
2020 年元旦